Klaus Lumma · Strategien der Konfliktlösung

Windmühle
GmbH
Verlag und Vertrieb von Medien

KLAUS LUMMA

STRATEGIEN DER KONFLIKTLÖSUNG

Betriebliches Verhaltenstraining in Theorie und Praxis

Mit 4 Seminarbeispielen

CIP-Titelaufnahme der Deutschen Bibliothek

Lumma, Klaus:
Strategien der Konfliktlösung: betriebl. Verhaltenstraining in Theorie u. Praxis; mit 4 Seminarbeispielen / Klaus Lumma. –
Hamburg: Windmühle, Verl. u. Vertrieb von Medien, 1988
ISBN 3-922789-27-7

2. Auflage 1992

Printed in Germany
ISBN 3-922789-27-7

Meinen Großeltern
Henriette und Julius Lumma,
Anna und Matthias Krämer,
meinem Lehrer John Brinley.

Inhalt

Einleitung

Die Teilnehmer meiner Kursprojekte haben mich immer wieder dazu motiviert, die Fülle der Humanistischen Psychologie einmal in einer überschaubaren Form mit den notwendigen Literaturhinweisen darzustellen. Ich habe das erstmals 1982 im Rahmen der Erstveröffentlichung von "Strategien der Konfliktlösung" besorgt, und die einzelnen Minilektionen zu den verschiedenen pädagogisch-therapeutischen Ansätzen der Humanistischen Psychologie waren primär als Vermittlung von Hintergrundwissen für den Kommunikationstrainer gedacht. Doch es stellte sich heraus, daß auch andere sozialwissenschaftliche Praktiker Interesse an dieser knappen Theoriedarstellung zeigten. So habe ich mir den Theorie- und Praxisteil des ersten Manuskriptes immer wieder neu vorgenommen, und es wurde deutlich, daß die Beschreibung des Gesamtrahmens der Humanistischen Psychologie wirklich für mehr stehen kann als allein für ein Beispiel gruppendynamischen Kommunikationstrainings.

Die beiden Teile der Erstausgabe habe ich jetzt noch deutlicher voneinander getrennt und neu überarbeitet, wobei die Gespräche und fachlichen Anregungen meines Lektors Hermann Weber eine stützende Begleitung für mich waren. Die resultierenden Ergänzungen beziehen sich auf den gesamten Entwicklungskontext der Humanistischen Psychologie, die Grundprinzipien kybernetisch-ganzheitlichen Denkens, das Konzept der orientierungsanalytischen Arbeit mit Früherinnerungen sowie die neuere Literatur zu den einzelnen Methoden.

Der erste Teil wurde durch diese Neubearbeitung zu einer überschaubaren Sammlung von Minilektionen. Sie sollen dem Organisationsberater, dem Personaltrainer, dem Erwachsenenbildner oder dem Therapeuten gleichermaßen die Wurzeln und Konzepte der Humanistischen Psychologie verdeutlichen.
Ich freue mich, das Buch nunmehr im Rahmen des Windmühle Verlages auch in neuer äußerer Gestalt vorlegen zu können.

Die Grundkonzeption des in diesem Buch beschriebenen Kommunikationstrainings entstand 1975, und sie wurde im Rahmen meiner damaligen Tätigkeit als Erwachsenenbildner und Erziehungsberater erstmals im Feld kirchlicher Bildungsarbeit angewandt (1). Seither ist sie in Zusammenarbeit mit meinen Kolleginnen und Kollegen vom Institut für Humanistische Psychologie (2) ergänzt und vertieft worden. Sie wurde als "Aachener Kommunikations Training" über einige Jahre forschend begleitet und für das Feld des Personal- und Organisationsentwicklungstrainings immer spezieller und konkreter ausgestattet.
In der Entwicklung dieses Konzeptes habe ich mich stets auf eine Verbindung verschiedener Methoden der Humanistischen Psychologie als ganzheitlichem Handlungsansatzes berufen. Die erste Auflage des Buches hat große Resonanz im Feld der Personal- und Organisationsentwicklung gefunden, mir allerdings stellenweise auch Kritik bezüglich der Methodenvielfalt eingebracht. Ich habe diese Kritik sorgfältig durchdacht und mit meinen Kolleginnen und Kollegen diskutiert. Bedingt durch zahlreiche Kriseninterventionen und Entwicklungsprojekte im institutionellen Rahmen und durch die vertieften Erfahrungen mit dem dargestellten und ergänzten Material sind wir heute mehr denn je auf verschiedene, situativ zu wählende Methoden der Humanistischen Psychologie angewiesen. Das Spektrum der Handlungsansätze wurde eher erweitert als eingeschränkt, dies vor allen Dingen im Feld des berufsspezifischen Interaktionstrainings durch die systemischen und transaktionsanalytischen Betrachtungsweisen.

---

(1) BISTUM AACHEN, Referat Jugendbildung: Konfliktlösung im Gespräch zwischen Erwachsenen, Jugendlichen und Kindern, Arbeitsform einer Educreation Trainings-Gruppe nach Thomas Gordon und Klaus Lumma, Juni 1975

(2) Im Institut für Humanistische Psychologie (IHP), einer staatlich anerkannten Einrichtung der Erwachsenenbildung, gibt es einen Arbeitskreis für Personal- und Organisationsentwicklung. Dieser Arbeitskreis hat sich aus dem Gruppenleiterteam des Aachener Kommunikationstrainings (AKT) formiert. Er bietet Trainings und Supervision nach dem Modell des in diesem Buch beschriebenen Programms.

Alle strukturierten Übungen sind so ausgewählt, daß sie von Erziehern, Sozialarbeitern, Psychologen und Beratern mit etwas Gruppenleiter-Erfahrung eingesetzt werden können. Sie sind so gestaltet, daß sie überwiegend in Erzählform beschrieben sind, damit der Trainer sie auf jeden Fall auf sein spezifisches Einsatzfeld hin neu formulieren muß und sie nicht einfach in einem standardisierten Wortlaut ablesen kann.
Das gesamte Konzept spricht den Lernenden nicht nur intellektuell, sondern auch gefühlsmäßig an, dies aus der Einsicht heraus, "daß Lernen auch Spaß machen darf und dann eher bedeutsam ist, wenn es die ganze Person ergreift und nicht nur an seine oberste Hirnrinde adressiert ist." (F. Schulz von Thun: Miteinander reden, Störungen und Klärungen; 1979)
Die rein logisch-analytische Vorgehensweise hat in diesem Rahmen ihre Bedeutung verloren. Wie die neuere Hirnforschung nachweist, muß dem Nicht-Logischen, also dem Analogen mindestens ebensoviel Beachtung geschenkt werden, wenn Lernen lebendig und menschengerecht sein soll.

> "Ich denke, daß es sinnvoll sein könnte, die Dominanz der dominanten, das heißt analytischen, propositionellen, sprachlich-mathematisch aufeinanderfolgend arbeitenden Gehirnhälfte - die üblicherweise der linken zugesprochen wird, die unsere rechte Körperhälfte steuert zu brechen zugunsten der ganzheitlichen, bildhaften, räumlichen, gleichzeitig, intuitiv und appositionell arbeitenden. Wir brauchen beide....
> Es geht nicht darum, die dominante Hemisphäre auszuschalten und der jetzt nicht-dominanten Dominanz zu verleihen, sondern beide gleichzeitig nebeneinander stehen zu lassen." (G. Portele: Gestalttheorie und Wissenschaftstheorie; 1979)

Die nun folgende Abbildung zeigt, daß sich die beiden Hirnhälften des Menschen in ihren Eigenschaften grundsätzlich komplementär verhalten: "Die untergeordnete ist kohärent, und die dominante ist detailliert." (J. C. Eccles: Das Gehirn des Menschen; 1979)

Dominante Hemisphäre	Subdominante Hemisphäre
Verbindung zum Bewußtsein	keine derartige Verbindung
verbal/linguistische Beschreibung	fast nicht-verbal/musikalisch
ideagen	Bild- und Musterempfinden
begriffliche Ähnlichkeit	visuelle Ähnlichkeit
zeitliche Analyse	zeitliche Synthese
Detailanalyse/arithmetisch,computerhaft	holistisch-Bilder/geometrisch,räumlich

Das Konzept ist so aufgebaut, daß es vor allen Dingen Intuition trainiert, also auch das "Lesen zwischen den Zeilen" ermöglicht, indem es nicht nur am Konfliktsymptom, sondern auch im Sinne systemisch-strategischer Handlungsansätze am "Hintergrund" des Konfliktkontextes orientiert ist (siehe dazu vor allem Selvini-Palazzoli u. a.: Hinter den Kulissen der Organisation; 1985).

Dem Kennenlernen des gesamten Konzeptes dient ein Einführungskurs, in dem folgende drei Grundstrategien ansatzweise vorgestellt werden:

Strategie 1: Berufsspezifische Selbsterfahrung durch verschiedene Verfahren der Humanistischen Psychologie (Themenschwerpunkt: Konfliktbetroffener bin Ich)

Strategie 2: Training in situativer Konfliktgesprächsführung (Themenschwerpunkt: Konfliktbetroffener bist Du, mein Kollege, Partner etc.)

Strategie 3: Berufsspezifisches Interaktionstraining (Themenschwerpunkt: Konfliktbetroffene sind Wir).

Ich habe den Einführungskurs wie auch jede der drei Strategien in Form eines möglichen Programmverlaufs als methodisch-didaktische Hilfe vorgestellt. Das Gesamtprogramm ist auf einen Zeitraum von zwei bis drei Jahren angelegt, dies aus der Erfahrung heraus, daß zum sorgfältigen Lernen Zeit notwendig ist, um aufzunehmen, zu verarbeiten, zu üben und zu vergleichen.
Ausgesprochenes Ziel ist die Förderung sorgfältiger Gruppenarbeit, weil ich die Hoffnung habe, daß gute Gruppen die Verantwortlichkeit des Einzelnen für die Gesellschaft fördern, weil sie die Wahrnehmung der eigenen Bedürfnisse und die der anderen fördern, und weil sie ein Klima schaffen, in dem Menschen weniger Angst voreinander haben müssen und lernen können, ihre Ansprüche aufeinander abzustimmen.

Eschweiler 1988

Klaus Lumma

1. Darstellung des theoretischen Hintergrundes

Viele Menschen und Institutionen sind mit ihrer aktuellen Lebenssituation unzufrieden. Sie werden mit Situationen konfrontiert, mit denen sie in Erziehung und Entwicklung, ihrer Struktur und ihrer beruflichen Bildung nicht umzugehen gelernt haben.

Das Angebot der Personal- und Persönlichkeitsentwicklung gilt denen, die den Willen haben, ihre Lebenssituation aktiv zu verändern. Dieses Bedürfnis motiviert sie, alte eingefahrene Wege zu verlassen und neue auszuprobieren. Denn wenn der Mensch bereit ist, die Motive kennenzulernen, die sein Denken, Handeln und Fühlen bestimmen, wird er lernen, für seine Erfahrungen und sein Handeln Verantwortung zu übernehmen, zu wählen und sich selbst sinnvoll einzuordnen. Wenn der Einzelne lernt, Verantwortung für sein Leben zu übernehmen, wenn er die Verantwortung nicht auf Eltern, Umwelt, Betrieb etc. abwälzt, ist er in der Lage zu wählen. Unser soziales System erleichtert und legt es dem einzelnen nahe, die Verantwortung für sein Leben anderen zu übertragen.

Ich verstehe konfliktorientierte Trainingsarbeit mit den Konzepten der Humanistischen Psychologie als ganzheitliche Hilfe, Verantwortung zu übernehmen und damit ein besseres Verständnis der Wechselbeziehung zwischen persönlicher Entfaltung, verantwortlichem Handeln und gesellschaftlicher Entwicklung zu ermöglichen.

Lernziele konfliktorientierter Trainingsarbeit sind in diesem Rahmen:

- Der Teilnehmer soll sich selbst, seine Umwelt und seine Interaktion mit der Umwelt erfahren und wahrnehmen lernen und damit zu einem besseren Existenzverständnis in der gegebenen Lebenswelt finden.

- Er soll mit dem Erfahrenen umgehen lernen und es in sein Leben integrieren, soweit es für ihn und seine Lebenswelt sinnvoll ist.

- Er soll die Verantwortung für sein Handeln, Denken und Fühlen übernehmen.

- Er soll die Motive erkennen lernen, die sein Handeln, Denken und Fühlen bestimmen.

- Er soll sachliche Argumente von emotionalen Inhalten trennen lernen.

- Er soll spezifische menschliche Qualitäten und Fähigkeiten wiederentdecken, z. B. Spontaneität, Kreativität, Entschlußkraft, Mitmenschlichkeit etc.

- Er soll die Wechselbeziehung zwischen persönlicher Entfaltung, verantwortlichem Handeln und gesellschaftlicher Entwicklung erkennen lernen.

Hier möchte ich auf die Präambel zur Satzung des Arbeitskreises "Gruppendynamik im Bildungsbereich" hinweisen:'Das Verhältnis zwischen vorgegebenen gesellschaftlichen Strukturen(hierarchischen Institutionen, tradierten und zur Norm gewordenen Abhängigkeitsverhältnissen, vordefinierten Rollen), den ökonomischen Bedingungen und den individuellen Verhaltensweisen in diesen Strukturen soll in der jeweils konkreten Gruppensituation untersucht und aufgeklärt werden.'

Personal- und Persönlichkeitsentwicklung verstehe ich in diesem Zusammenhang als eine neue Form sozialer Praxis, die veränderndes Eingreifen in gesellschaftliche Mikroprozesse mit Hilfe holistisch-sozialwissenschaftlichen Wissens beinhaltet.

Der philosophisch-methodische Hintergrund für eine solche ganzheitliche Art der Vorgehensweise liegt in der Humanistischen Psychologie begründet, deren Entwicklungskontext ich kurz umreißen will.

1.1. Zum Entwicklungskontext der Humanistischen Psychologie

Für die Entwicklung der Humanistischen Psychologie als "Dritte Kraft" kann keine Einzelpersönlichkeit benannt werden wie etwa Freud direkt mit der Entwicklung der Psychoanalyse und Skinner mit den Grundlagen des Behaviorismus in Verbindung gesehen werden muß. Sie entstand in einer Gruppe von interdisziplinären Wissenschaftlern und Praktikern aus der Unzufriedenheit über die vorangehenden Konzeptionen der Menschenführung. Sie ist mehr das Ergebnis eines neuen Zeitgeistes denn das Produkt der Entwicklung eines einzelnen stringent arbeitenden Forschers. Ihren Ursprung können wir hauptsächlich mit fünf verschiedenen Bewegungen in Verbindung bringen, die unmerklich miteinander verschmolzen sind wie etwa die Jazzmusik aus Elementen der irischen, indianischen und frühamerikanischen Folklore mit afrikanisch-karibischen Rhythmen und europäischen wohltemperierten Harmonievorstellungen entstanden ist.

Die zunächst aufgeführte Linie ist in der Literatur bislang stark vernachlässigt geblieben. Sie steht im Kontext der sogenannten "antiautoritären Bewegung", die in England mit Neill's Privatschule Summerhill und im anglistischen Sprachraum überhaupt mit der Free-School Initiative zum Leben erweckt wurde. Hier versuchte man schon sehr früh eine Pädagogik, die den Menschen als Ganzheit von Geist, Körper und Seele verstand. Die daraus resultierende Form der Erziehung des Menschen ist geprägt von der Kritik an der verbreiteten alleinigen Förderung und Überbetonung des Geistes bzw. der Vernunft. Es ist falsch, diese Bewegung mit dem Schlagwort "antiautoritär" zu belegen. Ihre Bemühungen gingen seit Anbeginn eindeutig dahin, den Menschen schon sehr früh zu verantwortlichem Lernen und Handeln anzuleiten, gewissermaßen um ihn in einer von Reizen überfluteten Welt aus eigener Kraft lebensfähig zu halten und zu machen. Natürlich richtet diese pädagogische Bewegung ihre didaktische Aufmerksamkeit nicht so sehr auf die Entwicklung von "Hörigkeit" in Beziehung zu Autoritäten schlechthin, sondern sie fördert Kritik- und Konfliktfähigkeit, Verantwortlichkeit,

Erlebnisbereitschaft, sachbezogene Autorität und die Bereitschaft zum Ausdruck von Gefühlen. Daß die diesbezügliche Literatur in das antiautoritäre Fahrwasser geriet, muß heute mehr denn je als kommerziell und nicht als wissenschaftlich begründet gesehen werden.

Als zweite Linie gilt die gruppendynamische Bewegung, die ihren Ursprung in der Kleingruppenforschung des Lewin'schen Kreises hat. Bezugnehmend auf die Ergebnisse aus der Wahrnehmungsforschung wurden in Amerika interdisziplinäre Handlungsansätze der Menschenführung entwickelt, die über die National Training Laboratories (NTL) und die Universität von Californien (UCLA) bekannt wurden und bis auf den heutigen Tag praktiziert werden, vor allen Dingen im Feld der Personal- und Organisationsentwicklung für Verwaltung und Industrie. In Deutschland ist diese Bewegung leider etwas in Mißkredit geraten, vielleicht erklärbar dadurch, daß einzelne Pioniere der ersten hiesigen gruppendynamischen Veranstaltungen den Sinn des gruppendynamisch orientierten Vorgehens überwiegend in der Förderung von Selbsterfahrung bei allgemeinen Weiterbildungsveranstaltungen als im Kontext einer erwachsenenbildnerischen Beschäftigung mit beruflichen Fragestellungen gesehen haben. Erst mit der Anerkennung der strategisch-systemisch begründeten Kommunikationswissenschaft wächst auch die Akzeptanz gruppendynamischer Phänomene in Wissenschaft und Praxis.

Als dritte Linie, die oft als ausschließliche Wurzel der Humanistischen Psychologie zitiert wird, gilt die "Human Potential"- oder "Personal Growth" Bewegung Amerikas. Sie kommt mehr aus dem gruppentherapeutischen Lager und lehnte in ihren Anfängen den Bezug zu Psychoanalyse und Behaviorismus strikt ab. Sie fand ihren Höhepunkt in Esalen (Big Sur), einer freizügig aufgebauten Begegnungsstätte für Lebendiges Lernen, in der die Entwicklung der eigenen Persönlichkeit im Vordergrund stand, gewissermaßen getragen von einer Überbetonung gefühls- und körperbezogenen Lehrens und Lernens, das Kognitives schlechthin als "shit" (Mist) abtat.
Als Anekdote möchte ich an dieser Stelle anführen, daß Fritz Perls zum Beispiel in seinen Esalen Experimenten noch eine genauere Klassifizierung des Kognitions-shits vornahm: Er unterschied sporadisch zwischen

"chicken-shit" (Küken-Mist), "bull-shit" (Kuh-Mist) und "elephant-shit" (Elefanten-Mist).
Wenn wir in dieser Metapher Perls' bleiben wollen und seine Ablehnung verstandesorientierten Lernens schlichtweg als geringe Kenntnis der englischen Sprache erkennen, so können wir natürlich spaßeshalber dieses Ablehnungsphänomen auch als "elephant-shit" markieren und bei einer genauen Betrachtung seines Gestalt-Konzeptes davon ausgehen, daß er sich als psychoanalytisch ausgebildeter Psychiater durchaus noch am Verstand orientierte, was der Esalen Besucher in der Überorganisation sinnlicher Experimente und Wahrnehmungsübungen nicht auf Anhieb erkennen konnte.
Meines Erachtens fand die "Human Potential" bzw. "Personal Growth" Bewegung ihren Höhepunkt im Baghwan-Phänomen, in der Sucht einer Vielzahl von Menschen, den Verstand ganz auszuschalten, ihr Leben allein lust- und gefühlsbetont zu gestalten und damit Opfer einer neuen Form der Ausbeutung zu werden.

Die vierte Linie ist getragen von einer Vielzahl methodischer Konzepte, die mehr oder weniger unabhängig voneinander entwickelt wurden, die jedoch in gewisser Weise alle einen phänomenologisch gleichen Hintergrund haben, der bei Charlotte Bühler, Abraham Maslow, Paul Goodman oder Carl Rogers zu suchen ist. Ich meine dabei die verschiedenen, sorgfältig begründeten Konzepte der Persönlichkeits- und Strukturentwicklung, die für die Berufsfelder der Beratung, Erziehung, Menschenführung, Psychotherapie und Supervision entwickelt wurden, ohne dabei die Erfahrungen der Psychoanalyse, des Bahaviorismus und anderer Wissenschaftszweige wie Entwicklungspsychologie, Kommunikationswissenschaft, Philosophie und Hirnforschung zu mißachten.

Als fünfte Linie erkenne ich das, was im Kontext des systemisch-kybernetischen Denkens entwickelt wurde, vor allen Dingen ausgehend von Paul Watzlawick's Kommunikationstheorie. Menschliche Verbindungen werden als soziale Systeme verstanden, die in einem wechselseitigen Bestimmungs- und Produktionsverhältnis zueinander stehen und gemeinsam mit ihrer

Umwelt, ihrem Lebensfeld als zirkulär untrennbare Einheit, als Ganzheit im Sinne der Erkenntnisse von Gregory Bateson, Humberto R. Maturana und Francisco J. Varela verstanden werden. Von ihrer Fokussierung auf soziale Systeme her kommt die fünfte Linie der Humanistischen Psychologie vor allen Dingen im Feld der Familientherapie, der Team- und Organisationsentwicklung zum Tragen.

Fünf Linien der Humanistischen Psychologie orientiert an Existenzialphilosophie und Phänomenologie

Summerhill Linie	Gruppendynamische Linie	Esalen-Linie	Therapeutische Linie	Systemisch-kybernetische Linie
Neill-Pädagogik Abenteuer-Spielplatz-Pädagogik englisch-amerikanische Free-School-Bewegung Educreation Confluent-Education (Gestalt-Pädagogik)	Feldtheorie (Lewin) Feedback-Methoden Basic Group Sensitivity Training Team-Entwicklung Organisations-Laboratorium T-Group Human-Relations-Training	Marathon Encounter Rebirthing Transpersonale Psychologie Kreatives Aggressionstraining Konfrontative Erlebnistherapie Selbsterfahrungsgruppen verschiedene Körpertherapien Holistische Erziehung Kreativitäts-Training	Gesprächstherapie Gestalttherapie Transaktions-Analyse Bioenergetik Themenzentrierte Interaktion Individualpsychologische Tele-analyse Gordon-Pädagogik Katathymes Bilderleben Eutonie Psychosynthese Logotherapie	Supervision Team-Training Organisationsentwicklung Personalentwicklung Familientherapie Orientierungs-analyse Krisenmanagement Paarberatung Kommunikations- und Kooperations-Training

Im Jahre 1962 forderte Abraham Maslow die Gründung einer Organisation, die repräsentativ zusammenfassen sollte, was als "Dritte Kraft" bekannt geworden war und über die Konzepte der Psychoanalyse und des Behaviorismus hinausging.

Die Vertreter dieser Organisation, der "Association for Humanistic Psychology", sind unterschiedlicher Herkunft, ihre Übereinstimmung besteht jedoch darin, daß neue, ganzheitlich orientierte Impulse in einer Zeit der Krise als notwendig erachtet wurden. Sie vertritt folgende vier Basis-Themen:

- Im Zentrum der Aufmerksamkeit steht die erlebende Person. Damit rückt das Erleben als das primäre Phänomen beim Studium des Menschen in den Mittelpunkt. Sowohl theoretische Erklärungen wie auch sichtbares Verhalten werden somit auf das Erleben selbst und auf seine Bedeutung für den Menschen als zweitrangig betrachtet.
- Der Akzent liegt auf spezifisch menschlichen Eigenschaften, wie der Fähigkeit zu wählen, der Kreativität, Wertsetzung und Selbstverwirklichung; im Gegensatz zu einer mechanistischen und reduktionistischen Auffassung des Menschen.
- Die Auswahl der Fragestellungen der Forschungsmethoden folgt nach Maßgabe der Sinnhaftigkeit - im Gegensatz zur Betonung der Objektivität auf Kosten des Sinns.
- Ein zentrales Anliegen ist die Aufrechterhaltung von Wert und Würde des Menschen, und das Interesse gilt der Entwicklung der jedem Menschen innewohnenden Kräfte und Fähigkeiten. In dieser Sicht nimmt der Mensch in der Entdeckung seiner selbst, in seiner Beziehung zu anderen und zu sozialen Gruppen eine zentrale Stellung ein.

Maslow hat eine Reihe von Personen befragt und befragen lassen, von welchen er annahm, daß sie ein überdurchschnittliches Maß an Selbstverwirklichung aufwiesen, und sie mit folgenden Eigenschaften beschrieben:

- Effizientere Realitätswahrnehmung und eine lockere Beziehung zur Realität, also keine Angst

- Akzeptierung von sich selbst, anderen, der Natur, wie sie jetzt sind, geringeres Maß an Schuldgefühl, Vorwürfen, geringere Resignation, aber mit dem Wunsch, der Absicht, Veränderbares zu verändern (also akzeptieren und verändern).

- Spontaneität, Einfachheit, Natürlichkeit, stärkere Bewußtheit (Awareness), unkonventionelle Ethik.

- Problemzentriertheit statt Ich-Zentriertheit in Problemsituationen.

- Bedürfnis nach Privatheit, nach Abstand, nach Selbstverantwortlichkeit.

- Autonomie, Unabhängigkeit von Kultur und Umwelt, Aktivität.

- Immer wieder neue Frische der Wertschätzung und Erfahrung statt Kategorisierung und Stereotypisierung, die zu Langeweile führen.

- Gemeinschaftsgefühl (nach Adler), Identifikationsgefühl mit den Menschen.

- Tiefe Gefühle zu wenigen einzelnen Personen.

- Demokratische Charakterstruktur.

- Klare, problemlose Trennung zwischen Mittel und Zweck, gut und schlecht.

- Kreativität, Nicht-Festgelegtheit in den Handlungen, auch wenn es sich nicht um Kunstprodukte im üblichen Sinne handelt.

- Widerstand gegen Überentkulturation, Unangepaßtheit, über den einzelnen Kulturen stehend, jedoch nicht rebellisch unangepaßt oder Bohèmien.

Aus humanistisch-psychologischer Sicht wird eine selbsttranszendierende Zielsetzung durch die Suche nach Sinn und Erfüllung über die eigene Existenz hinaus als wesentlichstes Merkmal menschlicher Motivation gesehen. Die Humanistische Psychologie bewegt sich damit eindeutig im Kontext der europäischen Existenzphilosophie und der Phänomenologie (Marcel, 1935; Merleau-Ponty, 1945).

Die Überzeugung, menschliches Leben sei ziel- und sinnorientiert, läßt sich allerdings nur dann aufrechterhalten, wenn wir Werte und Standards außerhalb des Individuums anerkennen und den Menschen als ein Wesen betrachten, das sein Leben bewußt oder unbewußt auf diese Werte ausrichtet. Die Werte, die der humanistisch-psychologischen

Tradition entstammen, sind Freiheit, Gerechtigkeit und Menschenwürde. Diese Wertvorstellungen geben dem Menschen eine Zukunftsperspektive und prägen sein Leben und Handeln ebenso stark wie die materiellen Grundlagen seiner Existenz. Durch die Betonung von Sinn, Zielen und Bedeutungen im menschlichen Leben hat die Humanistische Psychologie den Versuch unternommen, das psychologische Denken aus einer ausschließlich kausalen und deterministischen Weise des Erklärens zu befreien.

> "Wenn auch postuliert wird, daß das Individuum selbst die größte Verantwortung für sein eigenes Leben trägt, sollte dies nicht als ein Rat betrachtet werden, sich zu isolieren und sich ohne Rücksicht auf die Realität auf sich selbst zurückzuziehen. Das eigene Subjekt-Sein zu akzeptieren und als Anspruch aufrechtzuerhalten, ist der erste notwendige Schritt auf dem Wege zu einer echten Begegnung mit einem anderen Menschen. - Das Ideal für die zwischenmenschlichen Beziehungen ist das der Gleichwertigkeit zwischen Menschen, von denen jeder ein Subjekt für sich ist und die Werte und das Subjekt eines anderen anerkennt und achtet" (Ch. Bühler, M. Allen, 1973).

Der philosophisch interessierte Trainer ist eingeladen, etwa Martin Buber's Philosophie der "Grundworte" oder Otto Friedrich Bollnow's Daseins=philosophie zur Vertiefung heranzuziehen und sich dann gegebenenfalls der etwas schwereren Lektüre von Edmund Husserl's Phänomenologie zuzuwenden, um die philosophischen Quellen der Humanistischen Psychologie in der Primärliteratur nachvollziehen zu können.

1.2. Denkprinzipien und Methoden Humanistischer Psychologie

Für alle Trainingskonzeptionen, die nicht nur Sachwissen vermitteln, sondern auch lebenskundliche Fragen, Probleme der Persönlichkeitsentwicklung und der Sozialisation, ist es notwendig geworden, neue Lehr- und Lernmethoden zu entwickeln und vorzustellen. Ein solches Angebot sehe ich in der Humanistischen Psychologie verwirklicht. In ihrer Werthaltung stößt sie eine Bewegung an, die das Ziel hat, den Menschen in seiner Ganzheit zu erfassen und an menschlicheren Lebensbedingungen in dieser Welt mitzuarbeiten. Die Humanistische Psychologie ermöglicht als holistische Sozialwissenschaft ein neues, tiefes Verständnis für Sinnfragen und Religiosität, denn ihr liegt ein Menschenbild zugrunde, das Integration, Identität, Ganzheit, "Heilwerdung" in klaren, konstruktiven sozialen Systemen anstrebt. Sie beruft sich dazu in ihrer Methodik beim Bearbeiten von Konflikten auf einige Prinzipien ganzheitlichen Denkens, wie sie im systemisch-kybernetischen Ansatz begründet sind.

Von Interesse ist deshalb nicht ein Konflikt an sich, sondern der gesamte Kontext, in dem das Phänomen auftritt. Wie die Kommunikationsforschung (Watzlawick u. a.) herausgefunden hat, sind wir durchaus in der Lage, verschiedene Wirklichkeiten denkerisch zu konstruieren. Daß ein und dasselbe Phänomen vollkommen verschieden gesehen und gedeutet werden kann, zeigen uns ja die allseits bekannten Vexierbilder. Die Realität kann - je nach Hintergrund/Rahmen - auch verschieden gesehen werden. Wir sprechen dabei von einer Phänomen-Einbettung in seine Umwelt. Ein Phänomen wird als unlösbarer Teil seiner Umwelt angesehen, der mit dieser durch ein Netzwerk verbunden ist. Einzelne Phänomene betrachten wir als Teil eines übergeordneten Ganzen. Das heißt methodisch für die Arbeit mit Konflikten, daß eine gegebene Thematik immer in ihrem Gesamtkontext betrachtet wird, damit wir einer Isolation von der Verbindung mit der Umwelt entgegenwirken können, ganz im Sinne des Adler'schen Konzeptes von der Notwendigkeit eines Gemeinschaftsgefühls für seelische Gesundheit und gut funktionierende soziale Systeme.

Ganzheitliches Denken zeichnet sich durch die Verbindung von analytischem mit analogem (bildhaften) Denken aus.

Die Akzeptanz des Ganzheitsprinzips hat zur Folge, daß Konfliktarbeit nicht mehr ausschließlich auf reduktionistischen Analysen basiert. Das ganzheitliche Denken verlangt neue, kreative Fragestellungen gegebenenfalls auch paradoxer Art, neue Methoden und Modelle der Konfliktlösung. Den ganzheitlich orientierten Konsultanten interessieren deshalb nicht so sehr die Einzelaspekte eines Konfliktes, sondern vielmehr die Frage, wie die Einzelaspekte miteinander verbunden sind, wie die Beziehungen zwischen den beteiligten Menschen aufgebaut sind. Ganzheitliches Denken akzeptiert neben Kausal-Beziehungen (Der Konflikt tritt auf, weil...) vor allem die Möglichkeit der Vernetzung von Phänomenen, die sich in der Art und Weise der Interaktionen/Transaktionen der Beteiligen ausdrückt.

Wir können gewissermaßen einen Konfliktkontext konstruieren. Deshalb ist es auch möglich, einen gegebenen Konflikt in einen neuen Bezugsrahmen zu stellen und damit seine Wirkung zu verändern. Es wird abwechselnd auf verschiedenen Ebenen gearbeitet, auf verschiedenen Abstraktionsniveaus, um so ein komplexes, konfliktträchtiges System zu entfilzen und in den Griff zu bekommen. Dazu ist analytisches wie analoges Denken notwendig, das sich des Gebrauchs beider Hirnhälften gewiß ist.

> "Analytisches Denken hat Wissenschaft und Wirtschaft dominiert und häufig dazu geführt, gewissen Themen und Problembereichen auszuweichen und Probleme nicht als solche anzuerkennen, wenn keine analytisch-technokratische Lösung möglich war. Probleme, die aus der Vernetzung komplexer Beziehungsgeflechte heraus entstehen und auf Zirkularitäten basieren, wurden kaum beachtet" (G. Probst, 1987).

Ganzheitliches Denken ist auch Denken in kreisförmigen Beziehungen und Netzwerken.

Da wir gewohnt sind, in monokausalen, linearen Ketten zu denken, indem wir für jede Wirkung nach einer Ursache suchen, haben wir lange den Aspekt der "Vernetzung", die wechselseitigen Abhängigkeiten zwischen einzelnen Teilen eines Systems untereinander und zwischen den Teilen und dem Ganzen vernachlässigt. Das Denken in Netzwerken muß erst geübt werden. Dieses Denken anerkennt im Sinne Bateson's Interdependenzen vieler Faktoren, was beim Kausal-Ketten-Denken nicht gegeben war.

> "Erst durch die Reflexion in solchen Netzwerken wird offensichtlich, daß das Verhalten eines Gesamtsystems nicht aus den einzelnen Elementen oder aus der Summe aller Teile ableitbar ist, sondern, daß gerade das Zusammenwirken der verschiedenen Systemelemente und der Umwelt ein völlig unerwartetes Verhalten generieren kann." (G. Probst, 1987)

Ich verstehe die Methodenvielfalt der Humanistischen Psychologie als Angebot einer konfliktorientierten Erwachsenenbildung mit der Befähigung zu sozialem Wandel und zur Bewältigung von Lebenskrisen. Sie ist interdisziplinär orientiert.

Ein zentraler Begriff ist in diesem Zusammenhang auch die Selbstverwirklichung. Gemeint ist eine Verwirklichung der Person in Verantwortung und Zielorientierung, wie sie von Alfred Adler, Victor Frankl, Charlotte Bühler oder Roberto Assagioli vorgeschlagen wurde.
Ich verstehe die Humanistische Psychologie so, daß sie sich auf den Einzelnen in seinem sozialen Kontext bezieht, Eigenverantwortlichkeit und soziale Verantwortung fördert. Sie richtet die Aufmerksamkeit auf die Verbindung von Erleben, Denken und Handeln als Grundlage für das Verständnis der Menschen untereinander. Diesem Ziel dienen unterschiedliche Methoden im Umgang mit Konfliktsituationen im privaten wie beruflichen Leben.
Die Humanistische Psychologie geht grundlegend von der Annahme aus, daß alles psychische Geschehen zielgerichtet ist und einen speziellen Sinn, eine Funktion hat im Lebenskontext des Menschen. Victor Frankl (1959) sieht zum Beispiel in dem Verlust einer Ziel- und Sinnorientierung eine der Hauptquellen für die Entstehung psychischer Störungen. Für denjenigen, der in seiner Alltagserfahrung kein lohnendes Ziel mehr findet, der darunter leidet und deprimiert ist, besteht die "erste Hilfe" der humanistisch-psychologischen Trainingsarbeit darin, etwas Wertvolles und Bedeutsames wiederzuentdecken.

Im Rahmen der konfliktorientierten Trainingsarbeit für Personal- und Persönlichkeitsentwicklung habe ich überwiegend folgende Methoden zum Einsatz gebracht:

- Die Themenzentrierte Interaktion:
  Sie dient als Methodik-Didaktik der gesamten Lern-Gruppenarbeit in allen Kursen sowie der Peergruppenarbeit.

- Die Gordon-Pädagogik:
  Sie kommt insbesondere beim Einführungskurs zum Tragen, wo es darum geht, eine Konfliktlösungs-Strategie kennenzulernen und einzuüben, die sich als effektive Hilfe in persönlichen wie beruflichen Entscheidungs-Situationen bewährt hat.

- Die partnerzentrierte Gesprächsführung
  Sie wird im zweiten Aufbaukurs der Kursfolge in ihrer Erweiterung zur Situativen Konfliktgesprächsführung intensiv trainiert und dient dem Teilnehmer als Angebot der Einstiegs-Intervention für solche Situationen des täglichen Lebens, in denen Kinder, Partner, Freunde und Arbeitskollegen mit persönlichen Schwierigkeiten zum Gespräch kommen.

- Die gestalttherapeutische Kriseninterventiom
  Sie dient im gesamten Kurssystem als methodisches Angebot zum Kennenlernen der fördernden und hindernden Teilpersönlichkeiten des Teilnehmers im Rollenspiel (hot & empty seat).

Ich habe außerdem auf Anregung von Herbert Gudjons der Vollständigkeit halber auch andere Methodenkonzepte skizziert, die in das Gesamtgefüge Humanistischer Psychologie gehören und je nach Erfordernis der Lage im Training zusätzlich herangezogen werden können, so etwa

- die Erklärungshilfe der Psychosynthese, der Transaktionsanalyse und der Daseinsanalyse,
- Körperübungen aus Bioenergetik, Eutonie und körperorientierter Weiterbildung,

- Rollenspielanweisungen aus dem Psychodrama,
- Sinnfindungshilfen aus der Logotherapie,
- mein Konzept der orientierungsanalytischen Arbeit mit frühen Kindheitserinnerungen

Meine Ausführungen in diesem Teil des Buches mögen auch als Minilektionen zur Einführung des "Neulings" in das methodische Gesamtspektrum der Humanistischen Psychologie als holistischer Sozialwissenschaft verstanden sein. Sie erheben keinen Anspruch auf Vollständigkeit und bedürfen einer Vertiefung durch weiterführende Literatur. Eine kleine Auswahl sei hier angeführt:

Literatur:

BUBER, M.:
Ich und Du. Schneider-Verlag, 1979

BÜHLER, CH. und MASSARIK, F. (Hrsg.):
Lebenslauf und Lebensziele. Studien in humanistisch-psychologischer Sicht. Fischer, 1969

CORSINI, R.J. (Hrsg.):
Handbuch der Psychotherapie. 2 Bände; Beltz, 1983

FATZER, G.:
Ganzheitliches Lernen. Humanistische Pädagogik und Organisationsentwicklung. Junfermann, 1987

HUSSERL, E.:
Die Krisis der europäischen Wissenschaften und die transzendentale Phänomenologie. Eine Einleitung in die phänomenologische Philosophie. Felix-Meiner-Verlag, 1982

KOLLBRUNNER, J.:
Das Buch der Humanistischen Psychologie. Eine ausführliche einführende Darstellung und Kritik des Fühlens, Denkens, und Handelns in der Humanistischen Psychologie. Zu beziehen über Fachbuchhandlung für Psychologie, Eschborn, 1987

LEWIN, K.:
Feldtheorie. Werkausgabe Band 4; Huber/Klett-Cotta, 1982

MASLOW, A.:
Motivation und Persönlichkeit. Walter-Verlag, 1978

MATURANA, H. und VARELA, F.:
Der Baum der Erkenntnis. Wie wir die Welt durch unsere Wahrnehmung erschaffen - die biologischen Wurzeln des menschlichen Erkennens. Scherz, 1987

QUITTMANN, H.:
Humanistische Psychologie. Zentrale Konzepte und philosophischer Hintergrund. Hogrefe, 1985

PROBST, G.J.:
Selbst-Organisation. Ordnungsprozesse in sozialen Systemen aus ganzheitlicher Sicht. Paul-Parey-Verlag, 1987

VÖLKER, U. (Hrsg.):
Humanistische Psychologie. Ansätze einer lebensnahen Wissenschaft vom Menschen. Beltz, 1980

WATZLAWICK, P., BEAVIN, J.H., JACKSON, D.D.:
Menschliche Kommunikation. Formen, Störungen, Paradoxien. Huber, 1969

1.2.1. Ruth C. Cohn und die Themenzentrierte Interaktion (TZI)

Unter dem Einfluß der Psychoanalyse, der Gruppentherapie und des Experimentalismus hat Ruth C. Cohn in den 50-er Jahren die TZI initiiert. TZI ist eine methodische Arbeitshilfe für die Leitung von Gruppen und für die Selbstleitung des Einzelnen innerhalb einer Gruppe.

Durch die Vertiefung der Erlebnisfähigkeit und die Erweiterung der Kommunikationsbereitschaft hilft TZI, die Fähigkeit zur Verantwortung für die eigene und das gemeinsame Leben auszubilden.

Zu den anthropologischen Voraussetzungen der TZI gehört es, daß das menschliche Leben grundsätzlich sinnvoll ist, daß der Einzelne in diesem Sinnganzen eine unvertretbare Stelle inne hat und darin mit anderen verbunden die persönliche und menschheitliche Entwicklung mitverantwortet. Konflikte werden als Entscheidungssituationen gewertet. Konsens oder Kompromiß schützen den einzelnen vor der mehrheitlichen Überstimmung und damit vor der Beraubung persönlicher Anteilnahme durch den Autoritätsmißbrauch Einzelner oder einer Mehrheit.

Diese Methode ist eine Synthese von Persönlichkeitsentwicklung und Sachlernen; sie ist ein methodisch-didaktischer Ansatz, der Lebendiges Lernen in Lern- und Arbeitsgruppen ermöglichen soll. Lebendiges Lernen versteht sich dabei als ein Lernen, das vom Lernenden als anregender und engagierter Prozeß erlebt wird.

Die TZI ist ein pädagogisches Konzept, das die emotionale und kognitive Reife auf der Grundlage persönlicher Sinnentscheidung fördert. Mit ihrer Hilfe wird der Prozeß einer Gruppe bewußt strukturiert, ganz gleichgültig, ob es sich um eine Generalversammlung, eine Schulstunde, eine Glaubensgesprächsrunde oder eine Selbsterfahrungsgruppe handelt. Das TZI-System verbindet Elemente der Tiefenpsychologie und der Gruppendynamik mit Erkenntnissen der Lernpsychologie und Pädagogik.

In ihr wird der Versuch unternommen, die Einseitigkeit von "Nur-Gruppen-Prozeß" oder von nur kognitiv oder nur leiterzentriert gesteuerten Versammlungen zu vermeiden. Die Kunst der Themenzentrierten Interaktion besteht darin, innerhalb einer jeden Gruppensitzung die Balance zwischen der Arbeit an dem vom Leiter vorgegebenen Thema, dem Erleben einzelner Personen und dem Prozeß der Beziehungen innerhalb der Gruppe dynamisch herzustellen.

Am deutlichsten unterscheidet sich die TZI von gruppendynamischen Methoden darin, daß die Aufgabenbezogenheit der TZI-Gruppen durch das Thema als Mittelpunkt der Gruppe garantiert wird. Damit entfaltet die TZI-Methodik eine Eigenart, die den Teilnehmer sich deutlich auf die Wirklichkeit der ihn umgebenden Umwelt beziehen läßt.

Die Themenstellung ist deshalb eine der wichtigsten Fähigkeiten des Gruppenleiters, der vor der Aufgabe steht, zugleich eine Rahmengarantie für die Beziehungen der Teilnehmer in ihrer konkreten Umwelt und für eine fruchtbare Arbeit an der Aufgabe der Gruppe, dem Thema zu geben. Darüber hinaus bietet die Themenstellung dem Leiter die Möglichkeit, in durchsichtiger Weise ein Signal zu setzen, wie nahe die Gruppe gerade einer Auseinandersetzung mit dem Sachproblem oder den persönlichen Anteilen der Einzelnen bzw. der Gruppe steht. Das Thema muß den Notwendigkeiten und Interessen der Lerngruppe entsprechen und durch seine möglichst kurze, präzise und positive Formulierung jedem einzelnen Lernenden engagierte Mitarbeit ermöglichen.

Die Leitungsaufgabe des TZI-Gruppenleiters wird unterstützt und erleichtert durch Axiome und Hilfsregeln (s. Kapitel 2.2.4.) die sich fast immer als nützlich erweisen, wenn sie den Lernenden bewußt sind und von allen taktvoll und nicht starr oder diktatorisch angewandt werden.

Die Beachtung der Hilfsregeln (Vertritt Dich selbst in Deinen Aussagen; sprich per Ich und nicht per Wir oder per Man; sei zurückhaltend mit

Verallgemeinerungen) erleichtert Kommunikation, erspart frustrierendes Zuhörenmüssen und Mißverständnisse und kann aggressives und intolerantes Verhalten verhindern, weil viele Spannungen nicht angestaut werden müssen.

Durch Bewußtmachung und Schaffung der äußeren Bedingungen, (daß jeder z.B. der Anwalt seiner selbst ist und sein kann) hat der TZI-Gruppenleiter nicht mehr die erdrückende - und nicht zu leistende - Verantwortung für das Lernen und das Wohlbefinden des einzelnen.

Der TZI-Gruppenleiter gesteht jedem anderen so viel Autonomie zu, wie sie in unserer Kultur seit Jahrhunderten verbal als Selbstverständlichkeit postuliert wird; das bedeutet, der Lernende lebt nicht in der Furcht, plötzlich aufgerufen und möglicherweise in eine als peinlich erlebte Situation gebracht zu werden. Er bestimmt selbst, wie er lernen will und lernen kann. Wenn er Informationen oder Hilfe braucht, kann er sich furchtlos an jeden anderen wenden.

Der Gruppenleiter fühlt sich nicht verletzt und/oder in seiner Autorität unterminiert, wenn nicht nur er im Zentrum der Informations- und Hilfesuchenden steht. Er kann nicht mehr allein Inhalt, Struktur und Prozeß vorausbestimmen, sondern er plant inhaltliche Angebote, Mittel und Medien voraus. Jeder einzelne kann aber den Prozeß mitbestimmen und beeinflussen.

Störungen werden von außen oder innen als Realität akzeptiert und soweit thematisiert, wie sie den einzelnen - auch den Gruppenleiter - an der gemeinsamen Arbeit hindern. Das gesetzte Thema ist keine "Heilige Kuh". Es hat nur dann wirkliche Bedeutung, wenn es für alle Teilnehmer relevant ist.

Der Gruppenleiter fühlt sich nicht "berufen". Er will seine Vorstellungen und Wünsche nicht als wichtiger - weil bedeutender - erleben und durchsetzen. Er nimmt seine eigenen Gefühle und Bedürfnisse ebenso wichtig wie die Gefühle und Bedürfnisse der Lernenden. Es ist akzeptabel, im Konflikt zu sein. Wenn der Gruppenleiter für sich selbst und die anderen nicht das unrealistische (und zweifelhafte) Ideal des "starken Mannes" ohne Schwächen und Gefühle verkörpert, sondern ein ganz normaler Mensch mit Schwächen und Fehlern (nicht unerreichbares Vorbild, sondern real und echt) ist, schafft das eine Basis für mehr Vertrauen.

Der Gruppenleiter muß nicht alle Fragen selbst beantworten, sondern läßt den Teilnehmern Zeit und Raum zur Entwicklung ihrer kreativen Fähigkeiten. Er empfindet es nicht als persönlichen Affront, wenn die Lernenden sich zunächst mehr für ein anderes als für sein vorbereitetes Thema interessieren. Er ist flexibel genug, mit der Motivation der Teilnehmer zu gehen, statt sein Konzept gegen ihre Motivation zu verteidigen und durchzusetzen.

Der Gruppenleiter holt die Teilnehmer da, wo sie sind, d.h. daß er so eingehend wie möglich Informationsstand, Motivation und Erwartung - die der Teilnehmer und seine eigenen - erkundet, erkennt und die Möglichkeit gemeinsamen Vorgehens antizipiert, plant, möglicherweise verwirft und wieder neu beginnt.

Er unterstützt das eigene Suchen und Experimentieren der Teilnehmer zum Finden von Lösungen (nicht unbedingt seiner Lösungen), statt "altbewährte Lösungs- und Lebensformen" schematisch anwenden zu lassen.

Der Gruppenleiter gibt die Macht des Verantwortlichseins für alles auf, was geschieht und nicht geschieht und die Macht der Kontrolle über alle inneren und äußeren Vorgänge in seiner Gruppe.

Er ist nicht mächtiger, sondern Partizipant, d.h. leitendes Gruppenmitglied, das bewußt plant, strukturiert und leitet, das sein Wissen, seine Fähigkeiten und Erfahrungen anbietet, ohne sie den Teilnehmern aufzuzwingen oder seine Interessen indirekt oder in manipulativer, nicht transparenter Weise nahezubringen.

Der Gruppenleiter kann zuhören und bewußt wahrnehmen und dann abwägen, ob und wie er interveniert, ob und wie er unterstützt, ob und wie er durch seinen Beitrag steuert (die Richtung verändert, bremst oder antreibt).

Gruppenleiter und Teilnehmer respektieren sich gegenseitig als autonome Individuen und billigen sich mehr Handlungs- und Entscheidungsspielraum zu. Sie übernehmen gleichzeitig die Verantwortung für sich selbst und die Gruppe und sind auch gemeinsam für die Sache und das Thema verantwortlich.

Literatur:

COHN, R.C.:
Von der Psychoanalyse zur Themenzentrierten Interaktion. Von der Behandlung einzelner zu einer Pädagogik für alle. Klett-Cotta, 1975.

FARAU, A. und COHN, R.C.:
Gelebte Geschichte der Psychotherapie. Zwei Perspektiven. Klett-Cotta, 1984.

1.2.2. Thomas Gordon und das Strukturkonzept der Konfliktlösung

Thomas Gordon ist Organisations- und Erziehungsberater, der einen der frühen Versuche gemacht hat, die Lernprinzipien der Humanistischen Psychologie auf das Gebiet der Führung, Aufsicht und Administration anzuwenden. Er entwickelte eine "niederlagelose" Konfliktlösungsmethode für Menschen, die Führungsrollen innehaben und gruppenbezogene Prinzipien anwenden, um das schöpferische Potential ihrer Gruppe freizusetzen.

Diese Methode hebt sich von dem üblichen "Sieger-Verlierer-Konfliktgebahren" ab und beruft sich auf die Tatsache, daß Konflikte eine Realität jeglicher Beziehung und nie ganz vermeidbar sind. Sie ist kein Kunstgriff oder Trick, um Forderungen durchzusetzen, sondern sie erfordert zunächst einen grundlegenden Wandel in der Einstellung der Konfliktpartner zueinander: aus Konfliktobjekten werden Konfliktpartner.

Bei Anwendung der "niederlagelosen" Methode müssen die Partner neue Fähigkeiten und Einsichten erlernen. Es sind Fähigkeiten des vorurteilslosen Zuhörens und der aufrichtigen Mitteilung eigener Empfindungen. Schlüssel zum Umgang mit Konfliktpartnern ist die Fähigkeit, Verständnis auszudrücken und sich in die Rolle des anderen hineinzuversetzen. Worte, die Verständnis ausdrücken und auf die Gefühlslage des anderen eingehen sind hilfreich für die Lösung eines Problems, nicht Ratschläge und Befehle.

Wir werden im folgenden wichtige Voraussetzungen kennenlernen, die Partner dazu befähigen, die "niederlagelose" Methode anzuwenden.

Kommunikation:

Der Begriff "kommunizieren" bezeichnet allgemein sowohl die nichtverbalen wie die verbalen Verhaltensweisen innerhalb einer situativen Gegebenheit.

Die Art, wie Partner miteinander kommunizieren, gibt Hinweise auf die Qualität ihrer Beziehung, die sie miteinander haben. Schwierigkeiten in der Kommunikation ergeben sich, wenn die verbale und nichtverbale Botschaft unterschiedliche Bedeutung hat, wenn eine sogenannte "doppelbödige Botschaft" gesendet wird. Solche Unstimmigkeiten in der Kommunikation können den Partner sehr verwirren.

> Beispiel:
> Die Mutter ärgert sich darüber, daß ihr 5-jähriges Kind abends lange aufbleibt; sie möchte ein Buch lesen und ungestört sein. Es entspricht aber nicht ihren Prinzipien, Forderungen an das Kind zu stellen. So sagt sie zu dem Kind: "Du kannst ruhig aufbleiben." Aus dem nichtverbalen Verhalten der Mutter entnimmt das Kind genau, daß die Mutter es eigentlich nicht mag, wenn es so lange aufbleibt. Wie soll das Kind sich nun verhalten? Es möchte noch aufbleiben, gleichzeitig aber auch geliebt und angenommen sein von der Mutter.

Die Sprache der Annahme:

Die Therapieforschung hat notwendige Elemente einer hilfreichen, effektiven Beziehung ermittelt; das vielleicht wesentlichste ist die Sprache der Annahme.

Jeder hat von Zeit zu Zeit seinen Mitmenschen gegenüber zwei verschiedene Empfindungen: positive und negative. Es ist wichtig für jeden, sich immer wieder darüber klar zu werden, was er wirklich empfindet. Manchen Menschen ist bei Empfindungen und Gefühlen sehr unbehaglich zumute - sowohl bei ihren eigenen als auch bei denen anderer. Die Gefühle und Empfindungen in den Botschaften der Partner werden dann oft gar nicht mehr wahrgenommen.

Wir bringen also unseren Mitmenschen Gefühle der Annahme und Nichtannahme entgegen. Der Bereich der Annahme und Nichtannahme ändert sich von Zeit zu Zeit je nach Situation und ist abhängig vom Verhalten des Partners und unseren augenblicklichen Gefühlen, Empfindungen und unserer persönlichen Einstellung. Wenn wir unseren Partnern gegenüber echte Annahme empfinden und sie ihnen auch zeigen, nehmen wir sie ernst und können ihnen wirklich helfen.

Wie läßt sich Annahme verwirklichen?

Eine Form der Bestätigung kann das Nichteinmischen sein, wenn der Partner einer Beschäftigung nachgeht, bei der er eigene Ideen verwirklichen, Fehler machen und aus eigener Erfahrung lernen kann. Weiterhin wird deutlich Annahme ausgedrückt durch Anregungen und Ermunterungen, mehr zu sagen, seine Empfindungen und Gedanken auszusprechen, wie z. B.: "Erzähle mir mehr darüber..." - "Dein Standpunkt interessiert mich..." "wirklich interessant..."

Auch sogenanntes "passives Zuhören" veranlaßt den Partner, mehr von sich zu erzählen. Es wird kein eigener Kommentar zu einer Aussage gegeben, sondern interessiertes Zuhören deutlich gemacht durch: "Mhm", "Oh" oder Nicken u. ä. Der Partner hat die Möglichkeit, seine Gefühle offen auszudrücken und sich akzeptiert zu fühlen.

Wenn der Partner einen Konflikt hat: Aktives Zuhören praktizieren.

Eine wirkungsvolle Kommunikation mit jemandem, der einen Konflikt hat, ist die Praxis des Aktiven Zuhörens.

Unter Konflikt verstehen wir Gedanken und Gefühle, unter denen ein Mensch leidet, die ihn unzufrieden machen. Konflikte bestehen aus einer Tatsache und einem oder mehreren Gefühlen, die durch die Tatsache in uns ausgelöst werden, z. B.: "Ich leide darunter, daß mein Freund immer so schimpft."

Wir teilen uns gegenseitig etwas mit, weil wir Bedürfnisse haben. Diese Bedürfnisse drücken sich oft verschlüsselt aus. Wollen wir an der Erlebniswelt des anderen teilhaben, so können wir durch Aktives Zuhören Botschaften des anderen entschlüsseln.
Aktives Zuhören hilft dem Partner, für seinen Konflikt möglicherweise selbständig eine Lösung zu finden und seine Gefühle offen auszudrücken.

Durch Aktives Zuhören verhelfen wir unserem Partner dazu, zu überprüfen, inwieweit seine verbalen Äußerungen mit seiner Körpersprache übereinstimmen. Denn auch unser Körper sendet ständig Botschaften: An andere Menschen mit Stimme, Gesten, Haltung, Kleidung etc. - und an uns selbst mit Spannungsempfindungen, Gefühlen, Funktionsstörungen, Schmerzen.

Durch Aktives Zuhören lernt unser Partner, an diesem Geschehen mehr teilzunehmen und zuzulassen, was in ihm wirklich vorgeht. Wenn wir unsere verbalen und körperlichen Botschaften richtig verstehen, gelingt es uns eher, ein leib-seelisches Gleichgewicht zu erlangen. Beim Aktiven Zuhören stellen wir die eigenen Gedanken und Empfindungen zurück und wenden uns ausschließlich den Botschaften unseres Partners zu. Unsere Rolle beim Aktiven Zuhören besteht darin, Zutrauen in die Fähigkeiten des Partners zu haben, daß er bei Konflikten selbständig eine Lösung findet, wenn er das Gefühl haben kann, mit seiner Schwierigkeit akzeptiert zu sein.

Der Partner muß als jemand betrachtet werden, der von mir getrennt und verschieden ist, der eigene Empfindungen hat, die verlangen, toleriert zu werden. Ohne diese Grundeinstellung wird Aktives Zuhören mechanisch und nichtannehmend wirken. Ebensowenig wird eine Vertrauensbasis aufgebaut, wenn Aktives Zuhören angewendet wird, um andere auszufragen, auszuforschen und dann moralisierend und bewertend darauf zu reagieren. Ohne ständige Versuche, einfühlendes Verständnis und Annahme zu zeigen und auszudrücken, verfehlt Aktives Zuhören seinen Sinn.

Wenn ich selbst einen Konflikt habe: Ich-Botschaften mitteilen.

Wir haben festgestellt, daß Aktives Zuhören Zugang zu den Empfindungen des Partners ermöglicht, wenn er in einem Konflikt steckt.

Wenn ich selbst aber einen Konflikt mit dem Partner habe, wenn ich bestimmtes Verhalten des Partners nicht annehmen kann oder will, kann ich ihm in Form der sogenannten "Ich-Botschaften" mitteilen, daß ich auch jemand bin, der Gefühle hat, der verärgert, enttäuscht, verletzbar ist.

Bei der Ich-Botschaft bekommt der andere eine Information darüber, was in mir vorgeht. Ich drücke mein Gefühl direkt aus, durch Mimik und Gestik unterstreiche ich meine Empfindung. Der andere empfängt eine eindeutige Botschaft.

Es gehören Mut und innere Sicherheit dazu, Ich-Botschaften zu senden und so in einer Beziehung meine inneren Empfindungen zu offenbaren. Doch wenn ich riskiere, mich auf eine offene, symmetrische Kommunikation einzulassen, so entsteht eine wirklich zwischenmenschliche Beziehung.

Ich-Botschaften werden dann mißbraucht, wenn wir sie als versteckte Du-Botschaften dazu benutzen, den Partner zu manipulieren, alles an ihm zu verändern, was wir nicht mögen, was nicht unseren Vorstellungen entspricht. Versteckte wie offene Du-Botschaften werden vom Partner als nicht-annehmend empfunden. Er fühlt sich schuldbewußt und wird Widerstand gegen Beschuldigungen und fertige Lösungen entwickeln. Er wird herausgefordert, uns anzugreifen oder sich später zu rächen.

Die 7-Schritte-Strategie:

Die 7-Schritte-Strategie dient der Konfliktbewältigung durch gegenseitige Abmachung: die Partner beteiligen sich gemeinsam an der Suche nach einer Konfliktlösung. Alle können mögliche Lösungen vorschlagen; nach der kritischen Durchsicht der gesammelten Ideen entscheidet sich der Konfliktträger oder die Konfliktträgergruppe für den Lösungsvorschlag, der am brauchbarsten zu sein scheint.

Notwendig für den Erfolg ist eine offene Kommunikation zwischen den Beteiligten und die Bereitschaft, sich zu ändern. Aktives Zuhören ist erforderlich, weil wir die Empfindungen und Bedürfnisse unserer Partner verstehen müssen; Ich-Botschaften sind entscheidend, damit unser Partner weiß, was wir empfinden, ohne daß er beschuldigt, herabgesetzt oder beschämt wird.

Die niederlagelose Methode in der von Gordon vorgegebenen Form aus sechs Arbeitsschritten wurde von mir aus individualpsychologischer Einsicht und Praktikabilität um einen weiteren Schritt ergänzt (2. Schritt).

Die sieben Schritte der Konfliktlösung im Gruppenrahmen lauten:

1. Den Konflikt in Form von Ich-Botschaften genau beschreiben und abgrenzen gegen andere Konflikte. Es muß zum Ausdruck kommen, daß gemeinsam eine Lösung gefunden werden soll, die für beide Seiten annehmbar ist.

2. Das Ziel der Konfliktlösung formulieren und deutlich machen, was geändert werden soll.

3. Mögliche Lösungen vorschlagen und sammeln. Wichtig ist dabei, daß die Vorschläge in diesem Stadium nicht bewertet und kommentiert werden.

4. Kritische Durchsicht der gesammelten Lösungsvorschläge: Unterscheidung von brauchbaren und unbrauchbaren Ideen.

5. Sich für die bestannehmbare Lösung entscheiden, d. h. aus den verbliebenen die für alle akzeptable und realisierbare herausnehmen. Die Bedingungen der Durchführung sollten genau festgelegt und schriftlich festgehalten werden: die Lösung muß nicht notwendigerweise als endgültige angesehen werden, man kann vereinbaren, daß man diese Lösung ausprobiert und dann sieht, ob sie funktioniert.

6. Die festgelegte Entscheidung muß ausgeführt werden. Oft ist bis ins einzelne genau auszumachen, wer was tut und wie man anfängt (Maßnahmenplan: s. Kapitel 2.2.2.).

7. Nachfolgende kritische Bewertung, d. h., es erfolgt eine spätere Überprüfung, wie die ausgewählte Lösung funktionierte und wie sich die Beteiligten an die getroffenen Absprachen halten. Oft muß ein

Vertrag geändert werden, wenn bestimmte Situationen und auszuführende Vereinbarungen falsch eingeschätzt wurden und Unzufriedenheit sich einstellt.

Eine spielerische Möglichkeit, gemeinsam zu überprüfen, mit welchem Erfolg diese Absprachen eingehalten werden, bietet das Punkte-Spiel nach Valerie Pauling (siehe Kapitel 2.5.2.).

Das Konzept der Konfliktlösungsstrategie nach Gordon wird vor allem im Grundkurs und in der Peergruppenarbeit praktiziert. Auch im berufsspezifischen Interaktionstraining findet es häufig noch seine Anwendung.

Literatur:

GORDON, Thomas:
Familienkonferenz. Die Lösung von Konflikten zwischen Eltern und Kind. Hoffmann & Campe, 1972.

Familienkonferenz in der Praxis. Wie Konflikte mit Kindern gelöst werden. Hoffmann & Campe, 1978.

Managerkonferenz. Effektives Führungstraining, Rowohlt, 1982.

1.2.3. Carl C. Rogers und die partnerzentrierte Gesprächsführung

Carl C. Rogers gilt als Schüler des Freud-Schülers Otto Rank, wich aber von diesem ab durch das neue Verfahren der "klientzentrierten Gesprächspsychotherapie". In den Büchern "Entwicklung der Persönlichkeit" (1961), "Die Kraft des Guten" (1977) und "Der neue Mensch" (1981) hat er die theoretischen und praktischen Grundlagen für neue Wege von Selbstverwirklichung und sozialer Verantwortung vorgestellt sowie die dazu notwendigen Grundeinstellungen und -fähigkeiten für den, der in der Weiterbildungsarbeit andere dazu anleiten will, das Leben in dieser Welt zu gestalten. Solche Charakteristika sind:

- Selbständigkeit, Wendigkeit und Vielseitigkeit
- Neugier
- Urteilskraft
- Interesse an Personen als Individuen, statt als Material zur Manipulation
- Achtung vor der Integrität anderer Personen
- Einsicht in eigene persönliche Charakteristika
- Sinn für Humor
- Toleranz; nicht-anmaßende Haltung
- Fähigkeit, herzliche und wirksame Beziehungen zu anderen herzustellen
- Fähigkeit, eine "therapeutische" Einstellung zu übernehmen
- Fleiß, methodische Arbeitsweise
- Akzeptierung von Verantwortlichkeit
- Fähigkeit, Druck zu ertragen
- Bereitschaft zur Zusammenarbeit
- Takt
- Rechtschaffenheit, Standhaftigkeit und Selbstbeherrschung
- Differenzierender Sinn für ethische Werte
- Interesse an Psychologie
- Ausgedehnter musisch-kultureller Hintergrund

Nach der Beobachtung von Rogers erlebt der Teilnehmer innerhalb des Prozesses seiner Persönlichkeitsentwicklung sieben Phasen, die - abhängig vom jeweiligen Entwicklungsstand des einzelnen Teilnehmers oder der Gruppe - rasch oder weniger rasch aufeinander folgen. Ich will sie an dieser Stelle kurz skizzieren:

- Erste Phase: Der Teilnehmer hat noch große Scheu, Einblick, in seine Persönlichkeitsstruktur, seine Gefühlswelt und Interaktionsmuster zu geben. Er ist nicht bereit, seine persönlichen Konstrukte (1), die jahrelang praktizierte Betrachtungsweise der Welt in Frage stellen zu lassen. Konflikte werden nicht wahrgenommen.

- Zweite Phase: Konflikte werden zwar wahrgenommen, jedoch unter den Teppich gekehrt: der Teilnehmer fühlt keinerlei Verantwortung dafür.

- Dritte Phase: Konflikt-begleitende Gefühle werden ansatzweise gezeigt, allerdings nicht wirklich akzeptiert. Der Teilnehmer will sie als "schlechte Gefühle" weghaben.

- Vierte Phase: Gefühle werden als tatsächlich vorhanden akzeptiert, und persönliche Konstrukte sind nicht mehr ganz starr.

- Fünfte Phase: Gefühle brechen einfach durch. Der Teilnehmer steht seinen Widersprüchen und Ungereimtheiten zunehmend offener gegenüber.

- Sechste Phase: Persönliche Konstrukte werden aufgelöst. Gefühle werden in vollem Maße als zum normalen Menschen dazugehörend akzeptiert. Der Teilnehmer ist bereit, aus Erfahrungen zu lernen, seinen Lebensstil zu ändern. Es besteht eine hohe Bereitschaft, Konflikte zu akzeptieren und konstruktiv zu lösen.

- Siebte Phase: Die Selbst-Akzeptanz ist sehr hoch. Der Teilnehmer erlaubt sich auch, neue, bisher nicht gekannte Gefühle zu haben. Es besteht die Bereitschaft, persönliche Konstrukte mit Humor umzudeuten.

---

(1) KELLY, G. A.: The psychology of personal constructs, Band 1, New York 1955. Der Terminus Konstrukt meint einen persönlichen Erklärungsversuch von erlebten Phänomenen, wobei davon auszugehen ist, daß starr fixierte Konstrukte die Flexibilität des Handelns stark behindern.

Konflikte lassen nicht mehr den Atem anhalten. Sie werden sachlich gelöst. Der Teilnehmer erkennt, daß er tatsächlich die Möglichkeit hat, auf neue Weise zu leben (C. R. Rogers: Entwicklung der Persönlichkeit; 1985).

Die von Rogers beobachteten Entwicklungsphasen sind auch in anderen Handlungskonzepten der Humanistischen Psychologie wiedererkennbar.

Übereinstimmende Meinung in diesem Zusammenhang ist, daß Veränderung innerhalb eines Persönlichkeitsentwicklungs-Kontinuums nicht schnell vor sich geht, daß jeder Teilnehmer Zeit braucht, um Vertrauen in sich, die anderen Gruppenteilnehmer und die Gruppenleitung aufzubauen, Vertrauen, das sozusagen die Tür zum persönlichen Entwicklungsprozeß öffnet.

Aus eben dieser Einsicht heraus haben Rogers und seine Schüler einige Variablen formuliert, die meiner Meinung nach als Richtlinien aller methodischen Ansätze der Humanistischen Psychologie gelten können, nicht allein der von Rogers und seiner Schule entwickelten partnerzentrierten Gesprächsführung.

Richtlinien der partnerzentrierten Gesprächsführung:

1. Förderung der Selbstexploration des Klienten im Sinne der Findung und Verbalisierung von Ich-Botschaften, von emotionalen Erlebnisinhalten.

2. Praktizieren von präzisem, einfühlendem Verstehen, von Empathie für die Mitteilungen und Handlungen des Klienten mit dem Ziel der Hinführung zu den innerhalb der Sozialisation tabuisierten Gefühlen, Gedanken und Empfindungen.

3. Emotionales Engagieren und nicht an Bedingungen gebundenes Akzeptieren, um dem Klienten die Freiheit einzuräumen, er selbst sein zu dürfen, auch wenn er unerwünschtes Verhalten zeigt oder sich emotional distanziert. In diese Handlungsvariable gehört auch das Mitteilen von Gegensätzen in der Sehweise und Wertung, die der Klient als konfrontativ erfahren kann.

4. Vermitteln von Echtheit, Kongruenz und Transparenz, um den Prozeß der Gesprächsführung allmählich zu einer wechselseitigen partnerschaftlichen Interaktion werden zu lassen. In diese Handlungsvariable gehört das spontane Selbst-Einbringen des Beraters bzw. des Gruppenleiters, das freie Einblick-Geben in sein eigenes Erleben (nach W. M. Pfeiffer, 1977).

Für den Leiter der partnerzentrierten Gesprächsführung im Sinne von Rogers besteht seine berufliche Qualifikation in der Hauptsache darin, daß er in der Lage sein muß, die Wahrnehmungswelt des Klienten so nachzuvollziehen, als ob er sie selbst erlebe, ohne dabei in der Beziehung zu seinem Klienten die eigene Identität und die Fähigkeit zur Informationsverarbeitung und Distanzierung aufzugeben oder zu verlieren.

Dahinter steht die Erfahrung, daß jeder Mensch die Fähigkeit in sich hat, seine Persönlichkeit mit ihrem Verhalten und Erleben selbständig auf Reifung und Selbstverwirklichung hin zu entwickeln. Der Gesprächsleiter sollte lediglich die therapeutische Situation so gestalten, daß dieser Reifungs- und Selbstverwirklichungsprozeß ohne Bedrohung möglich wird, daß der Teilnehmer ausreichend Gelegenheit zum Nachdenken über sich selbst, zu einer tieferen Erfahrung seines Verhaltens und Erlebens erhält. Dazu ist es notwendig, daß es zwischen Teilnehmer und Leiter zu einer möglichst echten zwischenmenschlichen Beziehung kommt.

Literatur:

ROGERS, C. R.:
Die nicht-direkte Beratung. Fischer, 1976.

Die klientenzentrierte Gesprächspsychotherapie. Fischer, 1978

Freiheit und Engagement. Personenzentriertes Leben und Lernen. Kösel-Verlag, 1984.

Die Kraft des Guten. Ein Appell zur Selbstverwirklichung. Fischer, 1985.

1.2.4. Fritz Perls und die Gestalt-Methodik

Die Gestalt-Methodik hat viele Annahmen der Gestalttheorie übernommen, die am Berliner Psychologischen Institut entwickelt worden ist. Diese Theorie war eine Reaktion auf die Elementpsychologie des 19. Jahrhunderts, die das psychische Geschehen in kleinste Einheiten, etwa Assoziationen, aufzulösen versuchte. Die Gestalt-Psychologen betonen demgegenüber den ganzheitlichen Aspekt des psychischen Geschehens ("Das Ganze ist mehr als die Summe seiner Teile"). Der Psychoanalytiker Fritz Perls übernahm diese Grundgedanken bei der Entwicklung seiner Gestalt-Methodik. Er wurde aber auch durch Wilhelm Reich wesentlich beeinflußt.

In der Gestalt-Methodik werden hauptsächlich drei Ziele angestrebt: Selbstfindung, Verwirklichung von Mitmenschlichkeit und Sinn-Findung im Leben.

Der Mensch wird in diesem Sinn als ein biologisches, soziales, geistiges, emotionales Wesen verstanden, weitestgehend von dem jeweiligen Umfeld geprägt (personalistische Systemtheorie). Daher sind die Sozialisationsvorgänge, wie sie sich in den Primär- und Sekundärgruppen (Ehe, Familie, Schule, Arbeitsplatz) abspielen, von entscheidender Bedeutung für alle interaktionalen Prozesse (das Prinzip der Ganzheit und des Kontextes).

Identität entsteht im Sinne der Gestalt durch Grenzziehung zu anderen Personen. Je reicher und vielfältiger die Kontakte von Personen untereinander sind, um so wichtiger werden klare Grenzziehungen; Identität, d. h. die Unverwechselbarkeit des einzelnen Menschen, manifestiert sich in der Dialektik zwischen Bindung und Freiheit. Die Gestalt-Arbeit dient im wesentlichen dazu, die eigene Identität zu finden. Sie kann durch eine unklare Grenzziehung nach innen und nach außen (durch Konfluenz) bedroht werden.

Ziel der Gestalt-Arbeit ist eine möglichst prägnante Identität und die Entfaltung der kreativen Möglichkeiten des Menschen. Menschen und Welt, Gruppe und Individuum stehen in einem dialektischen Zusammenhang. Beide bedingen einander, sie verhalten sich zueinander komplementär. Mein Sein ist bestimmt durch das Sein mit anderen (Heidegger,1976). Diese Koexistenz (Sein mit anderen) wird erst durch das Finden und Praktizieren der unverwechselbaren Eigentümlichkeit des Einzelnen möglich, also durch Einigkeit mit sich selbst einschließlich ungelöster Konflikte und unerfreulicher eigener Anteile.

Meiner Meinung nach erfordert die heutige Sozialsituation ein Engagement aus Nächstenliebe von mit sich selbst identischen Menschen; wenn die Menschheit überhaupt eine Überlebenschance haben soll. Bei der Koexistenz geht es vor allem um die Entwicklung einer Ich-Du-Beziehung im Sinne Martin Bubers (1979). Zu dieser Beziehung ist eine grundsätzliche Wertschätzung notwendig. Der Wert solcher tragender Beziehungen kann insbesondere in gestalttherapeutischer Krisenintervention erfahren werden.

Die Gestalt-Methodik ist in ihrem ganzheitlich-integrativen Verständnis menschlicher Personalität und ihrer klaren Wert- und Glaubensentscheidung für die allgemeine Tendenz des Menschen zur "guten Gestalt", d. h. zur selbständigen, verantwortungs- und sinnvollen Gestaltung des Lebens in besonderer Weise geeignet, die religiöse Dimension im Menschen zu aktualisieren und tiefere Erfahrungen mit ihr zu machen, etwa über die gestalttherapeutische Arbeit mit Symbolen. Sie kann dazu beitragen, persönlichen Glauben mit den alltäglichen Erfahrungen im "Hier und Jetzt" lebendig zu verbinden. Mit den Konzepten des Wachstums, der Ganzheit, der wachen Bewußtheit im Hier und Jetzt, des Lernens durch Erleben, der Verantwortung als Fähigkeit zu antworten (responsibility = response-ability) und der Betonung des Selbstregulations- und Selbstverwirklichungsprinzips sowie den zahlreichen Übungen und Spielen zur Schulung von Selbst-/Fremdwahrnehmung und Kommunikation, hat der Gestalt-Ansatz die Methodologie für ein Bildungskonzept geschaffen, das den Bereich der Gefühle, der Empfindungen und der sozialen Interaktion umfaßt.

Der Gestalt-Ansatz setzt sich von der bürokratischen, sozial- und lerntechnologisch bestimmten Bildungsarbeit genauso ab, wie von den idealistischen Konzeptionen klassischer Bildungstheorien oder radikalpolitischen Forderungen nach totalen Revolutionen.

Mit den Gestalt-Methoden ist eine alternative Pädagogik möglich geworden, die die Arbeit in traditionellen Bildungs- und Therapieeinrichtungen so verändern will, daß sie menschengerechter und kommunikativer werden. In unserem Programm finden die Gestalt-Methoden Anwendung in der berufsspezifischen Selbsterfahrung, im berufsspezifischen Interaktionstraining und in der kollegialen Supervision.

Literatur:

BRINLEY, J.:
Wege der Gestalt-Therapie. In: Jahrbuch der Zeitschrift für Humanistische Psychologie 1987; zu beziehen bei DGHP, Schubbendenweg 4, 5180 Eschweiler.

LUMMA, K. und KNÜDELER, B. (Hrsg.):
Medien für kreative Gestalt-Arbeit in Beratung, Therapie und Weiterbildung. Band 2 der Reihe "Humanistische Psychologie in Aktion", 1984; zu beziehen bei Lumma & Kern, Goerdtstr. 7, 5180 Eschweiler

PERLS, F.:
Grundlagen der Gestalt-Therapie. Einführung und Sitzungsprotokolle, Pfeiffer-Verlag, 1976.

PETZOLD, H. und SCHMIDT, CH. (Hrsg.):
Gestalttherapie. Wege und Horizonte. Junfermann, 1986

RONALL, R. und FEDER, B.:
Gestaltgruppen. Klett-Cotta, 1983.

STAEMMLER, F.-M. und BOCK, W.:
Neuentwurf der Gestalttherapie. Ganzheitliche Veränderung im therapeutischen Prozeß. Pfeiffer-Verlag, 1987.

1.2.5. Gerda Alexander und die Eutonie

Die Methode der Eutonie wurde von Gerda Alexander aus der Grundüberzeugung heraus entwickelt, "daß nicht durch Versenkung (wie der Osten dies lehrt), sondern durch Erweiterung des Bewußtseins die schöpferischen Kräfte und die unverwechselbaren Qualitäten der Persönlichkeit freigesetzt werden" (A. Rosenberg, 1976).
Die Beziehung Eutonie - von griechisch eu = wohl, recht harmonisch und tonos = Spannung - wurde 1957 für die Schulung geprägt, weil die Einheit unserer körperlich-geistigen Realität erlebt und geprüft werden kann durch vertiefte Aufmerksamkeit und bewußte Einwirkung auf den Spannungszustand unseres gesamten Muskel- und Nervensystems:

- auf den Tonus, die Grundspannung der quergestreiften und glatten Muskulatur, die gesteuert wird vom Gammanervensystem und der Gesamtheit der physiologischen Regulationen (u. a. über das limbische System und die formatio reticularis), die ihrerseits wieder abhängig sind von der psychischen Verfassung der Persönlichkeit;
- auf das vegetative Nervensystem, das das Spannungsgleichgewicht zwischen Sympathicus und Parasympathicus, den stimulierenden und regenerierenden Funktionen des Organismus herstellt und so alle Lebensfunktionen wie Atmung, Zirkulation und Stoffwechsel beeinflußt;
- auf das motorische Nervensystem, das über die extrapyramidalen und pyramidalen Bahnen die willkürlichen Bewegungen steuert. Über diese Funktionssysteme manifestiert sich sowohl die unbewußte wie die bewußte Seite unserer Persönlichkeit im Körper. Durch Haltung und Bewegung, durch Atmung und Stimme ist unser leiblicher, emotionaler und geistiger Zustand erkennbar und beeinflußbar. Jede Veränderung des Bewußtseins beeinflußt diese Lebensbereiche. Umgekehrt verändern alle Störungen innerhalb jedes einzelnen von ihnen nicht nur das körperliche Befinden, sondern auch den Gefühls- und Bewußtseinszustand und damit das gesamte Verhalten der Persönlichkeit.

Als Arbeitsthemen der Eutonie gelten:

- Normalisierung des Körperbildes durch Bewußtmachung von Oberflächen- und Tiefensensibilität.
- Regulierung der Zirkulation und der unbewußten Atmung durch Harmonisierung der Sympathicus- und Parasympathicusfunktionen.
- Bewußtmachung des Transportreflexes als Grundlage für eutonische Haltungs- und Bewegungserziehung.

Arbeitsmittel der Eutonie sind überwiegend:
Zeichnen, Malen, Modellieren, Körperübungen zur Spannungsregulierung, zur Balance von Spannung und Entspannung im menschlichen Körper.

Literatur:

ALEXANDER, G.:
Eutonie. Ein Weg der körperlichen Selbsterfahrung.
Kösel-Verlag, 1984

1.2.6. Roberto Assagioli und die Psychosynthese

Gründer der Psychosynthese als Arbeitsmethode und psychologisch-philosophischem Konzept ist der italienische Psychiater Roberto Assagioli, der sich bereits 1911 über den Grundpessimismus der Psychoanalyse hinwegsetzte und das Hier-Sein und den Willen des Menschen bejahte.

Zur weiteren Erläuterung sei an dieser Stelle Assagiolis Skizze der Gesamtpsyche des Menschen nachgezeichnet.

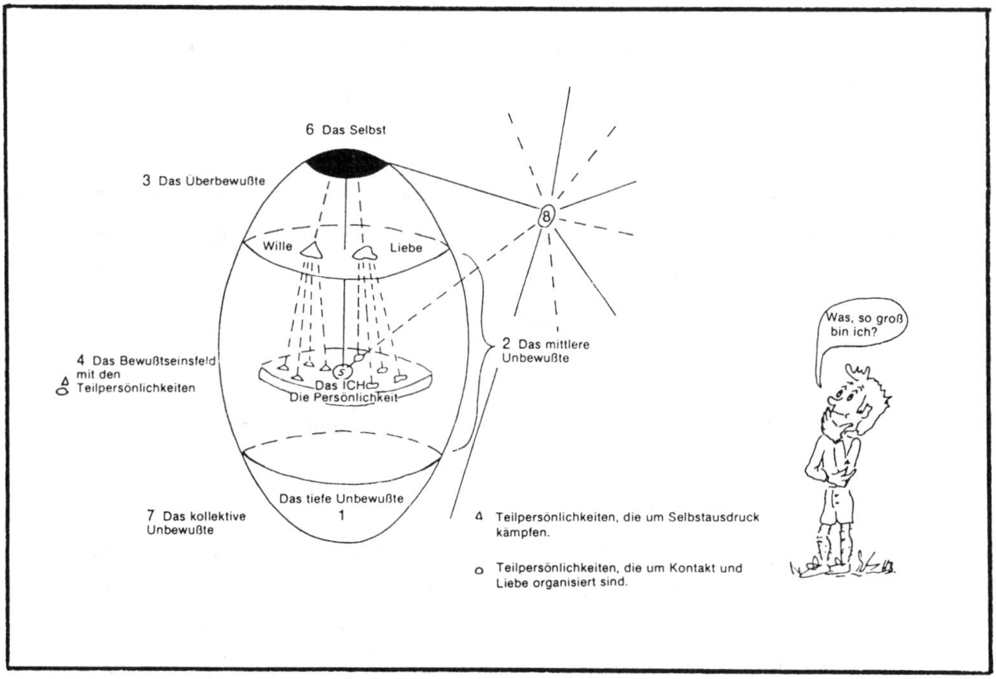

Abb.: Assagiolis Ei-Modell der Gesamtpsyche

Erläuterung zur Grafik:

1. Das tiefe Unbewußte
   koordiniert die Körperfunktionen und entwickelt psychologische Aktivitäten, die sich dann wieder auf den Körper auswirken. Im tiefen

Unterbewußtsein liegen die Grundantriebe. Es ist der Sitz von verdrängten Erinnerungen, Blockierungen, von unkontrollierbaren, parapsychologischen Vorgängen und den verschiedenen pathologischen Ereignissen wie Phobien, Zwangsvorstellungen und paranoiden Verwirrungen.

2. Das mittlere Unbewußte
wird durch den mittleren Abschnitt des Psychosynthese-Eies dargestellt. Hier werden die verschiedenen "real" gemachten Erfahrungen koordiniert. In diesem Bereich erwacht unser Bewußtsein, unsere geistigen und schöpferischen Aktivitäten werden vorentwickelt, bevor sie ganz deutlich in das Bewußtseinsfeld (4) kommen. Im mittleren Unbewußtsein liegt das, was uns nicht direkt bewußt ist, was wir aber ins Bewußte bringen können.

3. Das Überbewußte
In diesem Bereich liegen die evolutionär höher entwickelten psychischen Funktionen und geistigen Energien. Es ist die Quelle unserer Eingebungen, künstlerischer, philosophischer und wissenschaftlicher Inspirationen, ethischer Imperative und Ästhetik.

4. Das Bewußtseinsfeld
enthält, was uns direkt bewußt sein kann - und somit die Teil-Persönlichkeiten. Auf diesem Feld spielen wir die Musik unseres Lebens. Wir können uns die verschiedenen Teil-Persönlichkeiten wie die Mitglieder eines Orchesters vorstellen, die miteinander oder gegeneinander "Musik" machen. Die Psychosynthese versteht die Teil-Persönlichkeiten als teilweise verzerrte, von früher Vergangenheit bestimmte Reaktionselemente der Psyche, die trotz aller möglichen Verzerrungen doch das transpersonale "Selbst" durch die Polarität der Archetypen - "Liebe und Willen" ausdrücken. Zum Beispiel ist der "Trotzkopf" in der Persönlichkeit eine verzerrte Darstellung des Archetyps Wille, so wie "das liebe Kind" ein Mißverständnis über die volle Natur der Liebe ist.

Einen der Hauptgründe für die heutige Verwirrung sieht die Psychosynthese darin, daß es denen, die einen starken Willen haben, an Herz fehlt und denen, die ein gutes Herz haben, an Willen.

5. Das Ich (der Dirigent)
ist definiert als der Punkt unseres reinen Selbstbewußtseins. So wie der Dirigent eines Orchesters "ins Schwimmen gerät", wenn er nur auf die Geiger achtet, so gerät auch das Ich durcheinander, wenn es sich in eine Teilpersönlichkeit einlebt und den Blick für seine gesamten Wahlmöglichkeiten verliert.

Neben dem Anleiten der "Musiker", also der Koordination der Teilpersönlichkeiten ist ein Ziel der Psychosynthese-Arbeit die Harmonisierung von Liebe und Wille. Wege dazu sind: den schwächeren Teil von beiden zu entwickeln, so daß Liebe und Wille in ein harmonisches "Gleichgewicht" kommen, die höheren Aspekte von beiden zu wecken, Liebe und Wille so in Handlung umzusetzen, daß jeder Teil den anderen weckt und stärkt.

Das Ich ist das Zentrum des Bewußtseins; es wird gestärkt durch Einsicht und Aktion. Ein Dirigent ist nur dann ein guter Dirigent, wenn er sowohl die Partitur als auch seine Musiker gut kennt und die gegebenen Möglichkeiten voll ausnutzt.

6. Das Selbst (der Komponist)
ist die Stelle, woher unsere Lebens-Musik kommt (Es ist jenes Selbst, wie es von Kant und Herbart im Unterschied zum empirischen Ich verstanden und von den Mystikern seit je her beschrieben wird). Der Dirigent (das Ich) liest und arbeitet mit der Partitur (der Lebenskonzeption) des Komponisten (des Selbst). Zwischen dem Selbst (dem Komponisten) und dem Ich (dem Dirigenten) besteht eine notwendige spirituelle Verbindung. Für den Dirigenten ist es notwendig, eine Brille mit doppeltem Fokus zu finden, damit er sowohl die Partitur lesen, wie auch seine Musiker sehen kann.

7. Das kollektive Unterbewußte
Im Sinne der Psychosynthese sind wir keine Monaden ohne Fenster, wie Leibniz dachte. Wir mögen uns zeitweise isoliert fühlen, aber die extrem existenzialistische Auffassung trifft einfach nicht mit der

menschlichen Erfahrung überein. Das kollektive Unterbewußtsein wird im Modell wie die Membrane einer Zelle verstanden, die einen beständigen und aktiven Austausch mit dem ganzen eigenen Körper und mit anderen Menschen möglich macht. Über diese Membrane schwingt unsere Lebens-Musik überall in unseren Körper, zu anderen Menschen, ins soziale Umfeld und in die Geschichte.

8. Das externe vereinende Zentrum (Gott, Weltordnung, etc.)
   Das Selbst und mit ihm das Ich sieht die Psychosynthese als Projektion eines externen, vereinenden Zentrums, bei dem alle Selbsts und Ichs, alle Komponisten und Dirigenten der Welt zusammenkommen. Hier ist meine Verbindung zu anderen Selbsts gewährleistet, wenn auch meine Lebens-Musik aus dem Bewußtseinsfeld nicht von allen anderen gehört wird.

Als Methode arbeitet die Psychosynthese zweischichtig:
1. Mit den Teilpersönlichkeiten, die im täglichen Leben auftauchen und mit deren ungelösten Konflikten.
2. Mit dem transzendentalen Werden-Wollen der Person hinter der Persönlichkeit. Dieses "Ich will mehr sein und ahne, daß ich es sein kann", führt in die Richtung der ganzen Person. Es führt zum Selbst.

Literatur:

ASSAGIOLI, R.:
Handbuch der Psychosynthesis. Angewandte Transpersonale Psychologie. Aurum-Verlag, 1978.

Die Schulung des Willens. Methoden der Psychotherapie und der Selbsttherapie. Junfermann, 1986.

SHORR, J.E.:
Psychoimagination. Isko-Press, 1981.

1.2.7. Eric Berne und die Transaktionsanalyse

Die Transaktionsanalyse wurde etwa ab 1945 von dem Psychiater und Psychoanalytiker Dr. Eric Berne entwickelt. Sie wurzelt in den grundlegenden Ideen und Konzepten Sigmund Freud's und seiner Schüler (besonders Adler und Federn). Auf den Erkenntnissen der klassischen Psychoanalyse aufbauend und wesentliche Impulse der Humanistischen Psychologie sowie der Lerntheorie einbeziehend, ist die Transaktionsanalyse zu einem umfassenden eigenständigen Instrumentarium entwickelt worden. Die Verwendung allgemeinsachverständlicher Begriffe (z. B. "Eltern-Ich", "Erwachsenen-Ich", "Kind-Ich"), die Entwicklung "griffiger", leicht vermittelbarer Konzepte und die starke Einbeziehung der Selbsthilfefähigkeiten des Teilnehmers in den Lernprozeß, haben sich als wesentliche und äußerst fruchtbare Eigenheiten transaktionsanalytischer Praxis erwiesen.

Die wesentlichen Bestandteile der Transaktionsanalyse sind:

- Das Erkennen, Beschreiben und Verstehen einer Persönlichkeit und ihrer Ausdrucksweisen (Strukturanalyse) sowie die Theorie und Praxis der Einwirkung hierauf.

- Beobachtung, Beschreibung und Verstehen jeder zwischenmenschlichen Verständigung durch Worte oder ohne Worte (Transaktionsanalyse im engeren Sinne) sowie Theorie und Praxis der Einwirkung hierauf.

- Beobachtung, Beschreibung und Verstehen sich immer wiederholender Verhaltens- und Verständigungsmuster eines Menschen und der damit verbundenen Gefühle und Gewinne (Spiel- und Racket-Analyse) sowie Theorie und Praxis der Einwirkung hierauf (Der englische Begriff "Racket" ist nicht befriedigend übersetzbar, er beschreibt eine stark vom Rollenverhalten geprägte Beziehungsform).

- Untersuchung, Beschreibung und Verstehen der Zusammenhänge zwischen frühkindlichen Gegebenheiten, Erfahrungen und Verinnerlichungen eines Menschen und Struktur, Erleben und Verhalten desselben Menschen im Hier und Jetzt (Skriptanalyse) sowie Theorie und Praxis der Einwirkung hierauf (Der englische Begriff "skript" kann in diesem Zusammenhang am ehesten mit "vorbewußter Lebensplan" übersetzt werden; wörtlich: Drehbuch).

Für die Bildungsarbeit bekannt geworden ist die Transaktionsanalyse insbesondere über
- die Grundpositionen (O.k.-Corral)
- die Strukturanalyse (Ich-Zustände)
- die Kommunikationsanalyse (Analyse der Transaktionen zwischen den einzelnen Ich-Zuständen).

● Die Grundpositionen:

Die Grundverhaltensweisen des Menschen sind im transaktionsanalytischen Verständnis im sogenannten o.k.-Corral zusammengefaßt.
Es gibt vier grundsätzliche Möglichkeiten der Verbindung des Verständnisses vom "Ich" mit dem Verständnis vom "Du":

1. Ich bin o.k., und Du bist o.k.
   Diese Lebensanschauung ist die Haltung des "Geltens und Geltenlassens", bei der es keine Verlierer geben muß, sondern jeder Gewinn hat. Eine solche Lebenseinstellung zu entwickeln, ist das Ziel transaktionsanalytischer Therapie.

2. Ich bin o.k., aber Du bist nicht o.k.
   Diese Position entsteht als Gegenreaktion auf schwere Deprivations- und Negativerfahrungen (z. B. Mißhandlungen). Das kleine Kind erlebt die Pausen zwischen den Negativerfahrungen als positiv.
   Es kommt zu der Entscheidung: Nur mit mir allein bin ich o.k. Alle anderen sind nicht o.k. Die Konsequenz dieser Haltung kann Kriminalität und Soziopathie sein.

3. Ich bin nicht o.k., aber Du bist o.k.
   Diese Position spiegelt das Grunderleben, das ein Säugling hat, der sich selbst als hilflos, insuffizient, ausgeliefert, also

"Nicht-o.k." erlebt, die Mutter aber als diejenige, die Wärme, Schutz, Nahrung, Streicheln spendet und und deshalb o.k. ist. Wird diese Position im Verlauf der Persönlichkeitsentwicklung nicht durch Erfahrungen, die das Selbstwertgefühl stärken, verändert, so kommt es zur Ausführung eines 'scripts' (Lebensrolle, Drehbuch), das von Sinnlosigkeit und Resignation gekennzeichnet ist umd im Extremfall zum Suizid führt.

4. Ich bin nicht o.k., und Du bist nicht o.k.
   Beginnt das Kind zu laufen und ist eine so intensive Pflege, wie sie beim Säugling erforderlich war, nicht mehr notwendig, so werden die Streicheleinheiten weniger und bleiben bei nachlässigen und lieblosen Eltern ganz aus. Das Kind erlebt den Streichelverlust als "Nicht-o.k.". Es gibt in seinem Leben keinen positiven Aspekt mehr. Die Beibehaltung dieser Position kann zu einem Destruktions-Script führen: Aufenthalt in der Psychiatrie oder im Zuchthaus.

- Die Strukturanalyse

Die Strukturanalyse stellt die Grundkonzepte für alle anderen Bereiche des transaktionsanalytischen Systems. Sie postuliert, daß jeder Mensch drei Ich-Zustände habe, die in ihrer Gesamtheit die Person ausmachen. Berne nennt diese Zustände: Eltern-, Erwachsenen- und Kind-Ich.

Das Eltern-Ich
Alles, was der Mensch als Kind seine Eltern tun sah und alles, was er sie sagen hörte, ist in seinem Eltern-Ich gespeichert. Das Eltern-Ich ist der Speicher für Umwelteinflüsse, denen der Mensch im Alter von 0-5 Jahren ausgesetzt ist (meist schwerpunktmäßig von Transaktionen zwischen Mutter und Vater). Jeder hat insofern ein Eltern-Ich in sich, als er in den ersten 5 Lebensjahren ganz bestimmten, ihn prägenden und nicht von ihm zensierten Umwelteinflüssen ausgesetzt ist.

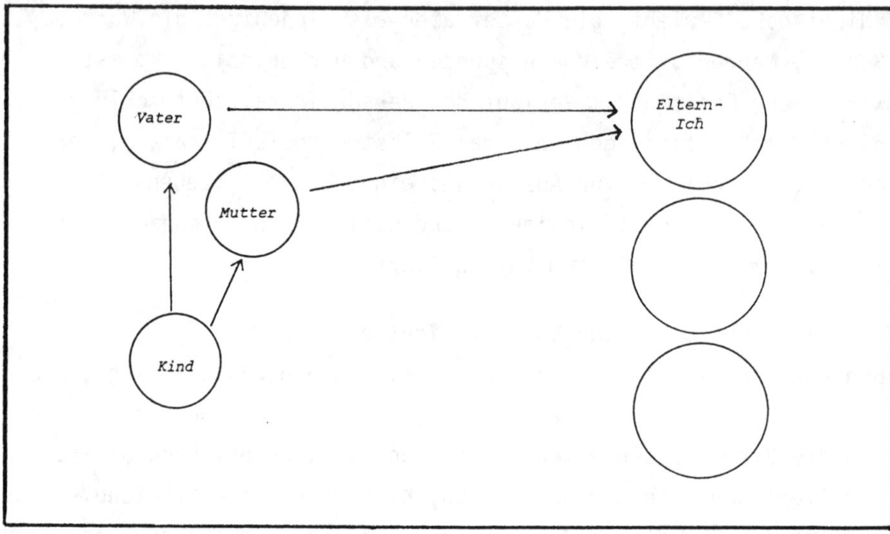

Das Kinder-Ich

Während Umwelteinflüsse im Eltern-Ich manifestiert sind, speichert das Kinder-Ich alle inneren Ereignisse, die inneren emotionalen Reaktionen des 0-5-Jährigen auf das, was er sieht und hört. Das Kinder-Ich ist der Speicher für innere Ereignisse (Gefühle als Reaktionen auf Umwelteinflüsse meist von Mutter und Vater ausgehend) im Alter von 0-5 Jahren:

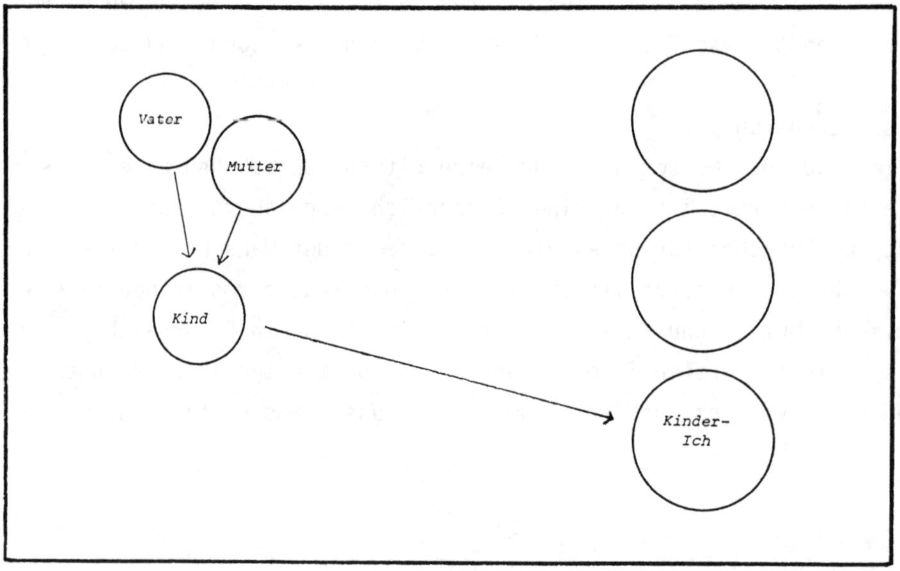

Das Erwachsenen-Ich

Das Erwachsenen-Ich ist das Ergebnis der Fähigkeit des Menschen, selbständig herauszufinden, was den Unterschied zwischen dem in Nachahmung gelernten Lebenskonzept seines Eltern-Ichs und dem gefühlten Lebenskonzept seines Kinder-Ichs ausmacht. Das Erwachsenen-Ich entwickelt ein durchdachtes Lebenskonzept.

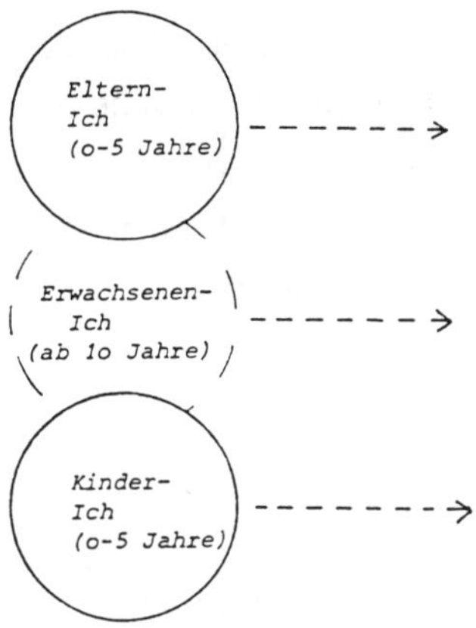

Speicher für Umwelteinflüsse (gelerntes Lebenskonzept

Speicher für alles, was durch Ausprobieren und Exploration herausgefunden wurde (durchdachtes Lebenskonzept)

Speicher für innere Ereignisse (gefühltes Lebenskonzept)

Das Eltern-Ich beinhaltet Werte, Normen, Gebote, Verbote, "soziale Gefühle". Es hat zwei Aspekte: Das kritische Eltern-Ich (kEI): "Wenn ich das noch mal sehe, dann..." und das stützende Eltern-Ich (sEI): "Du wirst die Sache schon schaffen".

Das Erwachsenen-Ich ist berechnend, abwägend, nach den Erfordernissen der Realtität und nicht nach unkontrollierten Gefühlen entscheidend. Es ist die "rationale Autonomie der Person".

Das Kind-Ich hat drei Aspekte: Das angepaßte Kind (aK): "Schimpf nicht so, ich mach ja schon" oder im Gegenpol das rebellische Kind (rK): "Wenn Du meckerst, mach' ich das erst recht nicht."
Das natürliche Kind (nK): "Mensch, macht das Spaß! Los noch mehr!"
Und den kleinen Professor (kP): "Mir fällt schon noch was ein."

Im Kinder-Ich liegt der Bereich der Gefühle, ist Intimität, Spaß, Spontaneität, Egozentrik.

Im Unterschied zur Strukturhypothese Freuds (Ich, Es, Über-Ich) sieht Berne diese Ich-Zustände nicht als theoretische Erklärungsmodelle, sondern als phänomenologische Realitäten, die sich an verbalen und nonverbalen Äußerungen und spezifischen Interaktionsformen erkennen lassen. Bei einem gesunden Menschen haben die Ich-Zustände feste Grenzen, die Trübungen (contamination) unmöglich machen, ohne daß damit ein Informationsaustausch ausgeschlossen wäre. Trübungen sind charakteristisch für neurotische Krankheitsbilder, Abspaltung (exclusion) von Ich-Zuständen kennzeichnen Psychopathien und Psychosen, wobei diese Begriffe in der TA zur Benennung eines momentan vorfindlichen Zustandes und nicht als prognostische Kategorien verstanden werden (Jamens, Jongeward,1974). (Beispiele für eine Trübung: El-Er-Trübung = Vorurteile; K-Er-Trübung = Illusion).

Die Ich-Zustände bilden sich im Verlauf des Entwicklungsgeschehens der ersten 12 Jahre durch positive wie negative Verstärkung (strokes) und Verinnerlichung von Vorbildern. In diesem Prozeß werden ganze Handlungs- und Kommunikationssysteme der wichtigsten Bezugspersonen aufgenommen und verinnerlicht.

Die Kommunikationsanalyse nach Eric Berne befaßt sich mit der Aufklärung der Transaktionen zwischen den einzelnen Ich-Zuständen innerhalb einer Person und von Person zu Person. Dabei geht man davon aus, daß jede sprachliche wie nicht-sprachliche Botschaft eines Ich-Zustandes zu einem Stimulus wird, der bei einem anderen Ich-Zustand des Gegenübers eine Reaktion hervorruft.

Zur Verdeutlichung sei an dieser Stelle ein kleines Beispiel angeführt. (Petzold 1975)

z.B. **Er/Er – El/K:**
„Wie spät ist es?" – „Hast Du schon wieder Deine Uhr nicht aufgezogen?"

oder: **Er/Er – K/El:**
„Reichst Du mir bitte das Buch?"-„Immer soll ich Dein Dienstmädchen spielen!"

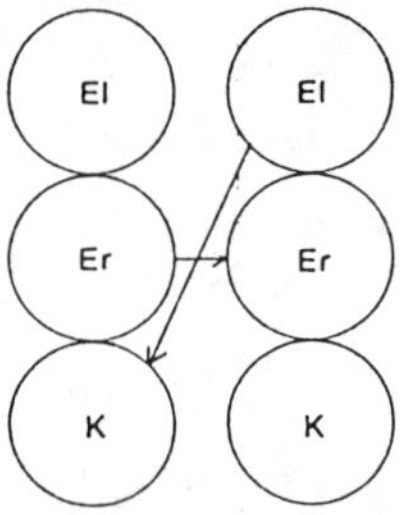

Literatur:

BERNE, E.:
Struktur und Dynamik von Organisationen und Gruppen. Fischer, 1979.

HARRIS, Th.A.:
Ich bin o.k., Du bist o.k. Eine Einführung in die Transaktionsanalyse. Rowohlt, 1986.

Einmal o.k., immer o.k. Transaktionsanalyse für den Alltag. Rowohlt, 1985.

JAMES, M. und JONGEWARD, D.:
Spontan leben. Übungen zur Selbstverwirklichung. Rowohlt, 1986

MEININGER, J.:
Transaktionsanalyse. Die neue Methode erfolgreicher Menschenführung. Verlag Moderne Industrie, 1987.

1.2.8. Medard Boss und die Daseinsanalyse

Die daseinsanalytische Arbeit wurde von dem Arzt Medard Boss aus der Psychoanalyse Sigmund Freuds und aus der phänomenologischen Philosophie Edmund Husserls und Martin Heideggers entwickelt. Bei den daseinsanalytischen Gesprächen geht es um ein phänomenologisches Eingehen auf die Mitteilungen des Lernenden:

> "Beim Phänomen bleiben, bei ihm verweilen, weist nicht nur die Tendenz ab, das sich Zeigende zu übergehen zugunsten von dahinter Verborgenem. Es liegt darin auch eine Anweisung, wie die Mitteilungen aufgenommen sein wollen, nämlich mit Achtung und Respekt."

Bei der Sache im phänomenologischen Sinne verweilen, heißt:

> "sie anerkennen als etwas, das den Anspruch an das menschliche Verhalten hat, sich in diesem in seiner ganzen Eigenart entfalten zu dürfen." (Boss, Holzhey-Kunz, 1981)

Damit wird der Lernende im daseinsanalytischen Kontext als jemand verstanden, dessen Schwierigkeit lediglich darin besteht, einige Bereiche seines Verhaltens und seiner Wahrnehmung (nach innen wie nach außen gerichtet) nicht anerkennen zu können.
Die Kunst des Daseinsanalytikers besteht also darin, dem Lernenden (Analysanden) in Heideggerscher Gelassenheit einen Anerkennungsspielraum einzuräumen, oder anders gesagt, dem Lernenden im Sinne Thomas Gordons die Möglichkeit einzuräumen, den Bereich der Annahme seiner selbst und anderer Menschen zu vergrößern, oder wie Medard Boss selbst schreibt: "Einmal kann er ihm durch seine eigene phänomenologische Haltung zu spüren geben, daß er in einer bisher gänzlich unbekannten Weise anerkannt wird, zum anderen ihn, den Analysanden, dazu ermuntern, selber seine aberkennende Haltung sich selbst gegenüber aufzugeben. Beides ist in der Frage 'Warum eigentlich nicht?' enthalten..." (Boss, Holzhey-Kunz, 1981).

Es geht also wie bereits bei Heidegger um ein gleichzeitiges Ja und Nein, um die Gelassenheit zu den Dingen und die Offenheit für Geheimnisvolles: "Die Gelassenheit zu den Dingen und die Offenheit für das Geheimnis gehören zusammen... Sie versprechen uns einen neuen Grund und Boden, auf dem wir innerhalb der technischen Welt, und ungefährdet durch sie, stehen und bestehen können." (Heidegger, 1959)

Literatur:

BRAND, G.:
Die Lebenswelt. Eine Philosophie des konkreten Apriori.
Verlag Walter de Gruyter, 1971.

BOSS, M.:
Psychoanalyse und Daseinsanalytik. Fischer, 1980.

BOSS, M. und HOLZHEY-KUNZ, A.:
Das Phänomen des Widerstandes in der Daseinsanalyse.
In: Petzold, H. (Hrsg.): Widerstand - Ein strittiges Konzept in der Psychotherapie, Junfermann, 1981.

CONDRAU, G.:
Angst und Schuld als Grundprobleme der Psychotherapie.
Suhrkamp, 1976

1.2.9. Victor Frankl und die Logotherapie

Der Wiener Psychiater Victor Frankl charakterisiert die von ihm entwickelte Logotherapie als eine Form von Widerstandsbewegung, als eine "Opposition gegen den die Psychotherapie beherrschenden Psychologismus " (Frankl, 1982). Er opponiert damit gegen die oft herrschende psychologische Praxis, menschliche Aussagen blindlings auf unbewußte, meist pathologische Motivationen zurückzuführen. Kurz: Die Logotherapie wendet sich in ihrer therapeutisch-pädagogischen Praxis gegen jegliches Interpretieren: "Aus der Wahl einiger Lieblingsfarben, aus der Deutung einiger Kleckse und den Auslegungen einiger Träume ein Menschenbild zusammenzubauen, erinnert fast ein wenig an Alchemie " (Lukas, 1981).

Frankl geht davon aus, daß Interpretationen und Hypothesen jeden Menschen, der sich in einen Prozess der Persönlichkeitsentwicklung begibt, auf seinem Wege der Sinn-Findung behindern.

Grundlegendes Vehikel der Logotherapie ist deshalb die Akzeptanz: "Es ist eine Frage der grundsätzlichen Bereitschaft, menschliche Gefühle, Qualitäten, Ziele oder Aussagen auch als möglicherweise "wahr" anzuerkennen, statt sie fast zwanghaft in die Schablone der eigenen Hypothesen über Krankheitsnormen und -werte zu pressen " (Lukas, 1981).

Das Spezielle der Logotherapie im Gefüge der Humanistischen Psychologie besteht allerdings darin, daß sie die Bedeutung des Sinns in den Vordergrund rückt, dies als Grundlage für eine sinn-volle Existenz des Menschen. Frankl spricht davon, daß es nichts gebe, was den Menschen so sehr in den Stand setzt, Schwierigkeiten zu überwinden, als das Bewußtsein, einer Aufgabe zu dienen.

Als Instrumentarium der Logotherapie sind insbesondere bekannt geworden:

1. Die Einstellungsmodulation,
   d.h. das Einsichtig-Machen von Einstellungen, die der eigenen Persönlichkeitsentwicklung im Wege stehen und sie in eine positive, psychohygienisch gesunde und dem Sinnverständnis des Menschen angemessene Einstellung zu überführen.
2. Die paradoxe Intention,
   welche die Selbstdistanzierungsfähigkeit des Menschen gezielt einsetzt, um Angst- und Zwangsmechanismen bewußt zu durchbrechen. Paradoxe Intention bedeutet soviel wie 'umgekehrter Wunsch': der Patient wird nämlich angeleitet, sich genau das zu wünschen, was er in seinen Ängsten und Zwängen so krankhaft fürchtet und von dem er verzweifelt loszukommen versucht.
3. Die Dereflexion,
   bei der es darum geht, den Patienten von einer krankhaften Selbstbeobachtung zu lösen und andere Inhalte in seinem Blickfeld erscheinen zu lassen. Dabei handelt es sich um eine Art Sich-selbst-vergessen-können, um eine Aufmerksamkeitsreduzierung bzw. -umlenkung. Dereflexion steht deshalb immer in Verbindung mit einer Erweiterung und Bereicherung der Sinnorientierung.
4. Die Suggestion
   als Willenstraining für sehr labile, unsichere und unselbständige Personen, wie Alkohol- bzw. Drogensüchtige, denn erfahrungsgemäß ist dieser Personenkreis ohnehin sehr suggestibel und braucht daher so viel Willensstärkung wie nur möglich, um in die Lage zu kommen, selbständig Entscheidungen zu fällen und diese durchzuhalten.
5. Das Schritt-für-Schritt-Gehen
   aus der Erfahrung erwachsen, daß die Suche des Menschen nach dem Sinn seines Lebens bei der einfachsten Tätigkeit, in der alltäglichsten Situation beginnt; daß er seinen Sinn nicht mit einem Sieben-Meilen-Schritt, sondern mit gelassenem Schritt-für-Schritt-Gehen, von einem Phänomen zum nächsten gehend finden kann.

Mit ihrem Angebot zur Sinn-Findung wendet sich die logotherapeutische Schule Viktor Frankls ausdrücklich gegen die egozentrierte und dem Konsumzwang ausgelieferte Glücksphilosophie der heutigen Zeit, deren unausweichliche Folgen massive Partnerschaftskonflikte und Erziehungskatastrophen zu sein scheinen. Die Logotherapie geht davon aus, daß Erscheinungen wie Kontaktprobleme, Depressionen, Erziehungsschwierigkeiten, Ängste und Sexualnöte in dem Maße reduzierbar sind, wie es dem Menschen gelingt, Sinn in seinem Leben zu finden und seine Mitmenschen in diese Sinnerfüllung mit einzubeziehen.

Literatur:

BÖCKMANN, W.:
Sinn-orientierte Leistungsmotivation und Mitarbeiterführung. Ein Beitrag der Humanistischen Psychologie, insbesondere der Logotherapie, zum Sinn-Problem der Arbeit. Enke-Verlag, 1986.

FRANKL, V.E.:
Ärztliche Seelsorge. Grundlagen der Logotherapie und Existenzanalyse. Deuticke, 1982.

Theorie und Therapie der Neurosen. Einführung in Logotherapie und Existenzanalyse. UTB, 1983.

LUKAS, E.:
Der Widerstand aus der Sicht der Logotherapie. In: Petzold, H. (Hrsg.): Widerstand - Ein strittiges Konzept in der Psychotherapie. Junfermann, 1981.

1.2.10. Alexander Lowen und die Bioenergetik

Im Hinblick auf die Erforschung und Behandlung der Beziehungen zwischen Körper und Geist in der gegenwärtigen Bildungsarbeit lassen sich zwei Personen als Pioniere ansprechen. Der erste ist Wilhelm Reich und der zweite, der noch lebt und aktiv in diesem Feld arbeitet, ist Alexander Lowen.
Reich arbeitete in den zwanziger Jahren noch nach konventionell analytischer Weise, er analysierte Widerstände und war Teil des konventionellen psychoanalytischen Establishments. Bald schon fand er heraus, daß es der Charakterwiderstand war, welcher der Weiterentwicklung und möglicherweise auch der Modifikation bedurfte. Gemeint ist damit die Haltung und das Betragen des Menschen in geistiger und körperlicher Hinsicht.

Alexander Lowen knüpfte als Schüler von Reich an dessen Erfahrungen an und benannte sein Konzept der Körper-Geist-orientierten Arbeit Bioenergetik. Andere Vertreter dieses Arbeitsansatzes sind David Boadella, Familie Boysen, Stanley Keleman, Elsworth Baker.

Die Bioenergetik gehört zu den wenigen körperorientierten Verfahren, die sich auf den ganzen Mensch konzentrieren. Sie versteht sich als ein therapeutisch-pädagogisches Angebot für ein existenzialistisches Menschenbild, wie es bei Gabriel Marcel, Jean Paul Sartre und Martin Heidegger zu finden ist.

Der Körperausdruck zeigt nach dem Verständnis der Lowen-Schule, wie ein Mensch auf konkrete Lebensumstände reagiert bzw. reagieren müßte; das heißt, welchen Charakter er ausgeprägt hat und wie und wo er in seinem Leben steht.

Als Vehikel zur Persönlichkeitsentwicklung benutzt sie die Anwendung verstärkter Atmung und verstärkter Bewegung, wodurch starke Empfindungen, zahlreiche Erinnerungen und neue Wahrnehmungen ausgelöst werden. Da der Atem der Schlüssel zum Energiestoffwechsel im menschlichen Organismus ist, spielt er eine große Rolle in der Bioenergetik. Was den Energiehaushalt betrifft, so gibt es grundlegend zwei Problembereiche:

- Menschen, die zu wenig Energie haben bzw. mobilisieren können und
- Menschen, die zwar genügend Energie haben, diese aber nicht ausleben können, sie nicht in Aktivität, Gefühlsausdruck usw. umsetzen können.

Auch ein Hin- und Herschwanken zwischen beiden Extremen kommt vor.

Der Teilnehmer erfährt in der bioenergetischen Arbeit auf sehr markante Weise, wie seine Persönlichkeit im Laufe seiner Entwicklung "gepanzert" worden ist, wie der Zusammenhang zwischen Körperentwicklung, Körperempfindung, Körperhaltung und seinem Gefühle-Erleben ist, kurz: wie sich seine Persönlichkeit durch den Körper ausdrückt. Der Teilnehmer lernt sozusagen in der bioenergetischen Arbeit, seinen Körper zu "lesen".

Zur Erläuterung dessen, was damit gemeint ist, gebe ich an dieser Stelle eine kleine tabellarische Übersicht über den Zusammenhang von Körper-

Bedingungsverhältnisse zwischen Körper und Gefühl

Körperhaltung/Körperbau	mögliche emotionale Disposition
steifer Nacken, verspannte Wirbelsäule, geschlossene Beine	Angst vor Unbeständigkeiten, Zwang, das Leben mit Festigkeit meistern müssen
schwache Muskeln, die zusammenzufallen drohen	kann schlecht Aufregungen und Konflikte ertragen
hyperaktiver Körper (Wibbeln)	immer bereit zur Selbstverteidigung, Hysterie
fester, muskelbeschwerter Körper	neigt zu Masochismus
in sich zerfallener Körper; die Teile haben nichts miteinander zu tun, einige sind steif und verspannt, andere lasch und kraftlos	neigt zu Zerfahrenheit und Selbstisolation
die untere Hälfte des Körpers spiegelt:	Instinktwelt
untere Hälfte stärker entwickelt (z.B. bei Frauen), Oberkörper eingefallen, Augen ohne Leben und ohne Glanz	in der Kindheit viel Lob von ihren Vätern (bei Frauen) erhalten, wenn typisch geschlechtsspezifisch ("fraulich") reagieren, häufige Betonung des Sex-Appeals, der Attraktivität; verängstigt, kraftlos, ihr Schicks selbst zu formen
die obere Hälfte des Körpers gibt:	Aufschluß über die sozialen Bezüge des Menschen: wie geht er auf seine Umwelt zu, welche Gefühle entwickelt er ihr gegenüber?
obere Hälfte stärker entwickelt:	Einschränkung von Lebensäußerungen in der Kindheit; Kompensation dadur daß der Mensch unwillkürliche und sexuelle Regungen und Bewegungen abblockt, den Oberkörper aber fest in der Hand hat.
Sexualität und Ausscheidung spiegeln wieder:	wie der einzelne mit seinen Instinkten zurechtkommt.
Beine und Füße spiegeln	Maß an Unabhängigkeit, Verankerung im Leben

haltung bzw. Körperbau und der begleitenden emotionalen Disposition, wobei ich davon ausgehe, daß die skizzierten Zusammenhänge - ob richtig oder falsch - lediglich als mögliche Arbeitshypothesen und keinesfalls als interpretatorische Feststellungen zu verstehen sind.

Ziel bioenergetischer Arbeit, ob therapeutisch oder pädagogisch ausgerichtet, scheint zu sein, die Person des Menschen durch die Verbindung von wiederbelebtem Atem und neu fundierter Bodenständigkeit auszubalancieren.

Michael Maley* nennt in diesem Zusammenhang vier Balance-Dimensionen:

- Die energetische Balance von Oben und Unten.
  Mit dem Energiefluß nach unten ist der Bereich der Sexualität, der Nahrungszunahme und Verwertung, sind unsere "Wurzeln" angesprochen.
  Mit dem Energiefluß nach Oben ist der Bereich der Spiritualität, der geistigen und intellektuellen Aktivität betroffen.
- Die energetische Balance von Rücken und Front.
  Hier werden die aggressiven (Rücken) und die "weichen" Gefühle (Front) ausbalanciert.
- Die energetische Balance von Rechts und Links.
  Dies ist die Balance unserer männlichen und weiblichen Seite, identisch den Jungschen Begriffen "animus" und "anima".
- Die energetische Balance von Innen und Außen.
  Der Energiefluß nach Innen stellt den Kontakt zu mir selbst und der Fluß nach Außen den sozialen Konflikt her.

Abschließend und zusammenfassend seien an dieser Stelle die Grundannahmen der Bioenergetik zitiert, wie sie über das literarische Werk Alexander Lowens verstreut anzutreffen sind (Carl-Josef Leffers, Theoretische Grundannahmen der Bioenergetik):

- Die Bioenergetik sieht den menschlichen Organismus in Zusammenhang mit seiner Umwelt als Energiesystem, das Energie aufnimmt, umsetzt und

*Michael Maley, Lectures on the Analysis of Body and Structure; Arbeitspapier und Tonbandprotokoll der 5. Int. Konferenz für Bioenergetische Analyse in Taormina 1980, vermittelt durch Heiner Steckel.

entlädt (vgl. Lowen 1976, zum Energie-Konzept, S. 33 ff). Der lebende Organismus ist ein sich selbst unterhaltendes und sich selbst regulierendes System, welches unter angemessenen Bedingungen in einem freien Fluß von Energien durchströmt wird. Der Mensch stellt sich als solcher einen Lebensprozeß, eine sich bewegende Struktur, einen Körper, der sich bewegt, dar.

- Der lebende Organismus stellt eine Ganzheit dar (Holismus), schließt Geist, Lebensgeist und Seele ein und drückt seine spezielle Lebenssituation ganzheitlich aus. "Das Leben eines Menschen ist das Leben seines Körpers" (Lowen 1976, S. 30). Die energetischen Prozesse sind übergreifend; sie bestimmen sowohl das geistige wie das körperliche Geschehen. Die Bioenergetik bietet eine energetische Erklärung der Wirklichkeit an, die Körper und Seele/Geist umgreift.
- Auf den Organismus einwirkende Störbedingungen (z. B. emotionale Konflikte) sind von Manifestationen im somatischen Bereich (z. B. Deformierungen einzelner Körperbewegungen) begleitet. Mit anderen Worten: der Körper reagiert auf Konflikte und wird durch diese in seinen Funktionen beeinträchtigt, indem der freie Fluß von Energien unterdrückt wird. Anhaltende Unterdrückung, z. B. von Bedürfnissen, führt nicht zur Blockierung im Verhalten, sondern zu bestimmten Verhärtungen und Verspannungen der Muskulatur.
- Die Bioenergetik als eine therapeutische Methode setzt bei der Körperarbeit (somatischen Ebene) an, unter gleichzeitiger Berücksichtigung individueller Lebensschwierigkeiten (psychische Ebene). Die Körperstruktur des Individuums sowie sein Bewegungsablauf enthalten wesentliche Aussagen über dessen lebensgeschichtliche Entwicklung und derzeitige Lebenssituation.
- Grundlegendes Ziel der Bioenergetik ist es, dem Menschen wieder zu seiner "Primärnatur" zu verhelfen, d. h. zum Zustand der Freiheit, Anmut und Schönheit als wesentliche Merkmale des lebenden Organismus (vgl. Lowen 1976, S. 31). "Freiheit ist Hingabe an den Fluß der Gefühle, Anmut ist der Ausdruck des Flusses in Bewegungen, und Schönheit ist die Äußerung der inneren Harmonie, die ein solcher Fluß erzeugt" (S. 32). In unserer Kultur, die Triebunterdrückung und Fremdbestimmung auf Kosten von Bedürfnisbefriedigung und Selbstregulierung betont, ist Wachsamkeit, Panzerung, Mißtrauen und Isolation

zur zweiten Natur des Menschen geworden. Werte des lebendigen Organismus werden zugunsten von Macht, Prestige und Besitz zurückgedrängt und damit die natürlichen Lebensbedingungen zerstört, von denen das Wohlbefinden des eigenen Körpers abhängt (vgl. Lowen 1976, S. 31).

- Bioenergetische Techniken zielen auf die Mobilisierung von Energie, die Befreiung von ihrem Panzer und die Wiederbelebung des gesamten Organismus.

Literatur:

BAKER, E.F.:
Der Mensch in der Falle. Das Dilemma unserer blockierten Energie: Ursachen und Therapie. Kösel-Verlag 1980.

LOWEN, A.:
Angst vor dem Leben. Über den Ursprung seelischen Leidens und den Weg zu einem reicheren Dasein. Kösel-Verlag, 1981.

Körperausdruck und Persönlichkeit. Grundlagen und Praxis der Bio-Energetik. Kösel-Verlag, 1985.

Bio-Energetik. Therapie der Seele durch Arbeit mit dem Körper. Scherz-Verlag, 1986.

1.2.11. Jacob Moreno und das Psychodrama

Seit der Zeit des ersten Weltkrieges in Wien bis zu seinem Tode 1974 in New York entwickelte der Psychiater, Soziologe und Philosoph ein triadisches Lernsystem, das sich aus Psychodrama, Soziometrie und Gruppenpsychotherapie zusammensetzte.

Morenos Theorie ist auf dem Spontaneitäts- und Kreativitätsprinzip fundiert, wobei das menschliche Verhalten anthropologisch als Handlungsinteraktion innerhalb der menschlichen Gemeinschaft und innerhalb der kosmischen Ordnung gesehen wird. Störungen im Feld dieser Seinszusammenhänge, wie sie durch Fehlverhalten des Menschen hervorgerufen werden, können psychisches, soziales und zivilisatorisch bedingtes Leiden entstehen lassen.

Morenos Psychodrama fordert die Spontaneität und Kreativität des Menschen heraus zur Unterbrechung des Leiden-bedingten Fehlverhaltens. Es wurde als Behandlungsmethode zur Behebung bedingender intrapsychischer Konflikte entwickelt.

Beim Psychodrama geht es um die im Rollenspiel spontan inszenierte Darstellung gegenwärtiger, vergangener und zukünftiger Situationen des Teilnehmers, gewissermaßen um das Ausspielen der Psyche des Menschen. Im Trainingsfeld gruppenpädagogischer Konfliktarbeit ist es sinnvoll, mehr den Spielcharakter gemeinsam Lernender in den Vordergrund zu stellen, als den Behandlungscharakter. Dazu berufen wir uns auf die Hauptwurzel des Psychodramas: das Rollenspiel.

Im Rollenspiel geht es darum, innerhalb einer Trainingsgruppe eine Konfliktsituation mit Beteiligung der Gruppenteilnehmer so zu gestalten, daß der gesamte Konfliktrahmen mit allen Teilfacetten in Szene gesetzt wird. Dabei übernehmen die Gruppenteilnehmer Rollen von Personen aus dem Lebenskontext eines betroffenen Teilnehmers, z.B. Chef, Sekretärin, Abteilungsleiter, Ausbilder usw.

Durch das Inszenieren wird eine angesprochene Konfliktsituation innerhalb der Trainingsgruppe lebendig dargestellt, und das Austauschen der gemachten Erfahrungen innerhalb der jeweiligen Rolle verhilft dem "Konfliktträger" (Protagonisten) zu neuen Einsichten über seine Rolle im Konfliktgeschehen.
Es kann auch sinnvoll sein, daß spielerisch ein Rollentausch stattfindet; z. B. kann der Konfliktträger 'mal in die Rolle seines Kontrahenten schlüpfen, um die vorgestellte Situation von der "anderen Seite" zu spüren und daraus Rückschlüsse für das eigene Verhalten zu ziehen.

Das Widerspiegeln der Erfahrungen der anderen Gruppenteilnehmer aus den verschiedenen Rollen läßt die Gesamtheit der Konfliktsituation deutlich werden und verschafft somit Einblick in den interaktionellen Zusammenhang aller Beteiligten, in das System.

Die methodische Vorgehensweise läßt sich bezugspunktartig folgendermaßen skizzieren:

Das Rollenspiel wird mit einer Situationsdarstellung durch den Protagonisten eröffnet. Die anderen Gruppenteilnehmer spielen als Hilfs-Ichs die für das Szenarium notwendigen Rollen aus der Wahrnehmung des Protagonisten.

Durch das spontan improvisierte Theaterspielen kommt der Protagonist dabei über die Inszenierung seiner ihm bekannten Konfliktsituationen zur Erkenntnis der psychodramatischen Wahrheit; das heißt, daß die Handlung im Theaterspielen ihm dazu verhilft, sein Unbewußtes zu erleben.

Das spontan inszenierte Psychodrama ermöglicht:

- die Klärung problematischer zwischenmenschlicher Beziehungen (Kommunikationen und Interaktionen), z. B. durch Rollentausch des Klienten mit den Darstellern seiner Bezugspersonen;

- die Aufdeckung infantiler Konflikte durch freie Assoziation von Szenen der psychodramatischen Aktion, wobei von einer augenblicklichen Schwierigkeit zu ähnlichen Situationen in der Lebensgeschichte zurückgegangen wird;

- das kathartische "reinigende" Wiedererleben früherer, eventuell verdrängter Gefühle im Spiel und ihre Integration in das gegenwärtige Erleben;

- das Erproben und Einüben neuer Verhaltensweisen in Rollenspielen, die auf die Zukunft ausgerichtet sind (aus dem Jahresprogramm 1981 des Moreno Institutes).

Durch den psychodramatischen Prozeß, durch Einsicht und konkrete Erfahrung der eigenen Gefühlswelt wird der Teilnehmer befähigt, persönlichen professionellen wie gesellschaftlichen Konfliktsituationen befriedigender und effektiver zu begegnen.

Abschließend sei angemerkt, daß der grundlegende Unterschied zwischen dem Psychodrama und dem Gestalt-Rollenspiel in Folgendem besteht:

- Im Psychodrama-Rollenspiel übernehmen die Teilnehmer einer Trainingsgruppe verschiedene Rollen aus der vorgestellten Konfliktsituation des Protagonisten, oder auch Teilaspekte seiner eigenen Persönlichkeit.

- Im Gestalt-Rollenspiel übernimmt der Protagonist alle Rollen selbst und spielt sie im Dialog-Stil (Hot and Empty Seats) durch. Dadurch wird mehr seine innere Psychodynamik nach außen verdeutlicht, seine Teilpersönlichkeiten werden gewissermaßen in Szene gesetzt, während es beim Psychodrama-Rollenspiel mehr um die systemischen Interaktionsmuster geht, in die sich der Protagonist verstrickt hat.

Literatur:

MORENO, J.L.:
Das Psychodrama. Junfermann (erscheint voraussichtlich im Herbst 1988).

SADER, M.:
Rollenspiel als Forschungsmethode. Westdeutscher Verlag, 1986

SCHÜTZENBERGER, A.:
Einführung in das Rollenspiel. Anwendungen in Sozialarbeit, Wirtschaft, Erziehung und Psychotherapie. Klett-Cotta, 1976.

YABLONSKY, L.:
Psychodrama. Die Lösung emotionaler Probleme durch das Rollenspiel. Klett-Cotta, 1986

1.2.12. Wilhelm Reichs Charakteranalyse und Vegetotherapie

Im Jahr 1924 enwickelte Reich, der lange Zeit als der "Kronprinz" von Sigmund Freud galt, das Konzept der "Charakteranalyse".

Reich wollte klarmachen, daß "vergnügliche Befriedigung" - und der Orgasmus ist davon der Prototyp nach der Pubertät - das Mittel ist, mit dem die verschiedenen Funktionen der Persönlichkeit gesund erhalten werden. Wenn diese Gesundheit jedoch einmal gestört ist, so funktioniert Therapie nicht allein über die Funktion des Orgasmus, denn eine streng sexologische Lösung sexueller Störung ist selten erfolgreich: Besprechungen und technische Ratschläge über die Art und Weise der Durchführung des Geschlechtsaktes berühren gerade nur die Oberfläche. Die einzige Lösung sah Reich darin, am Charakter des Menschen selbst zu arbeiten, die Blockierung gegen "vergnügliche Erfahrungen" zu beseitigen.

Er kam damit in Konflikt mit seinen Zeitgenossen, die der Meinung waren, er ginge in der Tat zu weit. Sie warfen Reich vor, er mobilisiere seine Klienten zu früh, d. h. bevor er als Therapeut imstande war, die von der Therapie befreiten Kräfte im täglichen Leben wieder einzusetzen. Man muß dazu wissen, daß Reichs therapeutische Technik ganz von Anfang an darauf gerichtet war, im Klienten heftige Gefühlsbewegungen hervorzurufen. In diesem Sinne war seine Therapie immer eine bioenergetische. Während der traditionelle Analytiker die zerstörten Abwehrmechanismen des Klienten zu reparieren suchte, lag Reichs Bestreben darin, die Abwehrmechanismen ganz abzubauen, so daß die Primärantriebe wieder zum Vorschein kommen konnten und in ihrem natürlichen Fluß unterstützt wurden.

Später erweiterte er die Charakteranalyse zur "Vegetotherapie". Sie fußt auf der Entdeckung des muskulären Abwehrmechanismus und des Orgasmusreflexes. Diese Entdeckung des gemeinsamen Wirkens von Charakter- und Muskel-Abwehrmechanismus ist die Hauptentdeckung Wilhelm Reichs. Sie bahnte den Weg zu einer reichhaltigen Ausarbeitung des diagnostischen und therapeutischen Feldes.

Die vegetotherapeutische Behandlung eines Klienten ersetzt keinesfalls charakteranalytische Arbeit. Sie ergänzt diese vielmehr und unterstützt sie oder besser noch: sie beruht auf einer tieferen Basis des biologischen Organismus.

Die therapeutische Technik besteht nicht aus "Arbeit an den muskulären Spannungen" im Sinne einer "Entspannungs-Therapie" oder Massage. Sie ist charakteranalytische Vegetotherapie. Das heißt, die vegetativen Energien werden von ihrer Verankerung in der Muskulatur gelöst, nicht allein durch mechanische Arbeit an den muskulären Spannungen, sondern zugleich durch systematische Analyse der charakterlichen Handlungen, die sich in muskulären Haltungen ausdrücken.

In der Tat war die Versuchung groß, die charakteranalytische Arbeit zugunsten muskularer Vegetotherapie aufzugeben, und viele Reich-Schüler gingen auch zu ihr über. Man fand nämlich heraus, daß die Muskular-Panzer viel leichter und schneller durch direkte muskulare Vegetotherapie beseitigt werden konnten, als die Charakter-Abwehrmechanismen durch Charakteranalyse. So wurde der Prozeß der therapeutischen Behandlung in vielen Fällen verkürzt, und das dabei entwickelte Gefühl des Klienten für seinen Körper nahm auch Einfluß auf Funktionen größerer Tiefe , also auf Charakterfunktionen.

Zur Methodik:

- Der erste Schritt zur Vegetotherapie ist, die charakteristischen Muskel-Haltungen des Klienten in Augenschein zu nehmen. Diese manifestieren sich als statische Muskelspannungen, die dem einzelnen seinen individuellen Ausdruck verleihen. Diese Muskel-Haltungen treten sowohl im "Normal-Menschen" als auch im "Neurotiker" auf. Viele der typischen Muskel-Einstellungen sind mit einiger Praxis sehr leicht zu entdecken. Andere sind weniger offensichtlich, und der Therapeut braucht einige Zeit, um ihre Gegenwart aufzeigen zu können. Ein wichtiger Schritt im Entdecken solcher Muskelspannungen ist die sorgfältige Beobachtung der verschiedenartigen Bewegungen des

Klienten. Eine Bewegungshemmung deutet immer auf die Anwesenheit statischer Muskelspannungen hin. Die am leichtesten entdeckbaren Spannungen findet man im Gesicht, im Nacken, in den Schultern und in jenen Muskeln, die mit der Atmung zusammenhängen.

- Der nächste Schritt ist der schwierigste: der Therapeut muß seinen Klienten dazu bringen, diese Spannungen fühlen zu können. Einigen werden sie sofort gewahr, anderen nur nach langer Praxis.
  Dieser Teil der Therapie ist unbedingt notwendig und zeigt oft schon den weiteren Weg der Vegetotherapie an. Der Prozeß, den Klienten Muskelspannungen erfahren zu lassen, ist in Wirklichkeit nichts anderes, als der Prozeß, ihn seinen Körper richtig fühlen zu lassen. Dies ist ein zentraler Aspekt der Behandlung, insofern sie den Klienten mit seinem Vegetomechanismus in Verbindung bringt, bis zu einem Ausmaß, das er verkraften kann.
  Daß der Klient dabei Wahrnehmungstäuschungen erfahren kann, versteht sich fast von selbst. Die Möglichkeiten, daß ein Schwermütiger (Hypochonder) seine Wahrnehmung falsch interpretiert, sind fast grenzenlos. Es liegt in der Fähigkeit des Therapeuten, zwischen dem Wichtigen und dem Unwichtigen zu unterscheiden. Um dazu in der Lage zu sein, muß er sich mit dem Klienten identifizieren können, er muß fühlen, was im Klienten vorgeht.

- Wenn der Klient in die Lage versetzt ist, Spannungen zu fühlen und zu lokalisieren, dann beginnen wir, sie zu lösen. Das kann sehr schnell gehen, andererseits aber auch viel Geduld erfordern. Der Therapeut bittet den Klienten, jeden Bewegungsimpuls, der eine Spannung begleitet, genau zu beobachten und zu versuchen, diesem Impuls nachzugeben.

- Hierbei stößt man oft auf ernsthaften Widerstand beim Klienten. Der Grund dafür ist ziemlich klar: Wenn der Klient eine neurotische Muskelspannung löst, gibt er einem motorischen Impuls eines Affektes nach, der zuvor systematisch unterdrückt wurde. Jede Mobilisierung einer Repression ist von Angst und Unbehagen, wenn nicht sogar von Schuldgefühlen begleitet.

- Der Grund für das Auftreten dieser Angst beim Versuch, Repressionen zu lösen, liegt auf der Hand. Repressionen sind meist wie folgt entwickelt worden:
  Die meisten Affekthandlungen und Vergnügen-suchenden Handlungen eines Kindes treffen auf systematische Verbote, die sich immer irgendwie aus der Sicht des Erwachsenen begründen lassen. Die erste Reaktion des Kindes auf frustrierende Verbote ist zumeist wütende Aggression. Da nun die Verbote systematisch wiederholt werden, schließlich sogar noch mit brutaler Gewalt und Strafe verstärkt werden, muß das Kind notgedrungen nachgeben. Wenn das Kind also eine verbotene Handlung wiederholt, so ist sie immer mit dem Gefühl verbunden, daß sie beim Erwachsenen Mißfallen hervorruft, eventuell sogar Bestrafung nach sich zieht. So unterdrückt das Kind schließlich viele Impulse, die ansonsten zu einer Handlung geführt hätten.
  Später wird allein der Wunsch des Kindes - oder des Erwachsenen -, eine solche Handlung zu wiederholen, von einem Angstgefühl begleitet. Es sind genau diese Repressionen, die unterdrückten Impulse, die in Muskelspannungen verankert sind. Wenn wir sie nun lösen, wenn irgendwelche Lebensumstände unbewußt dahin tendieren, sie zu lösen, muß die Angst - vormals Angst vor Bestrafung - gezwungenermaßen wieder auftreten.

- Oft ist es notwendig für den Therapeuten, neurotische Angst zu provozieren, denn einige Klienten erlauben nur selten aus freien Stücken den Zugang zu dieser Angst, andere geben sie gar nicht zu: "Das ist keine Angst, ich fühle mich nur krank, ich bin nur steif, es ist nur ein Schmerz."

Wenn wir uns diese Tatsache vor Augen halten, so lassen wir uns nicht von verbalen Äußerungen des Klienten ablenken, wenn wir zugleich im Körper ganz eindeutige Symptome der Angst bemerken. Den Durchbruch eines affektiven Impulses erfährt der Klient als physisch wohltuend, entspannend und anspornend. Oft wird die vegetative Entspannung begleitet, zum Beispiel, wenn man sich plötzlich wieder an vergessen geglaubte Dinge erinnert, die dann erneut Wohlgefallen erregen.

Hier könnte das Wecken von Erinnerungen ein neues Problem für die Therapie mit sich bringen. Die psychoanalytisch orientierte Formulierung des weiteren Mechanismus der Therapie würde an dieser Stelle lauten:
Unbewußte frühkindliche Erfahrungen werden durch die Behandlung bewußt gemacht. Wenn sie bewußt werden, werden Angst und Unbehagen, die damit verbunden sind, abreagiert, und der Konflikt verliert so seine pathologische Gewalt.
Oft genug kann man jedoch feststellen, daß die wiedererweckten Erinnerungen allein nicht den erwarteten therapeutischen Effekt haben, Während manche Psychoanalytiker in diesem Falle hingehen und auch Affekte reproduzieren um eine psychoanalytische Lösung des vorliegenden Komplexes zu erwirken, richtet der humanistisch-psychologische Praktiker das Augenmerk alleine darauf, was von der Erinnerung heute noch positive Relevanz für den Lebenskontext des Klienten hat.

Es ist Freisetzung der Energie, der Lebens-Energie, welche eine dauernde Entspannung, eine echte Kurierung des Symptoms bewirkt.

Das Kriterium für echte Entspannung ist leicht zu merken: Der jeweils entspannte Teil des Körpers wird "lebhafter", sowohl in seiner äußeren Erscheinung, wie auch in seiner Funktion.

Der Klient erfährt ihn als wirklich zu seinem Körper gehörend. Allgemein hat der Klient das Gefühl der Mobilisierung von Energie: Ihm steht nun mehr vegetative Energie zur Verfügung.

- Das Ziel der Vegetotherapie im Hinblick auf das Atemsystem ist die Einrichtung natürlicher, freier Atmung, wie man sie in vitalen, vegetativ gesunden Menschen findet. In Situationen, in denen Affekte natürlich ausgedrückt werden, ist die Atemfunktion quantitativ und qualitativ abhängig von der Intensität des Affektes.
In Situationen, in denen freie Gefühlsäußerung unmöglich ist, kann die Atmung zur verzweifelten Unterdrückung des Affektes benutzt werden.

- Viele Klienten sind sich dieser Atmungsbehinderung nicht bewußt. Sie glauben, daß ihr Atem gleichmäßig und natürlich sei.
  Man bittet sie, ruhig durchzuatmen und jede Behinderung der Atemfunktion sorgfältig zu beobachten. Die subjektive Erfahrung des Klienten sowie die möglichst objektiven Betrachtungen des Therapeuten leiten die weitere Therapie.

  Die Arbeit an der Atembehinderung ist einer der wichtigsten Aspekte der Therapie. Es ist notwendig, die Normalatmung wiederherzustellen, wenigstens so weit, daß der Klient die Fähigkeit erlangt, sie an emotionalen Reaktionen Anteil nehmen zu lassen. Freie Atembewegungen führen erstaunlich gut zu psychosomatischem Kontakt: Der Klient fühlt nun die somatische Komponente seiner Emotionen. Die Affekte bekommen mehr und mehr Realitätscharakter. Das heißt: der Affekt ist nicht länger etwas Vages und Entferntes, sondern etwas, worüber man sprechen kann. Der Klient erkennt den Affekt als das, was er wirklich ist: als Energie, die nach Handlung drängt.

- Jede Energie-bindende Muskelspannung hat einen parallel zu beobachtenden Charakter-Widerstand. Oft muß man als Therapeut die Lösung einer Muskelspannung aufschieben, bis das parallel ausgeführte charakteranalytische Werk getan ist. Einseitige somatische Lösung von Spannungen ohne die parallelen psychischen Reaktionen ist nur eine halbe Lösung, obwohl sie gelegentlich beim Klienten zu vorübergehender Besserung führen kann.

- Eine Vegetotherapie ist dann beendet, wenn von seiten des Klienten kein echter Bedarf mehr danach besteht: Der Klient fühlt sein Leben, reagiert sexuell normal, ist fähig, selbständig Handlungen und Arbeit durchzuführen. Auftretende Schwierigkeiten des Lebens präsentieren sich jetzt nicht mehr neurotisch übertrieben.

Der neurotische Charakter ist geändert. Die innere Energie ist davon befreit, nur für die Beschäftigung des Klienten mit sich selbst eingespannt zu sein; sie ist jetzt nach außen gerichtet, auf die Aufgaben der Welt.

Literatur:

BOADELLA, D.:
Wilhelm Reich. Leben und Werk des Mannes, der in der Sexualität das Problem der modernen Gesellschaft erkannte und der Psychologie neue Wege wies. Fischer, 1985.

KURTZ, R., PRESTERA, H.:
Botschaften des Körpers. Bodyreading: ein illustrierter Leitfaden. Kösel, 1985.

REICH, W.:
Charakter-Analyse. Kiepenheuer & Witsch, o.J.

1.2.13. Paul Ritter und die Educreation

An dieser Stelle sei der Vollständigkeit halber auch die Konzeption von Paul Ritter aufgeführt. Ritters Erörterungen sind mehr grundsätzlicher Art und beziehen sich auf größere gesellschaftsstrukturelle Zusammenhänge. Für Konfliktarbeit in Trainingsgruppen bzw. Einzelkonsultationen haben sie noch keine praktische Bedeutung.

Paul Ritter, Soziologe, Architekt und Städteplaner hat sein Denkmodell der "Educreation" in der Hauptsache auf die Lehre von Wilhelm Reich und Alexander Sutherland Neill bezogen. "Educreation" ist seine eigenwillige Wortschöpfung aus der Zusammenziehung des folgenden Sinnzusammenhanges: Education for Creation, Growth and Change = Erziehung zu schöpferischem Denken und Handeln, Wachstum und Veränderung.

Unter schöpferischem Handeln ist in etwa das zu verstehen, was auch als laterales Denken bekannt wurde, jener Denkart, die Kinder zu solcher Kreativität anregt, wie sie in Edward de Bonos beiden Bildbänden "Children Solve Problems" und "The Dog Exercising Machine" illustriert ist. Dabei ist schöpferisches Handeln als in die Tat umgesetztes laterales Denken zu verstehen.

Gesundes Wachstum liegt in der Entwicklung des Menschen dann vor, wenn seine individuelle Autonomie so weit wie möglich gewahrt bleibt und darüber hinaus sein Gemeinschaftsgefühl (community-feeling), das Gefühl für menschliche Beziehung (sense for human relations) sich frei entfalten kann.

Unter der Begrifflichkeit "Veränderung" will mehr "Veränderungsfähigkeit" verstanden sein, die dazu angewandt werden soll, lebensfeindliche Verhältnisse in bestehenden Kulturen und Gesellschaften in lebenspositive zu verändern.

Das Denkmodell Ritters kann als Grundlage zu lebensbejahenden, mitmenschlichen, kooperativen Beziehungen verstanden werden. Hier ist

Kooperation als Quelle eines reicheren und freudigeren Lebens, als immer wieder interessantes Experiment verstanden. Kooperation ist "die Tendenz, sich als bedeutungsvoller Teil eines Ganzen zu verhalten, als konkretes und abstraktes Vorbild, als Organ, Organismus oder Gruppe." In ihr liegt die Möglichkeit, "die Demokratie zu einem wirkungsvolleren Mittel zur Organisation gesellschaftlicher Bemühungen zu machen."
Hat sich Kooperationsfähigkeit aus sozialen Beziehungen ergeben, so hat sie gesunden Charakter und bildet letztlich im Team die günstigste Voraussetzung für den Fortschritt auf vielen Gebieten menschlichen Zusammenlebens. Nach Ritter ist der Lern- und Forschungsdrang des Menschen durch rigide Moralvorstellungen einer gefühlskranken Gesellschaft ernstlich beschnitten worden. Er empfiehlt deshalb eine therapeutische Einstellung anstatt moralischer Urteile. Er beruft sich dabei auf die von Paul Goodman zitierten Versuche U. E. Whiteis'. Goodman beschreibt diese Rogers und Sullivan nachempfundene Therapie als nichtdirektiven zwischenmenschlichen Kontakt, der in Whiteis' eigenen Worten mehr Anerkennung und Verständnis als Lobhudelei, Zwang, Befehl, Verbot, Drohung, Rat etc. vermittelt.

Literatur:

ILLICH, I.:
Schulen helfen nicht. Über das mythenbildende Ritual der Industriegesellschaft. Rowohlt, 1984.

NEILL, A.S.:
Das Prinzip Summerhill. Rowohlt, 1971.

RITTER, P. und J.:
Freie Kindererziehung in der Familie. Selbstbestimmung als Erziehungsprinzip. Ein ermutigendes Experiment. Rowohlt, 1978.

1.2.14. Körperorientierte Weiterbildung

Daß dem Ausgang der Körperorientierten Weiterbildung im Gesamtgefüge der Humanistischen Psychologie kein Name zugeschrieben ist, liegt allein daran, daß mir keine einheitliche Quelle wie bei den anderen Methodenkonzepten bekannt ist. Ich gehe jedoch davon aus, daß alle Praktiker einer Körperorientierten Weiterbildung sich überwiegend auf die Arbeiten von Wilhelm Reich, Alexander Lowen, Moshe Feldenkrais, manche auch auf das Eutoniekonzept Gerda Alexanders berufen.

Die Körperorientierte Weiterbildung setzt sich eine Erweiterung des Körperverständnisses zum Ziel und soll die Teilnehmer anregen und bestärken, körperzentrierte Interventionen in den jeweiligen pädagogisch-therapeutischen Kontext ihres persönlichen Lebens- und Arbeitsbereichs zu integrieren. Körperverständnis und psychosoziale Arbeit bilden den Rahmen dieses Ansatzes.

Der Körperausdruck zeigt, wie ein Mensch auf konkrete Lebensumstände reagiert bzw. reagieren müßte; das heißt, welchen Charakter er ausgeprägt hat und wie und wo er in seinem Leben steht. Körperstruktur und Persönlichkeitsstruktur stimmen funktionell überein.

Angesichts der immensen psychosozialen Ausfallserscheinungen, die sich auch mehr und mehr direkt somatisch manifestieren, erscheinen ganzheitliche pädagogisch-therapeutische Ansätze im Vorfeld langwieriger Therapien unbedingt notwendig. Meine Annahme ist, daß vor allem Ansätze, die den ganzen Menschen in seiner psycho-physischen Haltung erfassen, in der Lage sind, den scheinbar stagnierenden menschlichen Wachstumsprozeß neu zu beleben, eingebunden in ein integratives sozial-pädagogisches Konzept.

"Jede Bewegung, die eine Person macht, ist nicht nur ein physikalischer Prozeß, sondern spiegelt zugleich die Koordination von Bewußtsein, Geist und Körper wider. Die Weiterbildung hat zum Ziel:

- durch bewußte Bewegungsexperimente mehr Wissen über den eigenen Körper zu erfahren und durch das Medium Bewegung auszudrücken, wobei auch andere Ausdrucksformen wie Musik, Sprache, Bild und andere in die Arbeit integriert sind,

- in seinem Körper einen wichtigen Aspekt der eigenen Realität zu erkennen und zu lernen, den Körper strukturiert und ohne bestimmte Formen zu bewegen,

- die verschiedenen Bewegungsprozesse in einer ruhigen, konzentrierten Atmosphäre konkurrenzlos zu analysieren und mehr zur Selbsterkenntnis als um des eigentlichen Tuns Willen zu arbeiten,

- die musikalischen Mächte, die jedem angeboren sind, durch Spiel-, Solo- und Gruppenimprovisation, die zu Kompositionen führen können, freizusetzen,

- die musikalischen und ausdrucksmäßigen Eigenschaften von Worten zu untersuchen und Grundlegendes über Tonmaterialien für musikalische Kreationen zu lernen." (Delakora/Budmor, 1981)

Aufgrund meiner eigenen Erfahrung mit Körperorientierter Weiterbildung glaube ich, daß die Kunst des Gruppenleiters darin besteht, einen Weg zu finden, wie die Erkenntnisse über Körperstruktur und Bewegungsabläufe in das bestehende Leben des Teilnehmers integriert werden können. Das heißt mit anderen Worten, daß der Leiter Bedingungen schaffen und kontrollieren muß, unter denen das 'Ich' im körperorientierten Persönlichkeitsentwicklungsprozeß eine neue Identität entwickeln kann, die auf einer "Energie-Wirtschaftlichkeit" statt auf einer "Energie-Unwirtschaftlichkeit" begründet ist.

Literatur:

DUERCKHEIM, K. Graf von:
Übung des Leibes auf dem inneren Weg. Verlag Martin Lurz, 1981.

FELDENKRAIS, M.:
Bewußtheit durch Bewegung. Verhaltensphysiologie oder Erfahrungen am eigenen Leibe. Mit 12 exemplarischen Lektionen. Suhrkamp, 1978.

JANOV, A.:
Das befreite Kind. Grundsätze einer primärtherapeutischen Erziehung. Fischer, 1986.

OSTERTAG, S.:
Einswerden mit sich selbst. Ein Weg der Erfahrung durch meditative Übung. Kösel, 1986.

PETZOLD, H. (Hrsg.):
Psychotherapie und Körperdynamik - Verfahren psychophysischer Bewegungs- und Körpertherapie. Junfermann, 1977.

1.2.15. Orientierungsanalyse

Die orientierungsanalytische Vorgehensweise ist gekennzeichnet durch eine Verbindung individualpsychologischer Theorie (A. Adler/L. Ackerknecht/M. Titze) mit verschiedenen Rollenspieltechniken (F. Perls/J. Brinley/J. Moreno) und systemisch-kommunikationswissenschaftlichen Erklärungsmodellen (Watzlawick/Berne/Selvini-Palazzoli/Minuchin).
Im Rahmen der therapeutischen Zusatzausbildung und der Zusammenarbeit mit Trainern verschiedener Grundkonzeptionen habe ich die Orientierungsanalyse seit 1980 im Kontext von Gruppen- und Einzelarbeit systematisch entwickelt und begründet. Ihre geschichtliche Wurzel ist primär im fachlich-persönlichen Kontext zwischen John Brinley und mir zu finden, wobei sich zwei Kollegen adlerianischer Grundprägung im Feld der Gestalttherapie zur Weiterentwicklung beider Konzepte zusammengefunden hatten. Die weitere Gemeinsamkeit lag darin, kommunikationswissenschaftliche Begründungen bei dieser Weiterentwicklung heranzuziehen und das Neuentwickelte verschiedenen 'helfenden' Berufsgruppen zuzuführen, nicht allein den therapeutisch Tätigen. Noch zu Lebzeiten Brinleys konnten einzelne Aspekte des neuen sinn- und zielgerichteten Handlungsansatzes im Rahmen zweier Konferenzen der Deutschen Gesellschaft für Humanistische Psychologie (Plön und Dabringhausen) dikutiert werden, doch dann nahm mir ein tragischer Verkehrsunfall 1982 meinen Lehrtherapeuten als Gesprächspartner.
Das Interesse an der Weiterentwicklung ist geblieben und es sind neue Gesprächspartner hinzugezogen worden: Gerhard Kern aus der Leitungsgruppe des Instituts für Humanistische Psychologie, meine Lebensgefährtin und Kollegin Dagmar Lumma, mein Schüler Wolfgang Röttsches, meine Schülerinnen Doris Skornia, Roswitha Schüttensack sowie eine stetig wachsende Gruppe junger Trainingsteilnehmer mit verschiedenen Grundberufen.

Wichtigstes Element der orientierungsanalytischen Trainingsarbeit ist das Lernen anhand von Früherinnerungen. Ich gehe davon aus, daß Erinnerungen ebenso wie Träume und Zukunftsphantasien jeweils andere intrapsychische Verarbeitungsformen des "Hier und Jetzt" sind. Wir können unsere aktuelle Orientierung gewissermaßen aus erinnerten Situationen herauslesen, wenn wir den Mut aufbringen, die eigene Entwicklungsgeschichte, das jeweilige Erfordernis der Lage und auch anstehende Notwendigkeiten wahrzunehmen. Es geht also primär um ein Zusammenbringen von Vergangenheit und Zukunft im heutigen Lebenskontext des Lernenden. Dabei werden anhand der Inszenierung von Früherinnerungen unsere Prägungen, unsere Lebensmuster - speziell im Rahmen von Konfliktsituationen - zum Thema gemacht. Hindernde Muster werden enttrübt und fördernde Muster werden dabei wiederentdeckt bzw. im Rollenspiel neu entwickelt.

Die orientierungsanalytische Konzeption berücksichtigt die Notwendigkeit der Entwicklung eines konstruktiven Gemeinschaftsgefühls, die Abwendung von überzogenem Macht- und Geltungsstreben sowie eine Akzeptanz der Finalität, des menschlichen Ausgerichtet-Seins auf ein höheres Ziel. Sie leitet zu Kontakt- und Kontraktfähigkeit an, sucht den Lernenden in seinen positiven Verbindungen (Kontakten) und Verbindlichkeiten (Kontrakten) zu bestärken.

Bei der orientierungsanalytischen Betrachtung der Lebenszusammenhänge eines Menschen im privaten wie beruflichen Feld wird das Augenmerk auf folgende drei Aspekte gerichtet:

- die Beleuchtung von Ereignissen aus der Vergangenheit, die zur spezifischen Prägung eines Menschen und seiner Lebensweise (Lebensstil, Skript) geführt haben,
- die Betrachtung des Hier und Jetzt eines Menschen, seiner momentanen Lebensumstände, der privaten wie beruflichen Gegebenheiten in Beziehung zur gegenwärtigen Befindlichkeit,
- das Spielen mit Verhaltensmöglichkeiten für die Zukunft, wobei deutlich wird, welche kurz-, mittel- und langfristigen Orientierungen möglich sind.

Dabei geht es im Konfliktkontext um das Aufspüren von Gefährdungen in privaten wie beruflichen Situationen, Gefährdungen des konstruktiven Miteinanders, die bisher Lösungen von Konflikten im Wege standen.

Die methodische Vorgehensweise der Orientierungsanalyse ist das Inszenieren von Früherinnerungen mit anschließender Reflexion zum Lebenskontext des Lernenden.

Beim Inszenieren kommen hauptsächlich Rollenspieltechniken aus Gestalttherapie und Psychodrama zum Einsatz. Die gewählte Technik hängt vom Gesamtsetting des Tranings ab.
Geht es mehr um interaktionelle Konflikte, z. B. zwischen verschiedenen Teammitgliedern einer Organisation, so ist die psychodramatische Rollenspieltechnik innerhalb einer Trainingsgruppe von Vorteil, weil sie typische und nicht unbedingt von der Einzelperson abhängige Interaktionsmuster deutlich werden läßt. Daraus ergibt sich, daß der Betroffene bereiter wird, sich im Konfliktkontext für eine systemisch orientierte Reflexion des Gesamtrahmens zu interessieren anstatt individuelle, intrapsychische Vorgänge für das Konfliktgeschehen verantwortlich zu machen. Geht es mehr um innerpersönliche Konflikte, z. B. Ängste, Entscheidungshemmungen, Blockierungen des freien Auftretens, so empfiehlt sich eine gestalttherapeutische Inszenierung. Hier spielt der Lernende die in einer Früherinnerung vorkommenden Personen alle selbst. Dabei werden seine konstruktiven wie auch seine gehemmten Teilpersönlichkeiten deutlich und erlauben in der Reflexion der gespielten Szene eine mehr skriptorientierte Betrachtungsweise, welche Aufschluß über die Persönlichkeitsstruktur des Lernenden gibt und Neuorientierungen auf der tiefer liegenden Grundhaltungsebene ermöglicht.
Während die psychodramatische Inszenierung nur im Kontext einer Trainingsgruppe möglich ist, kann die gestalttherapeutische Inszenierung sowohl im Rahmen einer Gruppe als auch im Kontext Einzelkonsultationen zur Anwendung kommen. Diese Lernform gewinnt auch im Kontext der Managerfortbildung immer mehr Interesse.
Die Orientierungsanalyse setzt durch die Bezugnahme auf Früherinnerungen des Lernenden einen deutlich erkennbaren Rahmen und geht damit über die klassische Gestalttherapie, Psychodrama und andere erlebnisorientierte Methoden der Humanistischen Psychologie hinaus. Die grundsätzlich

herangeholte Früherinnerung - ganz gleich um welche Art von Konflikten es geht - gibt dem Teilnehmer Erlaubnis, einen aktuellen Konflikt zunächst außer acht zu lassen und sich Bekanntem aus seiner Spielzeit, der Kindheit, zuzuwenden. Diese Vorgehensweise ist in etwa vergleichbar mit dem "Kasperle-Trick" einer klugen Erzieherin: Wenn sie auf Ängste und Interaktionsschwierigkeiten eines Kindes Einfluß nehmen will, lädt sie zum spontan inszenierten Kasperltheater ein, und die Kinder bringen in der Inszenierung das direkt zum Ausdruck, was ansonsten verdeckt bleibt und nur mit komplizierten psychologischen Tests und soziometrischen Verfahren (vielleicht) erreichbar ist.
Kasperltheater und Orientierungsanalyse haben gemeinsam, daß sie in klar erkennbarem Rahmen eine spielerisch ausagierende Form des Einstiegs in die Konfliktarbeit ermöglichen. Dadurch wird von Anfang an mehr die analoge, kreativ-spielerisch "denkende" Hirnhälfte des Menschen genutzt als die logisch-analytische, die ja bekannterweise den meisten Konfliktlösungen im Weg steht.
Während beim Inszenieren selbst die logisch-analytisch arbeitende Hirnhälfte außer acht bleibt, so wird sie bei der Bezugnahme des Gespielten auf eine aktuelle Konfliktsituation bzw. auf das Lebensfeld des Teilnehmers wieder mit einbezogen, jetzt unter transaktionsanalytischen und/oder systemischen Aspekten. Die Orientierungsanalyse stellt damit sowohl für das Lernen in Gruppen wie das Lernen innerhalb von Einzelkonsultationen einen klar strukturierten Rahmen, der Erfahrungen der Hirnforschung mit verschiedenen Grundtechniken der Humanistischen Psychologie zu einem Ganzen verbindet.

Literatur:

JAHRBUCH
der Zeitschrift für Humanistische Psychologie, 1984, 7; zu beziehen über DGHP, Schubbendenweg 4, 5180 Eschweiler

LUMMA, K. und KNÜDELER, B. (Hrsg.):
Medien für kreative Gestaltarbeit in Beratung, Therapie und Weiterbildung. Institut für Humanistische Psychologie, Goerdtstr. 7, 5180 Eschweiler.

TITZE, M.:
Lebensziel und Lebensstil. Grundzüge der Teleoanalyse nach Alfred Adler. Pfeiffer-Verlag, 1979

1.3. Gängige Trainingskonzeptionen

An dieser Stelle möchte ich nun einige der bisher vorgestellten Trainingskonzeptionen kurz erläutern. Ich bediene mich dazu eines Rasters, das folgenden Aufbau hat: Zunächst wird jeweils der Hintergrund und die Entstehungsgeschichte der jeweligen Methode beschrieben. Es folgt eine Darstellung des Konzeptes in Kurzform; ich beschreibe anschließend die Vorgehensweise, diskutiere die Anwendung des jeweiligen Arbeitsansatzes im Rahmen der Personal- und Persönlichkeitsentwicklung und führe abschließend weitere Literaturhinweise auf.

1.3.1. Das Encounter-Training

Hintergrund:

Spricht man heute im Zusammenhang der Humanistischen Psychologie von der sogenannten Encounter-Bewegung so ist damit jene Arbeit innerhalb von Gruppen gemeint, die auf Jakob Moreno, Carl R. Rogers und Will Schutz zurückgehen. Moreno selbst beschreibt in seinem Aufsatz über die Wiener Ursprünge der Encounterbewegung, daß sein Konzept der Encounterarbeit bereits 1914 vorlag und als Vorläufer des österreichischen Existenzialismus verstanden werden muß. Da Moreno sich später der Entwicklung von Gruppenpsychotherapie und Psychodrama zuwandte, ist sein früher Einfluß auf die Encounterbewegung wenig bekannt, und die entscheidenden Konzeptvorstellungen dieser Gruppenarbeit werden Personen wie Carl C. Rogers und Will Schutz mehr zugeschrieben. Ich berufe mich in meinen Ausführungen auf das sogenannte Basic-Encounter von Carl R. Rogers und auf die Arbeitsform des "Offenen Encounters" von Will Schutz, weil unter dem Sammelnamen "Encounter" heute die verschiedensten Trainingsverfahren zusammengefaßt sind.

"Encounter ist eine Methode, persönliche Beziehungen herzustellen auf der Grundlage von Offenheit und Ehrlichkeit, Selbst-Wahrnehmung und Selbst-Verantwortlichkeit, Körperbewußtsein, Beachtung der Gefühle und der Betonung des Hier und Jetzt. Gewöhnlich findet Encounter im Rahmen einer Gruppe statt. Encounter steht der Therapie nahe, wenn es unsere inneren Fesseln zu lösen versucht. Encounter nähert sich der Pädagogik und Religion, wenn es eine weitgehende Entfaltung unserer persönlichen Fähigkeit anstrebt." (W. Schutz, Encounter; 1977, ISKO)

Darstellung des Konzeptes und der Methodik:

Ich beschreibe an dieser Stelle die beiden Konzepte von Rogers und Schutz getrennt voneinander, da sie meiner Meinung nach auch verschiedene methodische Ansätze als Hintergrund haben.

Das Encounter-Konzept von Rogers

Die von Rogers im Zusammenhang mit dem Encountergruppenkonzept aufgeführten Prozeßvariablen entsprechen überwiegend denen seiner Individualtherapie in Form der Gesprächspsychotherapie.

Die Variablen auf Seiten des Gruppenleiters sind:
- empathisches Verstehen
- Wertschätzung, emotionale Wärme
- Echtheit

Variablen auf Seiten der Gruppenteilnehmer sind:
- Selbstexploration
- Experiencing

Darüber hinaus gelten folgende Variablen als hilfreiche Verhaltensweisen in der Gruppe:
- Konfrontation und Feed-back
- Äußern eigener Gefühle
- Äußern eigener Probleme

Die Hauptarbeit des Gruppenleiters in Basic-Encountergruppen besteht darin, die von den Teilnehmern geäußerten persönlich-emotionalen Erlebnisinhalte mit einem hohen Ausmaß an Wertschätzung, Wärme, Sympathie und

Echtheit aufzunehmen. Innerhalb der Basic-Encountergruppenarbeit bemüht sich der Gruppenleiter um Einhaltung folgender Verhaltensmerkmale:

- Starke Zurückhaltung des Eingreifens in den Gruppenprozeß
- Themenbestimmung durch die Gruppe
- Herstellung eines akzeptierenden Klimas
- Vermittlung warmherziger Verhaltensweisen im Eingehen auf Probleme einzelner Gruppenteilnehmer sowie der gesamten Gruppe
- Selbstverständnis des Gruppenleiters als sogenannter erfahrener oder mehr oder weniger gleichberechtigter Gruppenteilnehmer
- Persönliches Einbringen des Gruppenleiters, sofern es den Verlauf der Gruppe betrifft und ihn nicht behindert
- Aufmerksames Zuhören und Ermitteln der Bedeutung von Mitteilungen
- Ansprechen der eigenen Gefühlswelt im Hinblick auf einzelne Gruppenteilnehmer und auf die Gesamtgruppe
- Feedback geben, d. h. Konfrontation einzelner Teilnehmer mit den Eigenarten ihres Verhaltens, indem eigene Gefühle in bezug zu den konkreten Verhaltensweisen geäußert werden.
- Vermeidung von Interpretationen des Gruppenprozesses
- Vermeidung von Interpretationen über Ursachen und Motive des Verhaltens einzelner Gruppenteilnehmer
- Weglassen von vorgefertigten Übungen, Rollenspielen usw. Diese werden nur dann als hilfreich angesehen, wenn sie der augenblicklichen gefühlsmäßigen Situation der Gruppe entsprechen und spontan aus ihr entstehen.

Die offene Encountergruppe nach Schutz

Schutz hat aus der Encounter-Philosophie bestimmte Arten der Gruppenleitung abgeleitet, die er in Form von Regeln für die Gruppeninteraktion ausgedrückt hat. Diese Verhaltensregeln dienen dazu, einen anderen Umgang mit sich selbst und anderen aufzuzeigen, der auf die Bereiche menschlicher Existenz, besonders auf die menschliche Interaktion, angewendet werden kann. Das Regelsystem bildet die Grundlage der Encountergruppenarbeit nach Schutz und bietet Richtlinien für die Gruppenführung an.

Die ersten vier Regeln sollen offene und aufrichtige Kommunikation ermöglichen:

- Sei aufrichtig dir selbst und anderen gegenüber.
- Achte genau auf deinen Körper
- Konzentriere dich auf Gefühle.
- Beginne beim Hier und Jetzt.

Die nächsten neun Regeln konzentrieren sich auf den Körper, um ihn in die Gruppenarbeit einzubeziehen:

- Raum und Kleidung sollen dir ein Höchstmaß an Bewegungsfreiheit erlauben.
- Setze oder stelle dich so hin, daß du jeden in der Gruppe leicht erreichen kannst.
- Iß und trink während der Sitzung nicht.
- Immer, wenn du eine Gelegenheit findest, eine Botschaft durch den Körper mitzuteilen, dann drücke dich lieber mit dem Körper aus, als mit Worten.
- Kämpfe, wenn dir danach zumute ist.
- Ziehe dich aus, wenn dir danach zumute ist.
- Rauche nicht
- Nimm keine Drogen.
- Trage keine Brille oder Kontaktlinsen.

Um seine Identität zu stärken und um Mut aufzubauen können folgende Regeln hilfreich werden:

- Übernimm Verantwortung für dich.
- Mache Aussagen.
- Sei verantwortlich für deine Entscheidungen.
- Sprich für dich.
- Wende dich direkt an die Person, die du meinst.
- Vermeide Abstraktionen und vermeide nichtssagende, unverbindliche Wörter.
- Wenn etwas geschieht, was Dir nicht gefällt, übernimm die Verantwortung dafür, etwas dagegen zu tun.

Zum Gebrauch von Körperenergie, welche die Grenzen des Selbstkonzeptes erweitern hilft, sollen zwei wichtige Regeln ermutigen:

- Wenn du etwas über dich sagst, was du schon einmal gesagt hast, unterbrich dich und sag etwas anderes.
- Tue das, wovor du am meisten Angst hast.

Als zentrale Leitertechnik in der Encountergruppenarbeit gilt nach Will Schutz: "Folge der Energie!" Was ist mit dieser Aufforderung gemeint?

> "Ein Blick in die Runde einer Encountergruppe zeigt die Leute in ganz verschiedener seelischer Verfassung. Einige sind entspannt, sie haben keine drängenden Probleme. Wenn sich die Gruppe auf diese Leute konzentriert, folgt meist ein langweiliger und lebloser Austausch ohne Gefühle und ohne Energie. Lebendige Gruppeninteraktionen laufen dann ab, wenn sich die Gruppe dahin wendet, wo bereits Energie ist. Wenn du als Teilnehmer dich an dir selbst festhältst und angespannt bist, kann ich mich als Gruppenleiter einem anderen zuwenden und darauf vertrauen, daß die Gruppeninteraktion dich soweit lockert, daß du später besser mitarbeiten kannst. Ich kann mich aber auch entscheiden, dir sofort behilflich zu sein, deine Defensivmechanismen zu durchbrechen. Zuerst bitte ich dich etwa, zur Entspannung Arme und Beine, die du verschränkt hast, zu lösen, aufzustehen und dich durch schütteln zu lockern und mehrere Minuten lang tief zu atmen. Wenn einzelne Körperteile besonders angespannt scheinen, können entweder ich oder ein Gruppenmitglied sie massieren. Von jetzt an achte ich darauf, wie dein Körper reagiert, wenn du sprichst und etwas tust. Ich nehme an, daß sich dein Gefühl auf den Punkt konzentriert, wo die Anspannung oder das Zucken erkennbar sind und daß es am besten ist, dort mit der Arbeit zu beginnen.' (Schutz, 1977)

Diskussion:

Während die Basic-Encountergruppe nach Rogers hauptsächlich sprachlich operiert, bewegt sich die offene Encountergruppe nach Will Schutz auf einen mehr körperorientierten, nichtsprachlichen, sehr expressiven Boden.
Der Gruppenleiter eines Basic-Encounter nach Rogers sorgt für eine Gruppenatmosphäre, die anfängliche Ängstlichkeit reduziert und Lernen begünstigt. Er verhält sich überwiegend nicht-direktiv.

Das Vorgehen in der Encountergruppe von Schutz ist handlungszentriert: Der Gruppenleiter gibt Anweisungen und Anleitungen für Demonstrationen, praktische Übungen und Interaktionen zwischen Personen und Gruppen. Zahlreiche dieser Übungen sind nichtsprachlich angelegt und berücksichtigen mimischen und pantomimischen Ausdruck. Die Encountergruppenarbeit nach Schutz ist sehr konfrontativ, eignet sich daher erst für Gruppen mit sehr viel Gruppenerfahrung. Nach meiner Erfahrung kann eine Gruppe sich in ihrem Lernprozeß zunächst mit dem Verfahren des Basic-Encounter auseinandersetzen, um dann später aufgrund gemeinsamer Entscheidung die handlungszentrierte Arbeitsform des offenen Encounters zu wählen. Die offene Encounterform erscheint für Anfängergruppen sowie für geschlossene Gruppen aus Institutionen ungeeignet.

Die Basic-Encountermethode kann durchaus auch Anfängergruppen und Teams innerhalb von Institutionen zugemutet werden. Für größere Gruppen erscheint auch das Basic-Encounter aufgrund seiner mangelnden Strukturiertheit ungeeignet. In größeren Gruppierungen von 20 und mehr Teilnehmern sind die Beteiligten mit den hochkomplexen Situationen überfordert, da sich aufgrund der offenen Zielsetzung des Basic-Encounter schnell die verschiedensten Prozesse überlagern, z. B. Prozesse persönlicher Begegnung, Prozesse der Selbstorganisation oder der Entscheidungsfindung. Das kann viel Verwirrung und Verunsicherung auslösen, anstatt Raum für Selbstentfaltung zu bieten.

Literatur:

ROGERS, C.R.:
Encounter-Gruppe. Das Erlebnis der menschlichen Begegnung. Fischer, 1984

SCHUTZ, W.:
Encounter. ISKO-Press, 1977

Freude. Gruppentherapie, Sensitivity-Training, Ich-Erweiterung. Rowohlt, 1973

1.3.2. Das gruppendynamische Laboratorium

Hintergrund:

In seiner historischen Entwicklung hängt das gruppendynamische Laboratorium bzw. das gruppendynamische Training am engsten mit der Feldtheorie Kurt Lewins zusammen. In der Mitte der dreißiger Jahre verschaffte Kurt Lewin durch seine Arbeit an der Universität von Iowa und am Massachusetts Institute of Technology der Gruppendynamik einen festen Platz innerhalb der akademischen Welt und entwickelte für Sozialwissenschaftler verschiedener Fachrichtungen aufregende neue Methoden. Die Feldtheorie, wie er sie definiert hat, ist keine Theorie im üblichen Sinn, sondern ein methodischer Ansatz, um Kausalbeziehungen analysieren zu können und wissenschaftliche Konstrukte aufbauen zu können. Die Feldtheorie hängt eng zusammen mit der Gestalttheorie, besonders in bezug auf die Wechselwirkung der Beziehungen zwischen einzelnen Teilen und dem Ganzen in Verhalten und Erfahren. Die grundlegenden feldtheoretischen Konstrukte sind:

- Der Lebensraum: alle Fakten, die für das Individuum oder die Gruppe zu einem bestimmten Zeitpunkt existieren.
- Spannung, Energie, Bedürfnis, Valenz und Sektor als dynamische Begriffe die für eine Verhaltensanalyse wesentlich sind.
- Prozesse der Wahrnehmung, des Denkens, Fühlens, Handelns und Erinnerns sind die Mittel, durch die Spannungen in einem System ausgeglichen werden.
- Lernen als mehrdimensionaler Veränderungsprozeß: z. B. Veränderung der kognitiven Struktur durch neues Wissen, Veränderung der Motivation durch Erlernen neuer Vorlieben und Abneigungen und Veränderung der Gruppenzugehörigkeit, wie sie beim Hineinwachsen in eine neue Kultur auftritt.

Die Entwicklung der Laboratoriumsmethode bzw. des gruppendynamischen Trainings hängt eng mit der Feststellung Kurt Lewins und seiner Mitarbeiter zusammen, daß bestimmte Methoden der Gruppendiskussion und

Gruppenentscheidung besser zur Veränderung von Vorstellungen und sozialen Verhaltensweisen geeignet sind als Vorträge und individuelle Unterweisungen. Bei der gruppendynamischen Laboratoriumsmethode bzw. der Trainingsgruppenarbeit ist es wie bei den meisten anderen Methoden der Humanistischen Psychologie schwierig, eine eindeutige Begriffsbestimmung vorzunehmen, da in der heutigen Praxis der Gruppenarbeit viele Methoden unter dem Oberbegriff "Gruppendynamik" zusammengefaßt sind (z. B. TZI, Encounter, Gestaltgruppe, analytische Gruppentherapie, Gesprächsführungstraining usw.).

Eine Charakterisierung der gruppendynamischen Arbeit in der klassischen Form könnte lauten:

Die Gruppendynamik sucht unter Anwendung psychonalytischer Sichtweise die natürlichen Antriebe in einem vielgestaltigen Kommunikationsrahmen so zu befreien, daß kein egozentrisches "sich-groß-Ausleben", sondern ein differenziertes und intensiveres Zusammenleben resultiert. Ihre emanzipatorische Funktion liegt zunächst in der Überwindung innerer Hemmnisse als Voraussetzung für äußere Umgestaltung der sozialen Lebensbedingungen.

Darstellung des Konzeptes und der Methodik:

Die gruppendynamische Laboratoriumsmethode geht wesentlich von der Annahme aus, daß einsichtiges Lernen über intrapsychisches Geschehen und soziale Interaktion nur dort geschieht, wo der Lernende in Beteiligungsprozesse einbezogen wird. Diese beruhen auf Grundannahmen über das Teilnehmerverhalten in Gruppen und haben ihre Korrelate in der kindlichen Entwicklung. Auf der folgenden Seite ist dieser Zusammenhang tabellarisch dargestellt.

Die Grundannahmen lassen sich aber auch aus Verhaltensweisen ablesen, die in jeder Gruppe auftreten. Sie existieren unabhängig vom Arbeitsinhalt, Lerngegenstand und intellektuellem Niveau. Aus den Grundannahmen lasssen sich auch für Trainingsgruppen Verhaltenskategorien ableiten; diese "Bionschen Kategorien" befinden sich auf der übernächsten Seite.

Grundannahmen über das Teilnehmerverhalten in Gruppen *	Entsprechende Vorgänge in der kindlichen Entwicklung **
Die Mitglieder einer Gruppe nehmen an, daß ihr Leiter allmächtig sei und alles wisse. Sie behaupten hartnäckig ihre Abhängigkeit (Dependenz) von ihm.	Die Erwartungshaltung des Kleinkindes gegenüber dem übermächtigen Erwachsenen, auf dessen Hilfe es angewiesen ist, dem es sich auf Gedeih und Verderb ausgeliefert fühlt und den es in der Phantasie mit einer Allmacht ausstattet.
Die Mitglieder einer Gruppe versuchen einen Kampf (fight) aller Teilnehmer untereinander und gegen den Gruppenleiter zu eröffnen, in der Annahme, durch diesen Kampf könne eine Verminderung der Mitgliederzahl erreicht und dadurch die Befriedigung des einzelnen Mitglieds relativ vergrößert werden.	In der ersten Trotzphase die Haltung des Kleinkindes (und die gleiche Haltung des Pubertierenden in der zweiten Trotzphase), das sich vom Erwachsenen ablösen möchte, seine innere Abhängigkeit jedoch beibehält und aus dem Gefühl der Ohnmacht dann bei anderen, schwächeren (jüngere Geschwister oder Großeltern) Rache nehmen will.
Die Mitglieder einer Gruppe als Ganzes oder als einzelne versuchen, sich der gestellten Aufgabe durch Flucht (flight) in ein anderes Thema oder in ein abweichendes Verhalten zu entziehen.	Die Fluchttendenz des Ausreißers in der früheren Kindheit und die Ausweichtendenz in der Pubertät, die eine tatsächlich bestehende Gebundenheit an den Erwachsenen überkompensiert, sich von den gestellten Aufgaben und Forderungen zurückzieht, um sich aus Opposition anderen zuzuwenden, wodurch die innere Abhängigkeit verleugnet werden soll.
Die Mitglieder einer Gruppe fördern, unterstützen, oder verhindern entstehende Paarbildung (pairing) einzelner Mitglieder in der Erwarung, dadurch könne eine bessere Bewältigung des Gegenstandes entstehen. Dabei wird einzelnen Paaren vorübergehend völlig die Führung überlassen, während die übrigen Teilnehmer sich jeder Mitarbeit durch Flucht und Rückzug entziehen.	Die Paarbildung des Kleinkindes mit dem gegengeschlechtlichen Elternteil in der Phantasie (ödipale Phase), und dann an die Stelle dieser Phantasien kompensatorisch tretenden heterosexuellen oder homoeroti- Paarbildungen der späten Kindheit und Pubertät, durch deren Anlehnungscharakter der nichtbewältigte Ablösungskonflikt von dem primären Objekt ausgeglichen werden soll.

* W. R. Bion: Erfahrungen in Gruppen und andere Schriften. Klett, 1971, S. 106 ff.

** Tobias Brocher: Gruppendynamik und Erwachsenenbildung. Westermann, 1967, S. 57 ff.

Bion'sche Verhaltens-Kategorien in einer Trainingsgruppe

1. Dependenz

Man sucht jemanden, an den man sich anlehnen kann: den Trainer, ein anderes Mitglied, eine Autorität außerhalb (Zitate!) oder eine formale Autorität: eine Aufgabe, ein Ziel, eine Methode, eine Tagungsordnung, ein Programm u.ä.m.

Formen:
"Es geht nur, wenn der Trainer da ist!"
"Zuerst brauchen wir ein Thema!"
"Wir müssen Richtlinien für unser Verhalten festlegen!"
"Im Programm (Anschreiben) steht geschrieben...!"

Man fragt um andere Meinung, ohne die eigene bekannt zu geben. Man bittet um Hilfe und Selbstbestätigung. Man kommt gar nicht auf den Gedanken, eine Autorität zu bezweifeln. Man ist ganz klein und hebt andere empor, um sich ihnen anschließen zu können.

2. Konter-Dependenz (flight and fight)

a. Flucht: Man verläßt die Gruppe physisch (durch Hinausgehen, Heimfahren etc.) oder psychisch (durch Sich-Zurückziehen) oder man verneint die Problematik der Situation, ohne zu versuchen, mit der unangenehmen Lage, in der man sich befindet, fertig zu werden oder sie zu ändern.

Formen:
Sich zurückziehen, schweigen, entschuldigen (weil man nicht vorbereitet, fähig oder informiert sei), andere Themen einführen, Witze machen, lachen, Kasten Bier in die Trainingsgruppensitzung mitbringen, überintellektualisieren u.ä.m.

b. Kampf: Man greift an, wodurch Unsicherheit entstanden ist. Das ist meist der Trainer oder ein besonders sichtbar gewordenes Gruppenmitglied. Anstatt einer Analyse der Situation, einer Anpassung an die Situation oder Bemühungen, mit ihr fertig zu werden oder von ihr zu lernen, wird Angriff als Abwehrmechanismus gewählt.

Formen:
Attacken, Tadeln, Verurteilen, "ja! aber..."; "Sie dürfen nicht glauben, daß ich Sie kritisieren (verletzten) will, nein, ganz im Gegenteil..."; Spott, Zynismus, unterbrechen, nicht ausreden lassen, totschweigen, übergehen, passive Resistenz u.ä.m.

3. Inter-Dependenz (Cliquenbildung)

Man bemüht sich um die Herstellung einer intimen Atmosphäre, bietet Freundschaften an usw., um Angst abzubauen. Man beichtet seine Fehler und gesteht seine Ängste, damit man nicht mehr angegriffen wird. Man sucht herauszufinden, wie andere denken, indem man selbst sagt, was man denkt, fühlt und für wertvoll hält. Man sucht Geborgenheit in freundschaftlichen Kontakten.

Formen:
Zustimmen und Zustimmung suchen; mit Wärme und Freundlichkeit anderen entgegenkommen, Intimatmosphäre schaffen (abendliche Bier- und Weinrunden, gemeinsam auf dem Boden liegen und sich erzählen, in sein Zimmer einladen oder auf Zimmer Anderer gehen), Singen, Tanzen. Man bittet um Hilfe, ohne sie wirklich zu benötigen.

4. Differenzierung der Gruppenlokomotion

Wiederholung von 1. bis 3., dabei Differenzierung der früheren Themen, die jetzt aber anders angegangen werden. Ständige Reprisen. So erneuter Beginn, aber auf einer anderen, höheren Ebene (Spiral-Modell).

Aus den Grundannahmen und den Verhaltenskategorien lassen sich nun konkretere Lernbereiche gruppendynamischer Laboratoriumsarbeit ableiten:

"1. Eines der für den Teilnehmer erwünschten Ergebnise ist eine gesteigerte Bewußtheit und Sensivität für emotionale Reaktionen und Ausdrucksweisen bei sich selbst und bei anderen. Ohne diese Bewußtheit (auf der latenten ebenso wie auf der manifesten Ebene) werden die Ziele, Werte und Handlungen eines Menschen inkongruent mit seiner realen Gesamtpersönlichkeit. Er kann den vollen Umfang seiner individuellen Entwicklungsmöglichkeiten nicht mehr erkennen und sie daher auch nicht verwirklichen; oder er verhält sich partiell blind gegen den Komplex von menschlichen Faktoren, den jede Situation verkörpert.

2. Ein anderes erwünschtes Ziel ist eine größere Fähigkeit, die Folgen seiner Handlungen durch Beachtung eigener und fremder Gefühle wahrzunehmen und aus ihnen zu lernen. Der Akzent liegt auf der Entwicklung von Sensivität für die vom Verhalten anderer ausgehenden Hinweise und auf der Fähigkeit, "Feedback" für das Verständnis des eigenen Verhaltens zu nutzen.

3. Die Trainer versuchen, auch zur Klärung und Entwicklung persönlicher Wert- und Zielvorstellungen anzuregen, die mit einer demokratischen und wissenschaftlichen Sicht der Probleme sozialen und persönlichen Entscheidens und Handelns übereinstimmen. Manche besonders wichtigen Lernergebnisse scheinen dann zustande zu kommen, wenn die einzelnen sich öffentlich mit zuvor unbemerkten Diskrepanzen in ihren Wertvorstellungen konfrontiert sehen und bei ihren Bemühungen, diese Diskrepanzen aufzulösen, urteilsfreie Unterstützung erhalten.

4. Ein weiteres Ziel ist die Ausbildung von Begriffen und theoretischen Einsichten, die als Instrumente zur Verknüpfung persönlicher Werte, Ziele und Absichten mit Handlungen dienen können, die mit diesen inneren Faktoren und mit den Erfordernissen der Situation übereinstimmen. Um die Beziehungen zwischen inneren Empfindungen und Wahrnehmungen und äußeren Ereignissen zu erkennen, um interpersonale Situationen und Gruppensituationen genauer wahrnehmen und diagnostizieren und zwischen Handlungsalternativen wählen zu können, brauchen die Lernenden in der Regel ein besseres theoretisches Wissen über menschliches Verhalten, als es ihnen der gesunde Menschenverstand zur Verfügung stellt. Eine wichtige Quelle brauchbarer Konzepte sind die Ergebnisse und Methodologien der Verhaltenswissenschaften. Die Planer der Laboratorien ringen mit dem Problem, wie sich diese Kenntnisse in sinnvollen Einheiten sowohl exakt als auch relevant im Hinblick auf den persönlichen Hintergrund und die Bedürfnisse der Teilnehmer darbieten lassen.

5. Alle Laboratoriumsprogramme begünstigen die Erziehung effektiveren Verhaltens gegenüber der Umwelt des Teilnehmers. Eine große Verschwendung menschlicher Triebkräfte ergibt sich aus der Unverbundenheit zwischen Absichten und Diagnosen einerseits und dem Verhaltens-Ausstoß andererseits. Das begriffliche Lernen, die Zielsetzung, die Klärung der Wertvorstellungen und sogar die erlangte gültige Selbsterkenntnis sind oftmals der Entwicklung der für den Ausdruck in aktuellen sozialen Handlungsbezügen notwendigen Fertigkeiten weit voraus. Aus diesem Grund stellen Laboratoriumsprogramme normalerweise auf die Entwicklung von Verhaltensfähigkeiten ab, um eine bessere Integration von Absichten und Handlungen zu fördern.

6. Ein weiteres Ziel erwächst aus der Erkenntnis, daß sich in der Arbeitssituation der Teilnehmer, wenn auch fern von der begünstigenden Umgebung des Laboratoriums, ständig Gelegenheiten zur Anwendung des neu Gelernten bieten. Wie der Lerntransfer aus dem Laboratorium heraus zu bewerkstelligen sei, ist eine der kritischsten Fragen, vor denen jeder Laboratoriumsstab steht. In den meisten Laboratorien sieht der Plan vor, daß den Lernenden geholfen wird, neue Verhaltensweisen mit den für ihre Arbeitsumgebung charakteristischen Verhaltensweisen zu integrieren.

7. Eine letzte Aufgabenstellung, die zumeist die Laboratoriumsprogramme kennzeichnet, ist die, "zu lernen, wie man lernt". Jeder Lernende ist aufgefordert, zum Analytiker seiner eigenen Lernprozesse zu werden. Dazu gehört, daß er die Fähigkeit ausbildet, Initiativen zu ergreifen und die Hilfe anderer zur Steigerung seines Lernerfolgs aktiv zu suchen und in Anspruch zu nehmen. Umgekehrt gehört dazu, daß er fähig wird, wirksame Hilfe zu geben. Dies hat tiefe Implikationen für das Selbst, das der Lernende zu werden sucht. Es lenkt seine Bemühungen auf die Erlangung einer aktiven, reflexiven, realtitätsbezogenen optimistischen und kooperationsbereiten Selbstidentität." (Kenneth D. Benne)

Der Gruppenleiter klassischer gruppendynamischer Arbeit ist überwiegend "Schweiger", der nur ganz selten in den Gruppenprozeß eingreift und mit Hilfe des Laboratoriumsplanes einer bestimmten menschlichen Organisationseinheit, in der Regel einer bereits bestehenden Arbeitsgruppe mit klarer Aufgabenbeschreibung dabei hilft, "ihre Veränderungsbedürfnisse abzuschätzen, und sie bei der Suche nach und Erprobung von Verfahren, mit denen sich Veränderungen erzielen lassen, zu unterstützen. Die Zieleinheit kann ein einzelner oder ein Team sein. In beiden Fällen werden Lernen und Veränderungen in Richtung auf eine

bessere und anpassungsfähigere Integration von Werten, Begriffen, Gefühlen, Wahrnehmungen, Strategien und Fertigkeiten angestrebt. Damit diese Integration Fortschritte macht, muß der Lernende sich an jedem Tag der Lernveranstaltung auf mehr oder weniger planmäßige Weise zwischen den Rollen des Beobachters, des Diagnostikers, des Auswertenden, Handelnden und Untersuchenden hin und her bewegen. In jeder dieser Rollen setzt er sich mit seinen Gefühlen von Widerstand, Angst, Bedrohtsein, Schwäche, Stärke, Euphorie oder Befriedigung auseinander. Wo die inneren und äußeren Kräfte auseinanderweisen, versucht der Lernende, sich selbst oder seine Umwelt in Richtung auf größere Kongruenz zu verändern. Um einen ähnlichen Zyklus immer erneuten Sichtens und Prüfens - von innen wie von außen- handelt es sich auch dort, wo eine Gruppe oder ein Team nach flexibleren und kreativeren Verfahren sucht, sich mit dem umgebenden größeren Sozialsystem, in dem man arbeitet, auseinanderzusetzen." (Kenneth D. Benne)
Zur Motivation für gruppendynamische Arbeit hat aus eigener Erfahrung des Autors lange Zeit das sogenannte Johari-Fenster gedient, mit dessen Hilfe man Beziehungen im Hinblick auf bewußte Wahrnehmung darstellen kann.

	Dem Selbst bekannt	Dem Selbst nicht bekannt
Anderen bekannt	I Bereich der freien Aktivität	II Bereich des blinden Flecks
Anderen nicht bekannt	III Bereich des Vermeidens oder Verbergens	IV Bereich der unbekannten Aktivität

Abb.: Das Johari-Fenster (Erläuterungen siehe nächste Seite)

Quadrant I, der Bereich der freien Aktivität, sagt etwas aus über Verhaltensweisen und Motivationen, die einem selbst und anderen bekannt sind.
Quadrant II, der Bereich des blinden Flecks, bezeichnet das Gebiet, wo andere Dinge in uns sehen können, von denen wir selbst nichts wissen.
Quadrant III, der Bereich des Vermeidens oder Verbergens, stellt Dinge dar, die wir selbst wissen, aber anderen nicht offenbaren (z. B. ein geheimes Programm oder Dinge in bezug auf die wir empfindlich sind).
Quadrant IV ist der Bereich der unbekannten Aktivität. Weder das Individuum noch andere Menschen bemerken bestimmte Verhaltensweisen oder Motive. Wir können jedoch annehmen, daß sie existieren, denn am Ende treten einige Dinge zutage; dann wird erkannt, daß diese unbekannten Verhaltensweisen und Motive die ganze Zeit schon die Beziehungen beeinflußt haben.

In einer neuen Gruppe ist der Quadrant I sehr klein; es gibt nicht viel freie und spontane Interaktion. Je mehr die Gruppe wächst und reift, desto mehr vergrößert sich Quadrant I. Das bedeutet gewöhnlich, daß wir freier sind, uns so zu benehmen, wie wir sind, und andere so wahrzunehmen, wie sie wirklich sind. Je größer Quadrant I wird, desto mehr schrumpft der Bereich des Quadranten III zusammen. Wir empfinden es als weniger notwendig, Dinge, die wir wissen oder fühlen, zu verbergen oder zu leugnen. In einer Atmosphäre des wachsenden gegenseitigen Vertrauens besteht ein geringes Bedürfnis, Gedanken oder Gefühle, die zur Situation gehören, zu verbergen. Quadrant II nimmt langsamer an Umfang ab, denn gewöhnlich gibt es "gute" psychische Gründe dafür, daß wir den Dingen gegenüber blind sind, die wir fühlen oder tun. Quadrant IV verändert sich während eines "Lernlaboratoriums" ein wenig, aber wir dürfen annehmen, daß derartige Veränderungen sogar noch langsamer vor sich gehen als im Quadranten II. Auf jeden Fall ist Quadrant IV zweifellos in den Beziehungen eines Individuums viel größer und einflußreicher, als es die hypothetische Skizze zeigt.

Unter Hinzuziehung des Johari-Fensters sind auch die allgemeinen Ziele der Laboratoriumsmethode veranschaulichbar, es geht nämlich um die Vergrößerung des Bereiches der freien Aktivität im Quadranten I, was zur Folge hat, daß zugleich die Bereiche des Quadranten II, III und IV verkleinert werden. Die stärkste Verkleinerung tritt im Quadranten III ein, dann im Quadranten II und die geringste im Quadranten IV.

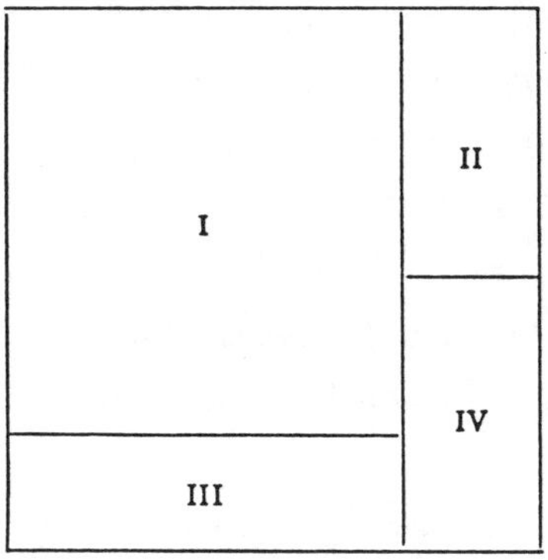

Quadrant I: Bereich der freien Aktivität
Quadrant II: Bereich des blinden Flecks
Quadrant III: Bereich des Vermeidens/Verbergens
Quadrant IV: Bereich der unbekannten Aktivität

Abb.: Das Johari-Fenster verdeutlicht die allgemeinen Ziele der Laboratoriumsmethode

Ein vergrößerter Bereich der freien Aktivität unter den Gruppenmitgliedern bringt sofort eine Abnahme der Bedrohung oder Angst mit sich, und eine größere Wahrscheinlichkeit, daß die Fertigkeiten und Hilfsmittel der Gruppenmitglieder für die Arbeit der Gruppe genutzt werden können.

Die Methodik der gruppendynamischen Arbeit besteht in der Hauptsache darin, die äußeren Rahmenbedingungen für die Lerngruppe, das Setting, so zu gestalten, daß folgende fünf Aspekte der Gruppenleitung Raum finden:

- "Eine Gruppe entwickeln zu helfen, deren Zweck es ist, mehr über die für die Beteiligung an sozialen Situationen erforderlichen Feinfühligkeiten, Kenntnisse und Fertigkeiten zu lernen.
- Hindernisse gegen ein Lernen über sich selbst, über andere und über die Gruppe entfernen zu helfen.
- Helfen, ein für das Lernen förderliches Gruppenklima zu schaffen.
- Der Gruppe helfen, Untersuchungsmethoden - Beobachten, Feedback, Analyse, Experiment - als Wege zur Entfaltung des Einzelnen und der Gruppe zu entdecken und anzuwenden.

- Der Gruppe helfen, das Gelernte zu internalisieren, zu generalisieren und es auf andere Situationen anzuwenden." (L. Bradford, J. Gibb, K. D. Benne: Gruppentraining, T-Gruppentheorie und Laboratoriumsmethode; 1972; Klett)

Ein methodisches Mittel, das neben der Arbeit in gruppendynamischen Laboratorien breite Verwendung im gruppenpädagogischen Raum überhaupt entfalten kann, ist das Feedback.
Der Begriff 'Feedback' (Rückkoppelung) stammt aus dem Bereich der Elektronik. Die Gruppendynamik hat diesen Begriff übernommen, um damit ein Element in der Kommunikation zwischen Menschen zu kennzeichen.

Feedback ist eine Art Kommunikation, durch die ich einer anderen Person deutlich mache, wie sie auf mich wirkt und wie ich zu ihr stehe hinsichtlich ihrer Absichten und Zielsetzungen. Dieser Prozeß ist wechselseitig.

Je größer das Vertrauen zwischen den Beteiligten ist, desto einfacher ist es, Feedback zu geben und zu empfangen. Die Schwierigkeit liegt darin, daß bei der Anwendung des Feedback sowohl die Gefühle des 'Senders' als auch die des 'Empfängers' beteiligt sind. Feedback kann nur dann sachbezogen und erfolgreich gegeben und empfangen werden, wenn der 'Empfänger' interessiert ist und ihn akzeptiert. Ebenso kann Feedback nur dann angenommen und verarbeitet werden, wenn der 'Empfänger' bereit ist, sich selber sicher ist und auch dem anderen gegenüber. Nur dann wird er spüren, daß der "Sender" ihn akzeptiert und fähig sein, sich selbst zu überprüfen, ohne in die Verteidigung gehen zu müssen.

Hinweise, wie man Feedback geben kann:

- Feedback nur aus dem Material der Hier- und Jetzt-Situation geben.

- Angaben so genau wie möglich machen und alle Punkte mit konkreten Beispielen des Verhaltens belegen.

- Den Empfänger nicht bedrängen, sondern versuchen, die Dinge aus seiner Sicht zu sehen - zugeben, daß man sich auch irren kann.

- Mit dem Empfänger seine Fragen durchdenken.
- Das Verhalten nicht interpretieren oder Motive suchen.
- Keine Bewertung.

Hinweise, wie man Feedback empfangen kann:

- Feedback ist ein wechselseitiger Prozeß, die Hilfe des Gebers hängt vom Offensein des Empfängers ab und von der Art und Weise, wie die Fragen gestellt werden.
- Keine Gegenargumentationen und Verteidigungen.
- Zuhören, Nachfragen, Klären ("Einfließenlassen").

Regeln für das Feedback

- Beschreibend:
  Das steht im Gegensatz zu "bewertend". Indem man seine eigene Reaktion beschreibt, überläßt man es dem anderen, diese Information nach seinem Gutdünken zu verwenden oder nicht. Indem man moralische Bewertungen unterläßt, vermindert man im Anderen den Drang, sich zu verteidigen und die angebotene Information abzulehnen.
- Konkret:
  Das steht im Gegensatz zu "allgemein".
  Beispiel: Wenn man jemandem sagt, er sei dominierend, so hilft ihm das vielleicht viel weniger als wenn man sagt: "Gerade jetzt, als wir in dieser Sache zu einer Entscheidung kommen wollten, hast du nicht auf das gehört, was andere sagten, und ich hatte das Gefühl, daß du mich angreifen würdest, wenn ich deinen Argumenten nicht zustimme".
- Angemessen:
  Feedback kann zerstörend wirken, wenn wir dabei nur auf unsere eigenen Bedürfnisse schauen und wenn dabei die Bedürfnisse der anderen Person, der wir diese Information geben wollen, nicht

genügend berücksichtigt werden. Angemessenes Feedback muß daher die Bedürfnisse aller beteiligten Personen in rechter Weise berücksichtigen.

- Brauchbar:
  Es muß sich auf Verhaltensweisen beziehen, die der Empfänger zu ändern fähig ist. Wenn jemand auf Unzulänglichkeiten aufmerksam gemacht wird, auf die er keinen wirksamen Einfluß ausüben kann, fühlt er sich nur umso mehr frustriert.

- Erbeten:
  Das steht im Gegensatz zu aufgezwungen.
  Feedback ist dann am wirksamsten, wenn der Empfänger selbst die Frage formuliert hat, auf die der Beobachter ihm dann antwortet.

- Zur rechten Zeit:
  Normalerweise ist Feedback um so wirksamer, je kürzer die Zeit zwischen dem betreffenden Verhalten und der Information über die Wirkung dieses Verhaltens ist. Es müssen jedoch auch noch andere Gegebenheiten berücksichtigt werden, z. B. die Bereitschaft dieser Person, solche Informationen anzunehmen, die mögliche Hilfe von anderen usw.

- Klar und genau formuliert:
  Das kann man nachprüfen, indem man den Empfänger auffordert, die gegebene Information mit eigenen Worten zu wiederholen und dann seine Antwort mit der Intention des Beobachters vergleicht.

- Korrekt:
  In einer Trainingsgruppe haben sowohl der Beobachter als auch der Empfänger des Feeedbacks die Möglichkeit, die mitgeteilte Beobachtung nachzuprüfen, indem auch die anderen Mitglieder der Gruppe nach ihren Eindrücken befragt werden. Dadurch werden mögliche Fehler und Ungenauigkeiten vermieden.

Fragen zur Analyse der Feedbacksituation

- Erlebe ich wenig oder viel Feedback?
- Neige ich zu Widerspruch?

- Neige ich dazu, mißzuverstehen oder falsch zu deuten?
- Neige ich zu Gegenangriffen?
- Akzeptiere ich Feedback mit Worten, handle aber nicht so, als ob ich wirklich daran glaube?
- Akzeptiere ich unkritisch und ohne zu prüfen?
- Gewinne ich aus dem Feedback Einsichten, die es mir ermöglichen, in neuer Weise zu handeln?
- Habe ich die Gültigkeit des erhaltenen Feedbacks durch Suchen nach weiteren Reaktionen in meinem Verhalten geprüft? (D. Nylen: Handbook of Staffrelations)

Diskussion:

Die gruppendynamische Laboratoriumsmethode bzw. das gruppendynamische Training wird in seiner klassischen Form - mit der Rolle des Gruppenleiters als "Schweiger" - kaum noch praktiziert, es sei denn, daß sich die Teilnehmer irgendeiner Lerngruppe im Bereich der Humanistischen Psychologie ausdrücklich dazu verabreden. Was breite Verwendung gefunden hat aus den Erfahrungen der Gruppendynamik ist das "Setting" (wie oben beschrieben) und die Feedback-Arbeit. Es gab Zeiten, in der viele Gruppenpädagogen mit der Praxis der Gruppendynamik (Antons,1973) von Gruppe zu Gruppe zogen und für jede Situation die dazu passende Übung oder Technik heraussuchten. Diese Zeit ist vorbei. Leider hat der Begriff "Gruppendynamik" offensichtlich durch die Anwendung über nichtqualifizierte Gruppenleiter im Laufe der letzten Jahre einen überwiegend negativen Beigeschmack bekommen.

Aus den Erfahrungen sorgfältig fundierter gruppendynamischer Arbeit lassen sich Minimalregeln ableiten, die für Gesprächsgruppenleiter im breiten Feld der Erwachsenenbildung generell gelten können:

Gruppendynamische Minimalregeln für Gesprächsgruppenleiter in der Erwachsenenbildung

- Sich jeglicher bewertender Stellungnahme zu Meinungsäußerungen von Gesprächsteilnehmern oder gar zu nicht geäußerten (also vermuteten) Meinungen enthalten.

  Keine eigene Meinungsäußerung von sich geben, ohne die Teilnehmer um Erlaubnis gebeten zu haben und sich in die Reihenfolge der Wortmeldungen einzuordnen ("Jetzt möchte ich mich gerne selbst auf die Diskussionsrednerliste setzen")

- Keine geäußerte Frage an sich selbst zur Beantwortung gerichtet empfinden, sondern an die Teilnehmer zurückverweisen, unter Umständen indem zugleich der Kontext des Gesprächsverlaufs noch einmal verdeutlicht wird, ein undeutlich artikuliertes Frageinteresse zugespitzt wird.

- Selbst nur dann Fragen in die Debatte werfen, wenn die Teilnehmeräußerungen zu spärlich sind, sie dann aber knapp und verständlich formulieren, ohne jeglichen überflüssigen Kommentar. Die Frageformulierung muß, falls Erläuterungen unbedingt erforderlich sind, an deren Schluß gesetzt werden.

- Bei Kontroversen zwischen Teilnehmern nicht Stellung nehmen, sondern helfen, den sachlichen Meinungsunterschied herauszuarbeiten ("Können Sie beide noch einmal kurz darlegen, worin die Differenz liegt.")

- Dialoge zwischen wenigen Teilnehmern möglichst schnell zum Rundgespräch zurückführen ("Wir haben nun Ihre Meinungen gehört und verstanden; vielleicht möchte jemand anderer aus dem Kreis dazu einmal etwas sagen.")

- Den Referenten zu einem ähnlichen gruppenzentrierten Verhalten veranlassen ("Es ist wohl am besten, wenn wir mehrere Fragen und Stellungsnahmen sammeln, ehe Sie wieder zu Wort kommen. - Ich meine, wir sollten zu dieser Frage zuerst einige Stellungnahmen aus dem Kreis hören.")

- Keinen Dialog zwischen Referent und einem oder mehreren Teilnehmern zulassen, sondern das Gespräch der Teilnehmer untereinander fördern.

- Den Referenten erinnern, wenn er die Beantwortung einer Frage übersieht. Keine geäußerte Teilnehmerfrage unter den Tisch fallen lassen.

- Keine Meinungsdifferenz personalisieren; wo die Teilnehmer zu Personalisierung neigen, behutsam auf Versachlichung oder Vergegenständlichung des Meinungskonflikts drängen bzw. den Meinungsunterschied auf die Sache zurückführen, in einen sachlichen Kontext einordnen und ins Gespräch zurückgeben, andere Teilnehmer ins Gespräch hineinziehen (Jeder kennt den Mechanismus, daß man sich in einer Kontroverse von seiner wirklichen Meinung weg in bloßes, unfruchtbares Widersprechen verliert).

Gruppendynamische Minimalregeln für Gesprächsgruppenleiter in der Erwachsenenbildung (Fortsetzung)

- Darauf achten, daß die wichtigsten Begriffe und Tatbestände definiert sind oder um Definition bitten bzw. (wenn die Teilnehmer es nicht können) selbst erläutern oder vom Referenten erläutern lassen.

- Bewertungsfragen, die immer eine Rolle spielen, können erst gestellt werden, wenn Sachfragen geklärt sind. Hier muß den Teilnehmern die Möglichkeit der freien, unbeeinflußten Urteilsfindung gegeben werden. Bewertungsfragen können fruchtbar nur dann diskutiert werden, wenn ein Gruppenklima vorhanden ist, das von Freundlichkeit und Toleranz bestimmt ist und in dem keiner befürchten muß, wegen einer abweichenden Meinungsäußerung verurteilt zu werden. Dieses Klima wird im allgemeinen durch die tolerante Haltung des Gesprächsleiters ermöglicht, der zwischen Sach- und Wertfragen streng trennen kann und zwischen sachlichen und emotionalen Motiven in der Begründung von Werturteilen unterscheiden und beide anerkennen kann. Ein Konsens ist im allgemeinen nicht möglich und also auch nicht wünschenswert (weil meistens unecht). Es ist aber wohl wünschenswert, daß Werturteile begründet werden und emotionale Motive geachtet werden (nur dann können sie angstfrei als Begründungsfaktor gesehen und mitgenannt werden). Der Veranstalter hat seine eigene Wertung schon dadurch zum Ausdruck gebracht, daß er das Thema für seine Zielgruppe gewählt und die Veranstaltung in einer bestimmten Weise didaktisch strukturiert hat. Darüber hinaus sollte er nur auf Befragen der Teilnehmer eine wertende Stellungnahme abgeben. Die gewählte didaktische Strukturierung muß den Teilnehmern verständlich gemacht werden, um sie instandzusetzen, dazu kritisch Stellung zu nehmen. (M. R. Lobner 1972)

Literatur:

ANTONS, K.:
Praxis der Gruppendynamik. Hogrefe, 1988

BENNIS, W.G., BENNE, K.D., CHIN, R. (Hrsg.):
Änderung des Sozialverhaltens. Klett-Cotta, 1975

BION, W.R.:
Erfahrungen in Gruppen und andere Schriften. Klett-Cotta, 1974

BRADFORD, L.P., GIBB, J.R., BENNE, K.D. (Hrsg.):
Gruppen-Training. T-Gruppentheorie und Laboratoriumsmethode. Klett-Cotta, 1972

DIERICHS, J., HELMES, B., SCHRADER, E., STRAUß, W.G.:
Workbook. Ein Methoden-Angebot als Anleitung zum aktiven Gestalten von Lern- und Arbeitsprozessen in Gruppen. Windmühle Verlag, 1987

FATZER, G. und JANSEN, H.H.:
Die Gruppe als Methode. Gruppendynamische und gruppentherapeutische Verfahren und ihre Wirksamkeit. Beltz, 1980

WEBER, H.:
Arbeitskatalog der Übungen und Spiele. Ein Verzeichnis von über 800 Gruppenübungen und Rollenspielen. Windmühle-Verlag, 1986

1.3.3. Das GRID-Training

Der Hintergrund

Das Konzept zum Grid Training wurde von den amerikanischen Sozialpsychologen Robert R. Blake und Jane S. Mouton entwickelt. Der Grundgedanke zu dieser Methode ist das Ergebnis von systematischen Beobachtungen bei Managern. Die beiden amerikanischen Sozialpsychologen fanden heraus, daß man das Führungsverhalten in zwei verschiedene Kategorien einteilen kann, nämlich in personenbezogenes und in sachbezogenenes Verhalten. Personenbezogen heißt in diesem Zusammenhang, daß der Leiter überwiegend seine Aufmerksamkeit dem Wohlergehen seiner Teilnehmer bzw. Mitarbeiter schenkt. Sachbezogenes Verhalten bedeutet, daß der Leiter den menschlichen Faktor außer acht läßt und sich ausschließlich dem Lösen von Sachaufgaben widmet.
Da keine dieser beiden Verhaltensweisen in Reinform auftritt, haben Blake und Mouton das sogenannte Grid-Verhaltensgitter entwickelt, das in Form von Selbst- und Fremdeinschätzungstests die Möglichkeit bietet, Leiterverhalten nach den beiden obengenannnten Kriterien sachbezogen und personenbezogen im Verhaltensgitter zu notieren und das jeweils im Vordergrund stehende Verhalten in Form einer Zahlenkombination auszudrücken.

Darstellung des Konzeptes

Die Darstellung dieses Konzeptes beruft sich auf die Schriften der obengenannten Autoren und auf die persönlichen Erfahrungen von Burkhard Treude (Treude,1979).

Wie oben bereits beschrieben geht das Konzept davon aus, daß ein Leiter in verschiedenen Situationen einmal mehr sachbezogen ein anderes mal mehr personenorientiert sich verhält. Um die in den einzelnen Situationen auftretende Kombination dieser beiden Verhaltensweisen zu bestimmen, entwickelten Blake/Mouton eine Matrix, auf deren senkrechten Achse die Personenbezogenheit notiert ist und auf deren waagerechten Achse die Sachbezogenheit notiert ist. Die beiden Achsen sind jeweils in neun Teile zerlegt, so daß man beim Training, das heißt beim Beobachten von Verhalten in der Gruppe, den jeweils beobachteten Verhaltensstil in einer Zahlenkombination ausdrücken kann. Von den möglichen 81 Verhaltenskombinationen haben die beiden Autoren die markantesten ausgewählt, nämlich die vier Ecken und den Mittelpunkt des Verhaltensgitters. Diese fünf Verhaltenskombinationen sind wie folgt beschrieben:

1.1. Leiterverhalten:
Ich nehme so wenig Einfluß wie möglich auf Sache oder auf Menschen (Laissez-faire Verhalten).

1.9. Leiterverhalten:
Ich beachte in der Arbeit die zwischenmenschlichen Beziehungen überwiegend und sorge für eine bequeme und freundliche Atmosphäre. Die Sache rückt dabei in den Hintergrund (harmonisierendes Verhalten).

9.1. Leiterverhalten:
Ich bin äußerst sachbezogen und erziele hohe Leistungen ohne dabei Rücksicht auf zwischenmenschliche Beziehungen und Personen zu nehmen (Autoritäres Verhalten).

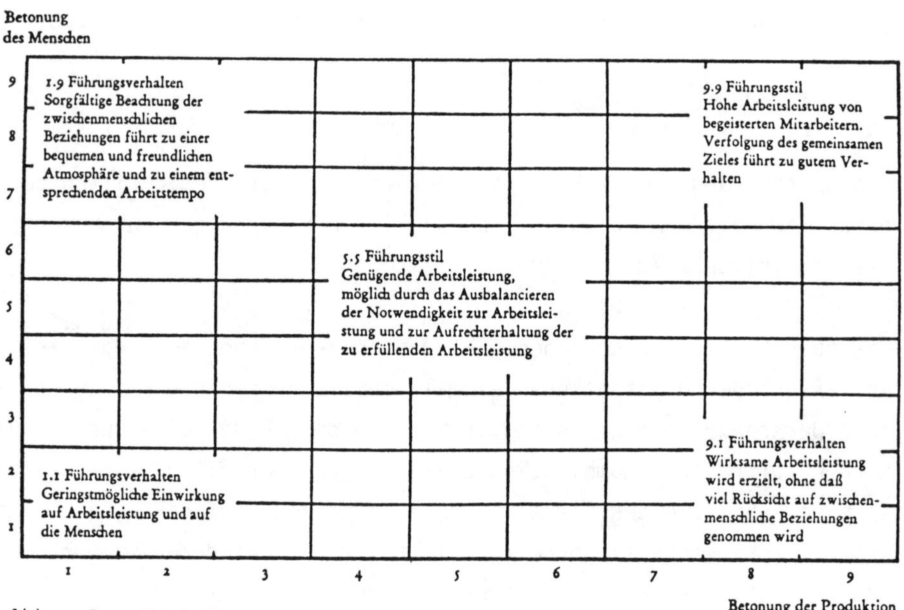

Abb.: Das Verhaltensgitter nach Blake/Mouton

9.9. Leiterverhalten:
Ich bin im höchsten Maße sach- und personenbezogen und umgeben von begeisterten Teilnehmern/Mitarbeitern. Wir verfolgen ein gemeinsames Ziel (Team-orientiertes Leiterverhalten).

5.5. Leiterverhalten:
Ich benutze den goldenen Mittelweg zwischen Personen- und Sachbezogenheit (mal so - mal so-Verhalten).

Ziel des Blake/Mouton-Konzeptes ist ein klar definiertes Ideal: das "9.9. Leiterverhalten".

Die beiden Sozialpsychologen begründen das so: "Die richtigen 9.9.-Voraussetzungen sind erfüllt, wenn die persönlichen Ziele mit denen der Organisation zusammenfallen. Bindung an die Aufgabe hängt immer mit dem Interesse aller Beteiligten am Ergebnis zusammen. Die persönliche Bindung an die Aufgabe ist die Grundlage für den wirksamen Arbeitseinsatz aller. Unter diesen Umständen verbindet sich das Bedürfnis der Menschen, an einer sinnvollen Aufgabe mitzuwirken, mit dem Erfordernis der Organisation, die an ausgezeichneter Leistung interessiert ist." (Blake/Mouton 1978)

Diskussion

Das Grid-Konzept wird in der Hauptsache als Modell für Organisationsentwicklung in sechs Phasen eingesetzt.

Phase 1: Persönliche Entwicklung
Die Teilnehmer lernen während dieser Phase, ihr Verhalten durch Selbsterkenntnis und durch Feedback der anderen Teilnehmer zu beobachten und üben, es zu verbessern.

Die Phase 1 des Grid-Konzeptes wird Institutionen unabhängig angeboten und kann als allgemeine Form der Persönlichkeitsentwicklung verstanden werden, während alle weiteren Phasen dieses Konzeptes institutionsintern praktiziert werden.

Phase 2: Teamaufbau

Verschiedene Arbeitsgruppen diskutieren gemeinsam die individuellen Erkenntnisse aus der 1. Phase und tauschen ihre Erfahrungen aus der Praxisanwendung aus.

Phase 3: Intergruppen-Entwicklung

In dieser Phase geht es um Kommunikationsförderung zwischen verschiedenen Arbeitsgruppen einer Institution, um Aufbau gegenseitigen Vertrauens und um das Lösen von aufgetretenen Konflikten.

Phase 4: Langfristige Planung und Entwicklung eines optimalen strategischen Modells

In dieser Phase werden überprüfbare Ziele festgelegt und gegebenenfalls wird ein institutionsinternes Konzept erarbeitet, das darauf hinzielt, in möglichst vielen Bereichen 9.9. Leiterverhalten zu erreichen.

Phase 5: Anwendung

Es geht in dieser Phase um die Praxis des erarbeiteten Konzeptes sowie um das Einbeziehen des Verhaltensbeobachtungsmodells nach Blake/Mouton in die Arbeitspraxis der Institution.

Phase 6: Reflexion

In dieser Phase geht es um eine systematische Diagnose des Praktizierten sowie um einen kritischen Rückblick.

Dieses Erklärungsmodell erfreut sich besonders im Unternehmensbereich großer Beliebtheit. Eine Reihe von Firmen, die mit Grid arbeiten, haben ein Mitbeteiligungs- und Erfolgsbeteiligungssystem eingeführt, wie die Arbeitsgemeinschaft zur Förderung der Partnerschaft in der Wirtschaft zu berichten weiß (Birker,1979). Im Rahmen der Personal- und Persönlichkeitsentwicklung mit unserem Kommunikationstraining ist das Grid-

Modell wegen der Klarheit seiner Konstruktion durchaus in der Lage, einem Teilnehmer den Einstieg in die Konfliktarbeit zu erleichtern. Im fortgeschrittenen Stadium wird er allerdings mehr erlebnisorientierte Konzepte vorziehen, die seiner ganzen Kreativität größeren Raum lassen.

Literatur:

BLAKE, R.R. und MOUTON, J.S.:
Besser führen mit GRID. Führungsprobleme lösen mit dem GRID-Konzept. ECON-Verlag, 1979.

Verhaltenspsychologie im Betrieb. Der Schlüssel zur Spitzenleistung. ECON-Verlag, 1986.

1.3.4. Training für situatives Leiterverhalten

Hintergrund

Das Konzept des situativen Leiterverhaltenstrainings geht auf die beiden amerikanischen Sozialpsychologen Paul Hersey und Kenneth Blanchard zurück. In ihren Erfahrungen berücksichtigen sie einerseits das Modell der transaktionalen Analyse (TA) sowie das GRID-Training. Sie gehen davon aus, daß der Erfolg eines Leiters von folgenden Faktoren abhängt:

- vom Verhalten des Leiters und seinen Bedürfnissen (Ich)
- vom Verhalten des Geleiteten/Teilnehmers und dessen Bedürfnissen (Du, der andere) und
- von der Situation in der sich beide befinden (Hersey/Blanchard,1969).

Beide Autoren/Gruppenleiter legen Wert darauf, daß es nie Ziel eines Leiters sein kann, einen einheitlichen Leistungsstil anzustreben. Sie rücken in ihren Erörterungen sowohl den Reifegrad der Teilnehmer/Mitarbeiter als auch die Machtbasis des Leiters ins Blickfeld sowie die jeweilige Abhängigkeit dieser beiden Faktoren.

Darstellung des Konzeptes und der Methodik

In ihrem Konzept geben Hersey und Blanchard erstmalig eine deutliche Übersicht dafür was es heißt, den Teilnehmer "da abzuholen, wo er steht". Das heißt konkret: Der Reifegrad der Teilnehmer/Mitarbeiter bestimmt den Leistungs-/Führungsstil.

- Der Stil eines Leiters ist an seinem Verhalten und nicht an seiner Grundhaltung ablesbar. Das Verhalten wird als Funktion der Grundhaltung verstanden.

- Teilnehmer/Mitarbeiter unterschiedlichen Reifegrades müssen auch unterschiedlich angeleitet werden. Mit Reife ist das Zusammenspiel von Motivation, Verantwortungsbereitschaft und Erfahrung in bezug auf die zu lösende Aufgabe, auf das zu besprechende Thema, gemeint.

- Das Leiterverhalten muß ausbalanciert werden zwischen Aufgaben-/Themenbezogenheit und Teilnehmer-/Mitarbeiterbezogenheit.

- Wenn der Leitungsstil dem Reifegrad der Teilnehmer/Mitarbeiter angemessen ist, kann er nur dann effektiv werden, wenn dem Leiter auch die entsprechende Machtbasis und Position zugeteilt ist.

Die situative Reife der Teilnehmer/Mitarbeiter sind von Hersey und Blanchard in vier Grade eingeteilt:

R 1 = Noch unfähig und noch nicht bereit zur Erfüllung der vorgegebenen Aufgabe bzw. des vorgegebenen Themas.

R 2 = Noch unfähig, aber bereits innerlich darauf eingestellt, die vorgegebene Aufgabe zu erfüllen bzw. sich mit dem vorgegebenen Thema zu beschäftigen.

R 3 = Fähig, aber noch unsicher bis unwillig, die vorgegebene Aufgabe zu erfüllen bzw. sich mit dem vorgegebenen Thema zu beschäftigen.

R 4 = Fähig und bereit, die vorgegebene Aufgabe zu erfüllen bzw. sich mit dem vorgegebenen Thema zu beschäftigen.

Den vier Reifegraden der Teilnehmer/Mitarbeiter ordnen Hersey und Blanchard vier Verhaltensweisen des Leiters zu, die sie mit folgenden Begriffen umschreiben:

Verhaltensstil S1 = unterweisend, anordnend
Dieser Verhaltensstil ist wesentlich durch Frontal-Kommunikation gekennzeichnet. Der Leiter gibt genau vor, was wann, wo und wie zu tun ist und verteilt die entsprechenden Aufgaben. Dieser Verhaltensstil bedeutet nicht, daß der Leiter etwa unfreundlich oder barsch sein müßte. Er legt lediglich Bedeutung darauf, daß ein Teilnehmer/Mitarbeiter mit dem Reifegrad R 1

ein mehr direktives Verhalten seines Leiters braucht, um in die Aufgabe bzw. das Thema hineinzufinden.

Verhaltensstil S2 = anbietend, vorstellend (verkaufend)
Dieser Verhaltensstil ist zwar auch durch Direktivität gekennzeichnet, jedoch erläutert der Leiter den Hintergrund seiner Anweisungen und läßt den Teilnehmern/Mitarbeitern mehr sozial-emotionale Unterstützung zukommen.

Verhaltensstil S3 = teilhabend, partizipierend
Dieser Verhaltensstil beinhaltet sehr viel dialogisches und unterstützendes Verhalten gegenüber den Teilnehmern/Mitarbeitern, die bereits Fähigkeiten und Kenntnisse haben um eine Aufgabe zu erfüllen bzw. sich selbständig mit einem Thema zu beschäftigen.

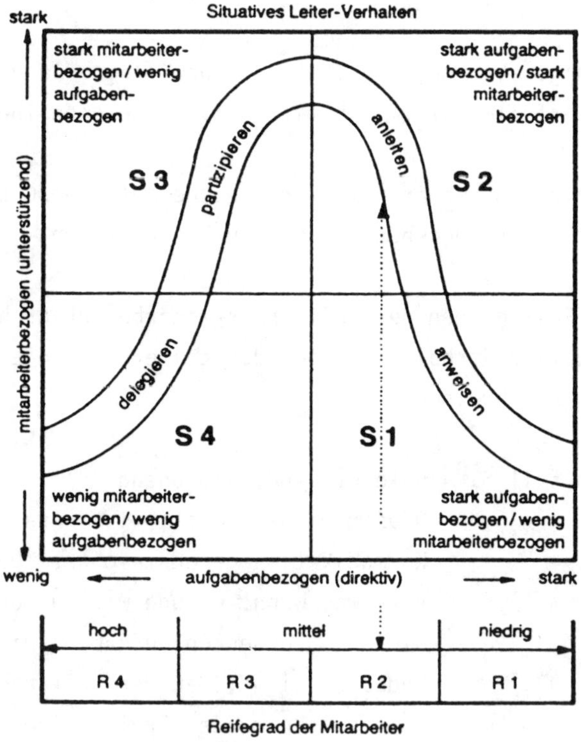

Abb.: Der Reifegrad einer Gruppe (R1-R4) korrespondiert mit dem Leiterverhalten (S1-S4).

Verhaltensstil S4 = delegierend

Dieser Verhaltensstil bedeutet gegenüber Teilnehmern/Mitarbeitern, die hochqualifiziert und hochmotiviert sind, daß der Leiter dazu übergehen kann, Verantwortung abzugeben.

In diesem Modell legen Hersey und Blanchard großen Wert darauf, daß ein situatives Leiterverhaltentraining darauf hinzielt, den Teilnehmer bzw. Mitarbeiter auf dem Weg vom Reifegrad 1 zum Reifegrad 4 zu begleiten.
Das kann in der Praxis beispielsweise so aussehen:
Führt ein Teilnehmer/Mitarbeiter des Reifegrades 1 eine vorgegebene Arbeit sorgfältig aus, so tut der Leiter bei der nächsten Aufgabenstellung/Themensetzung gut daran, etwas weniger direktiv vorzugehen. Wird auch diese Arbeit erfolgreich erledigt, wird auch dieses Thema erfolgreich behandelt, so sollte der Leiter dieses Verhalten durch positive Zuwendung verstärken. Eine solche Vorgehensweise führt erfahrungsgemäß dazu, daß der Teilnehmer/Mitarbeiter seinen aufgaben-/themenbezogenen Reifegrad erhöht. Graphisch sieht das so aus:

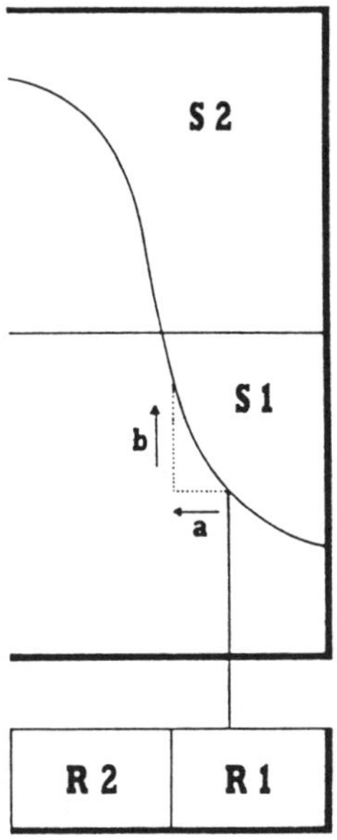

a = weniger direktives Verhalten
b = sozial-emotionale Unterstützung (Verstärkung)

In der grafischen Gesamtdarstellung der Zusammenhänge zwischen dem Reifegrad der Teilnehmer/Mitarbeiter und dem entsprechenden Leiterverhalten wird deutlich, daß die Autoren sich die Erfahrungen des Grid-Modells haben zugute kommen lassen.
Das Abfallen der Kurve im Quadranten S3 erklärt sich wie folgt: Teilnehmer/Mitarbeiter, die einen höheren Reifegrad erreicht haben, das heißt die bereits an Entscheidungen beteiligt werden können, dürfen nicht ständig Verstärkung erfahren, das heißt nicht gelobt und kontrolliert werden, weil das ihre Abhängigkeit vom Leiter verstärken würde, und sie den Eindruck gewinnen ließe, als hätten sie einen niedrigeren Reifegrad. Sie würden dazu gewissermaßen in ihrer Entwicklung zurückgeworfen. Bei fortschreitendem Reifegrad des Teilnehmers/Mitarbeiters liegt also die Gefahr für den Leiter darin, daß der Reifegrad des Teilnehmers/Mitarbeiters durch ein unangemessenes Leiterverhalten gesenkt oder zumindest eingefroren werden kann. Dieses Modell macht deutlich, daß ein Leiter seine Verhaltensweisen, die ihn bei der einen Gruppe erfolgreich gemacht haben, bei einer anderen Gruppe ablegen können muß, wenn diese Gruppe einen anderen Reifegrad besitzt.
Die diesem Konzept entspringende Forderung an einen effektiven Leiter hießt: Möglichst flexibel in der Wahl seines jeweiligen Verhaltensstils zu sein, um dem jeweiligen Reifegrad seiner Gruppe/seiner Mitarbeiter entsprechen zu können.

Diskussion

Die Methodik dieses Trainingskonzeptes ist überstark strukturiert und besteht aus vorgegebenen Übungen und dazugehörenden Meßinstrumenten. Die Meßinstrumente sind nicht im freien Buchhandel erwerbbar, sondern werden lediglich an Kursteilnehmer des Center for Leadership studies (Kalifornien) ausgegeben, dies in englischer Sprache. In diesem Methodenpaket werden strukturierte Übungen angeboten, die dazu angelegt sind, das Modell der situativen Leitung in Kursen erlebbar zu machen. Die Meßinstrumente bestehen aus Selbst- und Fremdeinschätzungsfragebogen zur Ermittlung des Reifegrades einer Gruppe, einzelner Teilnehmer/Mitarbeiter sowie des entsprechenden Leiterverhaltensstils.

Das von Hersey & Blanchard entwickelte Denkmodell geht letztlich auf jene gar nicht so spektakuläre Feststellung Fred Massariks zurück, daß es sinnvoll ist, Leitung immer situativ anzulegen und sich nicht auf einen einzigen Leitungsstil zu fixieren. Die Parabel ist darüber hinaus allerdings ein praktisches Veranschaulichungsmittel, das zum Beispiel dem Ausbilder einer Lehrwerkstatt Reflexionshilfe für seinen fachlichen Umgang mit den Auszubildenden bedeuten kann. Das zum Modell gehörende Meßinstrumentarium steht allerdings einem spielerisch-kreativen Umgang mit der Leitungsthematik mehr im Wege und vermittelt den Eindruck, als sei Leitungskompetenz technokratisch programmierbar.

Praxisbeispiele betrieblichen Verhaltenstrainings

2. Praxisbeispiele betrieblichen Verhaltenstrainings

Das nun folgende Trainingskonzept wurde als "Aachener Kommunikationstraining" entwickelt. Die dahinterstehenden Überlegungen lassen sich jedoch mühelos verallgemeinern. Wir beschreiben zuerst Gesamtzusammenhang und Voraussetzungen und gehen dann zu den einzelnen Kursteilen: einem Grundkurs und drei Aufbaukursen. Wir schließen ab mit der Peergruppenarbeit und der kollegialen Supervision.

Die Einladungstexte sind sprachlich so gehalten, daß sie dem psychologisch nicht vorgebildeten Interessenten andeuten, was ihn bei der Teilnahme am Kurs erwartet. Die angeführten Beispiele über den Verlauf einer typischen Trainingswoche sind aus der Fülle der vorliegenden Kursprotokolle ausgewählt und neu formuliert. Sie sind so zusammengestellt, daß sie in Absprache mit den erfahrenen Gruppenleitern dieses Programmes dem lernenden Assistenzleiter eine Einstiegshilfe sein können.

Ich gehe davon aus, daß die Programmgestaltungen mit den aufgeführten strukturierten Übungen und Minilektionen in der vorgelegten Form wiederholbar sind, da sie erfahrungsgemäß genügend Spielraum für das Einbringen der Teilnehmer- und Gruppenleiterinteressen in den vorgegebenen Trainingsrahmen lassen.

Ich gehe weiterhin davon aus, daß es mittlerweile eine große Anzahl gut trainierter Gruppenleiter, Pädagogen, Berater und Therapeuten gibt, die gelernt haben, mit strukturierten Übungen aus dem Praxisfeld der Humanistischen Psychologie verantwortungsvoll umzugehen, d. h., daß sie einfühlsam genug sind, um genügend Zeit zur Vorbereitung und Auswertung eines Übungsimpulses zu geben und mit Gelassenheit verhindern, daß psychischer Druck ausgeübt wird.

Die in diesem Kapitel aufgeführten Literaturhinweise beziehen sich auf praxisorientierte Vertiefungsliteratur zu der jeweils beschriebenen Handlungsstrategie. Es handelt sich dabei lediglich um Grundlagenwerke. Vollständige Literaturangaben finden Sie am Ende des Buches.

2.1. Einführung

Dieses Kommunikationstraining ist in Zusammenarbeit mit Gruppenleitern und Kursteilnehmern als Lernangebot für den konstruktiven Umgang mit Konflikten entwickelt worden und bietet eine strukturierte Grundlage für krisenbezogene Arbeit, z. B. in der Team- und Personalentwicklung, in prophylaktischer Jugend- und Erwachsenen-Bildungsarbeit, in sozialpsychologischen Gruppentrainings, in der Lehrerfortbildung oder in der Heimberatung.

Die Grundlagen für die Arbeit mit diesem Kommunikationstraining liegen bei der Humanistischen Psychologie als holistischer Sozialwissenschaft, vor allem bei Ruth C. Cohn und der Themenzentrierten Interaktion (Kap. 1.2.1.), Thomas Gordon und dem Strukturkonzept der Konfliktlösung (Kap. 1.2.2.), Carl R. Rogers und der Partnerzentrierten Gesprächsführung (Kap. 1.2.3.) und Fritz Perls mit der Gestalt-Therapie (Kap. 1.2.3.).

Bei der Anwendung dieser methodischen Ansätze innerhalb des strukturierten Trainingsprozesses gehe ich davon aus, daß die positive Kraft der Gruppe mit ihrer Atmosphäre und methodischen Breite pädagogisch-therapeutisch wirkt, sowohl auf die einzelnen Teilnehmer und die Gesamtheit der Gruppe als auch auf das Lebensfeld der Teilnehmer bzw. der Gruppe.

> "Gute Gruppen fördern die Verantwortlichkeit des Einzelnen für die Gesellschaft, in der alle Menschen gleichberechtigt, gleichwertig, gleichgeachtet, aber nicht gleichgeschaltet sind. Gute Gruppen fördern die Wahrnehmung der eigenen Bedürfnisse und die der anderen; sie schaffen ein Klima, in dem Menschen weniger Angst voreinander haben und ihre Ansprüche aufeinander abstimmen" (WILL-Studienbuch, Präambel des Workshop Institute For Living Learning).

Ziele des Trainingsprogrammes sind:

- Einübung in das pädagogische Konzept des Lebendigen Lernens
- berufsspezifische Selbsterfahrung und Selbstexploration mit verschiedenen Verfahren der Humanistischen Psychologie
- Erlernen einer Situativen Konfliktgesprächsführung
- Einüben strukturierter Konfliktlösungsarbeit in der Gruppe

- Entwickeln von Kooperationsfähigkeit
- Lernen, verantwortlich mit strukturierten Übungen und erlebnisorientierten Methoden der Humanistischen Psychologie umzugehen
- Einüben von Gruppenleiterverhalten

Dieses Kommunikationstraining ist offen für alle Berufsgruppen. Bisher hat sich die Teilnehmerschaft aus folgenden Personenkreisen zusammengesetzt: Teams und Gesamtpersonal (aus Firmen, Nachbarschaftshilfen, Kindergärten, Heimen, kirchlichen Organisationen), Lehrende und Leitende (Erzieher, Gruppenleiter, Jugendbildner, Erwachsenenbildner, Heimleiter, Ausbildungsleiter, Lehrer), Beratende (Sozialarbeiter, Sozialpädagogen, Psychologen, Seelsorger, Ehe- und Familienberater, Erziehungsberater).

Zur Illustration der Gesamtübersicht und des Trainingsverlaufes ist ein kleiner inhaltlicher Diskurs notwendig, der den Zusammenhang zwischen Lernzielen, Trainingsinhalten und Kursfolge-Aufbau verdeutlichen soll.

Als Konflikt verstehe ich das, was dem einzelnen Menschen wie einer Gruppierung von Menschen auf der persönlichen wie beruflichen Ebene den Atem nimmt, was sinn-voller Handlung im Wege steht. Ich setze dabei voraus, daß alle Beteiligten ihren Konflikt als real existierend betrachten.

Ist die Themenlage eines Konfliktes näher umschrieben, so hat sich die Suche nach dem Betroffenen als hypothetischem "Konfliktträger" bewährt. Dies nicht, um der hypothetischen Betroffenen-Seite bei der Suche nach dem Sündenbock auf der anderen Seite zu helfen, sondern um deutlich werden zu lassen, wer die Handlungsinitiative ergreifen muß, damit eine Änderung möglich, damit der Konflikt eine Chance zur Weiterentwicklung für den Menschen oder für Projekte werden kann.

Diese hypothetische Festlegung der Betroffenheit hat sich im Sinne der gestalttherapeutischen Fokussierung bewährt, weil sich mit Hilfe solcher Beziehungszuordnung leichter ein dem Erfordernis der Lage gerechtes methodisches Vorgehen finden läßt, das sich entweder in einer spontanen Intervention oder - beim längerfristigen Training - in einer Lernstrategie ausdrückt.

Selbstverständlich kann auch eine Konfliktkonstellation komplizierter angelegt sein, als sie hier skizziert ist. Die Trainingserfahrung hat mich jedoch gelehrt, daß es psychologisch sinnvoll ist, einen Handlungsbrennpunkt (Fokus) einzurichten, der nicht den Mut ob der Kompliziertheit eines Konfliktzusammenhanges nimmt, sondern Mut für gezieltes Handeln schafft.

Es gibt drei Möglichkeiten der Betroffenheit durch einen Konflikt

- ICH bin betroffen
- DU bist betroffen
- WIR sind betroffen

Lernstrategie 1: ICH bin betroffen

Innerhalb der hier vorgelegten Trainingskonzeption ist der Betroffenheit des ICH die Lernstrategie 1 zuzuordnen, mit Selbstexploration und berufsspezifischer Selbsterfahrung über verschiedene Methoden der Humanistischen Psychologie, vorzugsweise Gestalt, TZI und Gordon-Pädagogik. Das Schlüsselmotto für diesen Bereich lautet: Einüben von Ich-Botschaften (Th. Gordon, Familienkonferenz, S. 120 ff)

Lernstrategie 2: DU bist betroffen

Gemeint ist die Situation, in der deutlich ist, nicht ich bin Betroffener, sondern mein Gegenüber, in Form einer Einzelperson oder in Form einer Gruppierung von Einzelpersonen. Damit wird klar, daß jetzt nicht meine Selbstexploration o. ä. angezeigt ist, sondern das empathische, wertschätzende und echte Eingehen auf mein Gegenüber. Meine Hilfestellung kann jetzt daraus bestehen, meinem Gegenüber durch situative Konfliktgesprächsführung bzw. gestalttherapeutischer Krisenintervention ein Angebot zu seiner Selbstexploration, zu seiner berufsspezifischen Selbsterfahrung zu machen, damit bei ihm die durch den Konflikt gebundene

Energie, der durch den Konflikt gebundene Atem wieder frei wird und neue Handlungswege und Entscheidungen für ihn möglich werden. Das Motto für dieses Trainingsfeld lautet: Schulung aktiver Wahrnehmung (John O. Stevens: Die Kunst der Wahrnehmung).

Lernstrategie 3: WIR sind betroffen

Als Ziel des Kommunikationstrainings wird eine möglichst rivalitätsfreie Kooperation, das Treffen und Einhalten-Können von Verabredungen angestrebt.

Ich gehe davon aus, daß die Praxis dieser dritten Strategie - das Zusammenspiel verschiedener Menschen mit verschiedenen Fähigkeiten und Grundeinstellungen - am leichtesten zu verwirklichen ist, wenn die Beteiligten über ihre eigene Sozialisation oder über längerfristes Training zu einer überwiegend akzeptierenden Grundhaltung gefunden haben. Diese macht es möglich, die Fähigkeiten des anderen, die Möglichkeiten einer Organisations struktur auch wahrzunehmen, ohne in der Befangenheit eigener Rivalitätsgedanken, -gefühle und -empfindungen zu erstarren.

Diese Lernstrategie steht im Trainingszusammenhang deswegen an letzter Stelle, weil die Fähigkeiten zur Ich-Botschaft wie zur aktiven Wahrnehmung günstige Voraussetzungen für verabredungsfreundliche Kooperation und Konfliktlösungen im WIR-Bereich bilden. Je umfangreicher die Konstellation des WIR ist, desto sinnvoller wird es, das Kommunikationstraining in eine systematische Organisationsentwicklung überzuführen, also neben den personenbezogenen auch strukturanalytische Methoden mit in den Entwicklungsprozess aufzunehmen (F. Massarik: Organisationsentwicklung - Ein kleiner Wegweiser; in: B. Treude: Organisationsentwicklung, S. 315 ff.) und K. Lumma, D. Wilms: Organisationsentwicklung als Folge kommunikationsfördernder Weiterbildung; in: dto., S. 237 ff.)
Für diesen Bereich lassen sich aus meiner Trainingserfahrung heraus zwei Mottos formulieren:

- Interaktion trainieren
  Diese Einladung ist aus dem Kleingruppentraining mit Praktikern verschiedener Berufe ohne organisatorische Leitungsaufgaben erwachsen, also mit allein pädagogisch-therapeutischen Aufgabenstellungen.

- WIR-Struktur entwickeln
  Diese Aufgabenstellung entspricht den Erfahrungen geglückter Kooperation von Organisationsleitung und Mitarbeitern (K. Lumma, D. Wilms, K. Thobe: Kompetenzschwierigkeiten im Kinderheim? Wir haben daran gearbeitet; in: Jugendwohl, 1980, Heft 2, S. 77-80).

Innerhalb dieses Kommunikationstrainings ist aus den obengenannten Gründen jeder Strategie ein eigener Kurstyp zugeordnet, und die Aufeinanderfolge dieser Kurstypen entspricht der Folge vom ICH zum DU zum WIR (M. Buber: Ich und Du, 1979). Der vorgeschaltete Grundkurs dient zur Einführung des Teilnehmers in die verschiedenen Strategiemöglichkeiten und zur Motivation für einen längerfristigen Personal- bzw. Persönlichkeitsentwicklungsprozess.

Voraussetzungen

Das Trainingskonzept ist angelegt für einen Personenkreis (Teilnehmer wie Trainer), der sich grundlegend am sinnorientierten Handlungskonzept der Humanistischen Psychologie als holistische Sozialwissenschaft orientieren möchte und die Entwicklung seiner Persönlichkeit als abhängig von der Persönlichkeitsentwicklung seiner Mitmenschen und einer Begrenztheit seines Lebensraumes anerkennt.

Es setzt die Bereitschaft voraus, Konflikte nicht als Produkte menschlichen Versagens "unter den Teppich zu kehren", sondern sie als Chance zu einem Beziehungs-Klärungs-Prozeß zu nutzen, der sich an dem Annahme-Nichtannahme-Modell orientiert, wie es bei Thomas Gordon beschrieben ist (Th. Gordon: Familienkonferenz, S. 23 ff.).

Ich nehme Dich an	Ich habe keine Probleme mit Dir
Ich tue so als ob ich Dich annehme	Ich habe Probleme mit Dir, mache Dir das aber nicht deutlich
Ich nehme Dich nicht an	Ich habe Probleme mit Dir

Als Voraussetzungen für die Kursleiter dieses Kommunikationstrainings betrachte ich:

- Allgemeine Kenntnisse vom Lebendigen Lernen in Gruppen, die praktisch durch eine gruppenarbeitsbezogene Zusatzausbildung in Methoden Humanistischer Psychologie erworben und durch das Studium weiterführender Literatur vertieft würden.
- Genügend Einsichten in die individuelle Psychodynamik, um in der Lage zu sein, Angstreaktionen in der Gruppe zu erkennen und damit so umzugehen, daß weder die Funktion der Gruppe leidet, noch der einzelne Teilnehmer Schaden nimmt (K. W. Vopel: Handbuch für Gruppenleiter, Kap. 3 + 4).
- Teilnehmererfahrung in den angebotenen Methoden, in der Regel: TZI, Gestalt, Gordon-Pädagogik und Partnerzentrierte Gesprächsführung.
- Teilnehmererfahrung mit den angebotenen strukturierten Übungen.
- Erfahrung in der Assistenz-Gruppenleitung unter der Supervision eines qualifizierten Gruppenleiters.
- Fähigkeit, die Lerninhalte des Kurssystems (Ich-Botschaften; Aktive Wahrnehmung; Konfliktlösungs-Strategie) schrittweise und "im Tempo der Gruppe" zu vermitteln.

Übersicht über das Kommunikationstraining

Kurs	Trainingsmotto	Konfliktträger	Möglichkeiten des Konfliktlöseverhaltens
Grundkurs 5 Tage	Lebendiges Lernen im Umgang mit Konflikten, Chancen der Konfliktlösung		
Aufbaukurs 1 5 Tage	Ich-Botschaften einüben	ICH bin der/die Betroffene	Lernstrategie 1: Berufsspezifische Selbsterfahrung/Selbstexploration
Aufbaukurs 2 5 Tage	Aktive Wahrnehmung	DU bist der/die Betroffene	Lernstrategie 2: Situative Konfliktgesprächsführung/Gestaltorientierte Krisenintervention
Aufbaukurs 3 5 Tage	Wir-Struktur entwickeln	WIR sind die Betroffenen	Lernstrategie 3: Berufsspezifisches Interaktionstraining/Stützende Interaktion/Kooperation/Verabredungen

2.2. Grundkurs:
Lebendiges Lernen im Umgang mit Konflikten

2.2.1. Einführung und Literaturhinweise:

Der Grundkurs soll in die Arbeitsmethode des Lebendigen Lernens einführen und die Grundlagen zur Konfliktlösungsarbeit vorstellen.

Wir verstehen unter Lebendigem Lernen das Arbeiten an einem Thema unter Einbezug der jeweiligen persönlichen Interessen der Gruppensituation und der Gegebenheiten des Lebensraumes aller am Lernen Beteiligten. Ein didaktisches Modell für diesen Lernstil finden wir in Ruth C. Cohns Methode der Themenzentrierten Interaktion (TZI) für alle thematisch orientierten Lerngruppen verwirklicht. Die Konfliktlösungsarbeit, also die thematische Vorgabe innerhalb des Kommunikationstrainings, wurde überwiegend aus den Arbeiten von Thomas Gordon entwickelt.

Alle Menschen begegnen Situationen, in denen ihre Interessen, Wünsche und Bedürfnisse mit denen anderer Menschen nicht vereinbar sind. Aus diesen Gegensätzen resultieren oft stark gefühlsmäßig beeinflußte Konflikte mit konträren Handlungskonsequenzen. Es ist leicht vorstellbar, daß solche Situationen heftige Reaktionen auslösen können. Die Beteiligten sehen ihr Ansehen und ihre Autorität gefährdet: "Was werden die Nachbarn/die Vorgesetzten denken, wenn ich mit diesem Problem nicht fertig werde..." Ein solch drohender Gesichtsverlust ist Anlaß zu weiteren Aufregungen und manchmal unbegründetem Schimpfen. Die meisten Menschen werden wahrscheinlich mit allen Mitteln versuchen, ihre Mitmenschen unter Druck zu setzen; sie geben typisch "elterliche" Äußerungen bei Problemen und Konflikten:

- sie ordnen an: "Du machst, was ich dir sage. Höre auf, dich zu beklagen!"
- sie ermahnen und drohen: "Noch eine solche Bemerkung und ich rede nicht mehr mit dir!"
- sie reden "gut" zu, moralisieren und predigen: "Du müßtest doch eigentlich Verständnis haben!"

- sie geben fertige Lösungen vor: "Nimm doch die ganze Sache nicht so tragisch!"
- sie machen Vorhaltungen: "Als ich in einer solchen Situation war, war es für mich noch viel schwieriger!"
- sie urteilen, kritisieren und beschuldigen: "Du denkst nicht logisch, du bist in dieser Sache im Unrecht!"
- sie stimmen zu und loben, obwohl sie anderer Meinung sind: "Ja, das ist dir schon gut gelungen, aber eigentlich müßtest du das noch besser können!"
- sie beschämen und machen lächerlich: "Ach, du Schlaumeier!"
- sie beruhigen, trösten und lenken ab: "Das ist nicht so schlimm, denk nicht mehr daran!"
- sie forschen nach und verhören andere: "Wann hattest du das Gefühl zum ersten Mal? Warum hast du das gemacht?"

Erfahrungsgemäß ist keine dieser Verhaltensweisen einer Konfliktlösung zuträglich. Verletzende und herabsetzende Äußerungen (Du-Botschaften) rufen nur Widerstand bzw. Unterwerfung hervor. Aus dem Wissen heraus, daß Konflikte nie ganz vermeidbar sind, daß sie eine Realität jeglicher Beziehung sind, geht es in diesem Kurs darum, Konflikte "besprechbar" zu machen, d. h. so miteinander umgehen zu lernen, daß keiner an Würde verliert, und daß ein Konflikt nicht auf Kosten von "Verlierern" bewältigt wird.

Hauptziel des Kurses ist es, so wahrnehmen und kommunizieren zu üben, daß der Umgang mit Konflikten leichter und konstruktiver wird. Dabei sollen die Teilnehmer lernen:

Ich-Botschaften einüben
- mich selbst so wahrnehmen lernen, daß ich mich mitteilen kann
- so sprechen lernen, daß mir andere wirklich zuhören

Aktive Wahrnehmung schulen
- mich selbst auch beim Zuhören wahrnehmen lernen
- so zuhören lernen, daß ich wirklich verstehe, was andere mir sagen wollen

Stützende Interaktion trainieren
- eine Konfliktlösungsstrategie im Rollenspiel kennenlernen

Literatur:

BUROW/SCHERPP:
Lernziel: Menschlichkeit, Gestaltpädagogik - eine Chance für Schule und Erziehung. München (Kösel) 1981.

COHN, Ruth C.:
Von der Psychoanalyse zur Themenzentrierten Interaktion, Von der Behandlung einzelner zu einer Pädagogik für alle. Stuttgart (Klett-Konzepte der Humanwissenschaften) 1976.

FITTKAU, Bernd, MÜLLER-WOLF, Hans Martin und SCHULZ VON THUN, Friedemann:
Kommunizieren lernen (und umlernen), Trainingskonzeptionen und Erfahrungen. Braunschweig (Westermann) 1977.

GORDON, Thomas:
Familienkonferenz, Die Lösung von Konflikten zwischen Eltern und Kindern. Hamburg (Hoffmann & Campe) 1974.

GORDON, Thomas:
Familienkonferenz in der Praxis, Wie Konflikte mit Kindern gelöst werden. Hamburg (Hoffmann & Campe) 1978.

SCHWÄBISCH, Lutz und SIEMS, Martin:
Anleitung zum sozialen Lernen für Paare, Gruppen und Erzieher, Kommunikations- und Verhaltenstraining. Reinbek (Rowohlt) 1974.

SIMON, Sidney B. und OLDS, Sally Wendko:
Familientraining, Werte klären - entscheiden lernen. München (Pfeiffer) 1978.

2.2.2. Ablauf des Grundkurses

1. Tag:

1. Sitzung: Meine Visitenkarte (etwa 90 Minuten)

Jedes Gruppenmitglied erhält drei Ölkreiden und einen kleinen Zeichenblock mit der Aufgabenstellung, sich eine persönliche Visitenkarte zu malen. Auf der Karte soll erkennbar werden, wie das Gruppenmitglied angesprochen sein will, ob mit Vorname, Nachname, oder wie ganz speziell. Des weiteren soll die Karte durch farbliche Gestaltung Aufschluß darüber geben, wie sich das Gruppenmitglied zur Zeit des Kursbeginnes fühlt.

Für das Malen zieht sich jedes Mitglied an einen Platz zurück, wo es allein und ungestört sein kann. Für diesen Teil der Übung stehen 30 Minuten zur Verfügung.

Im Anschluß an das Malen stellt sich jedes Gruppenmitglied mit Hilfe der Visitenkarte vor. Die anderen Mitglieder und die Kursleitung können Fragen zur Person stellen, wobei die Aufgabe der Leitung an dieser Stelle darin besteht, die Fragen nicht zum "Verhör" werden zu lassen und gelegentlich auf die Zeit aufmerksam zu machen.

Diese kleine Übung hat sich für Anfangssituationen sehr bewährt, zumal das Malen den gelegentlichen Anfangswiderstand einiger Gruppenmitglieder zugunsten eines für alle sichtbaren Bildes auflöst. Die halbe Stunde Ruhe des Mit-sich-Seins erlaubt einen nochmaligen Rückzug, der die Bereitschaft, sich auf andere einzulassen, sehr vergrößert. Das bildhafte Gestalten von Gefühlsregungen soll ein erster Schritt zum späteren Gebrauch des Blitzlichtes sein.

2. Sitzung: Erwartungen und Berürchtungen (etwa 150 Minuten)

Die Gruppenmitglieder werden dazu eingeladen, sich in der Runde nach einem Gesprächspartner umzusehen (d. h. konkret auch ohne zu sprechen), mit dem dann auf einem gemeinsamen einstündigen Spaziergang die persönlichen Erwartungen und Befürchtungen im Hinblick auf die Kursgestaltung besprochen werden. Es bleibt natürlich jedem Paar überlassen, ob es sich tatsächlich zu einem Spaziergang nach draußen begibt oder ob es sich zum Gespräch in eine gemütliche Ecke drinnen zurückzieht.

Im Anschluß an das Paargespräch treffen sich alle Mitglieder wieder zur Gesamtrunde, und die Gruppenleitung bittet jeden, seinen Partner in Form der Identifikation mit ihm vorzustellen, etwa so:
"Ich identifiziere mich jetzt mit ... (z. B. Susanne/Peter), und meine Erwartungen an den Kurs sind ... , meine Befürchtungen sind ...".
Danach kann der Vorgestellte kurz Stellung dazu nehmen, ob er sich vom Gesprächspartner verstanden fühlt, und ob er noch etwas hinzufügen möchte. Die Gruppenleitung achtet darauf, daß die einzelnen Erwartungen bzw. Befürchtungen nicht diskutiert werden; möglicherweise schreibt sie die Äußerungen stichwortartig auf einem Plakat mit, so daß sie für alle sichtbar sind und auch zu einem späteren Zeitpunkt wieder nachvollziehbar sind.

Es mag auf den ersten Blick erstaunlich erscheinen, wenn für das Paarinterview eine ganze Zeitstunde angesetzt wird. Der längere Anfangskontakt mit nur einem anderen Gruppenmitglied erweitert die Bereitschaft, sich später auch anderen mehr zu öffnen; er ermöglicht die leichtere Annahme der Gesamtgruppe. Die Empfehlung zum Spaziergang wird meist mit Freude aufgegriffen, und außerden wirkt das Nebeneinandergehen weniger konfrontativ als das Gegenübersitzen.

Das in der Gesamtgruppe praktizierte Identifizieren mit dem Gesprächspartner erfordert von jedem Gruppenmitglied bereits das Überschreiten einer kleinen Hürde, die in der Regel jedoch mit Leichtigkeit genommen wird, wenn die Atmosphäre zu diesem Zeitpunkt überwiegend gelockert und entspannt ist. Es ist sinnvoll, dem Vorstellen genügend Zeit einzuräumen, so daß jedes Mitglied bei einer Gesamtzeit von 90 Minuten für diese Gruppenrunde etwa 5 Minuten zur Verfügung hat - dies bei einer Gruppengröße von 14 bis 16 Mitgliedern.

3. Sitzung: Arbeitsprinzipien und Hilfsregeln der Themenzentrierten Interaktion (etwa 90 Minuten)

In dieser Arbeitssitzung möchte ich Sie etwas mehr mit jener Lehr- und Lernmethode vertraut machen, die sich im Rahmen unseres Trainingskonzeptes zur Personal- und Persönlichkeitsentwicklung bewährt hat. Es handelt sich dabei um die Themenzentrierte Interaktion, deren Grundlagen bereits im ersten Kapitel dieses Buches vorgestellt wurden. Hier geht es nun darum, in Form einer Minilektion etwas mehr über die mögliche Praxis dieser Methode zu erfahren, die in den kommenden Lerntagen immer wieder zum Einsatz kommen wird, wenn wir im Gruppenrahmen zusammenarbeiten. Bei den Arbeitsprinzipien handelt es sich um eine Vorlage meiner Kollegin Ruth Seubert (1981), während die Hilfsregeln sich auf die bereits veröffentlichten Schriften von Ruth C. Cohn berufen.

➤ Arbeitsprinzipien (Ruth Seubert):

- Die Themenzentrierte Interaktion (TZI) ist ein pädagogisches Konzept, das die emotionale und kognitive Reife auf der Grundlage persönlicher Sinnentscheidung fördert.

Durch besondere Strukturierungshilfen ist die TZI zu einer methodischen Arbeitshilfe für die Leitung von Gruppen und für die Selbstleitung des einzelnen innerhalb einer Gruppe entwickelt worden.

- Zu den anthropologischen Voraussetzungen der TZI gehört es, daß das menschliche Leben unter allen Umständen sinnvoll ist, daß der einzelne in diesem Sinnganzen eine unvertretbare Stelle inne hat und darin mit anderen verbunden, die persönliche und menschliche Entwicklung mitverantwortet.

- Durch die Vertiefung der Erlebnisfähigkeit und die Erweiterung der Kommunikationsbereitschaft hilft TZI, die Fähigkeit zur Verantwortung für das eigene und gemeinsame Leben auszubilden.

- Konflikte werden als Entscheidungssituation gewertet. Konsens oder Kompromiß schützen den einzelnen vor der mehrheitlichen Überstimmung und damit vor der Beraubung persönlicher Anteilnahme durch den Autoritätsmißbrauch einzelner oder einer Gruppe.

- Unter dem Einfluß der Psychoanalyse, der Gruppentherapie und des Experimentialismus hat Ruth Cohn in den 50er Jahren die TZI initiiert. Heute ist die TZI als eine erlernbare pädagogische Methode entwickelt, die auch therapeutisch wirksam ist.

- TZI-Hilfsregeln (Ruth C. Cohn):

- Sei Dein eigener Chairman

  Bestimme selbst, wann Du reden willst; sprich oder schweig, wenn Du es willst. Versuche, in dieser Gruppe und bei dieser Aufgabe das zu geben und zu empfangen, was Du geben und erhalten willst. Sei Dein eigener Vorsitzender (chairman) - und richte Dich nach Deinen Bedürfnissen, im Hinblick auf das Thema und alles, was sonst für Dich wichtig sein mag. Ich als Gruppenleiter werde es genauso halten.

Du hast die freie Entscheidung und Verantwortung, was Du aus dieser Zeit machst; es tut keinem außer Dir weh, wenn Du die Zeit ungenutzt läßt.

Du brauchst Dich nicht zu fragen, ob das, was Du willst, den anderen nicht paßt. Sag' einfach, was Du willst, die anderen sind auch ihre eigenen Vorsitzenden und werden Dir schon mitteilen, wenn sie etwas anderes wollen als Du.

Übernimm' Verantwortung für alle Deine Verhaltensweisen und Gefühle, suche wohl Gründe außerhalb von Dir ("Ich bin so nervös, weil Peter so laut Musik macht"), aber suche nicht die Schuld bei anderen; wenn Du nervös bist, so ist es Deine Angelegenheit; und es ist damit auch Deine Pflicht, als Erwachsener, etwas gegen Deine Unruhe zu unternehmen. Versuche Deiner Verantwortung für Dich gerecht zu werden und Dir selbst zu helfen. Wenn Du damit Schwierigkeiten hast, bitte jemanden, Dir zu helfen.

Nimm' anderen nicht die Verantwortung für sich selbst. Kontrolliere den anderen nicht, enge ihn nicht ein, seine Probleme selbst zu lösen. Und versuche dem anderen zu helfen, wenn er offensichtlich momentan nicht in der Lage ist, die Verantwortung für sich zu tragen.

Beobachte Dich selbst, Deine Gefühle, Phantasien, Ängste, Gedanken, Ideen, Wertungen, die Signale, die aus Deinem Körper kommen. Beobachte so auch den anderen, während Du mit ihm kommunizierst.

Richte Dich nach Deinen Bedürfnissen und nimm an, daß der andere es ebenso machen wird, doch richte Dich nicht gegen seine Bedürfnisse.

- Experimentiere mit Dir

Frage Dich, ob Du Dein Verhalten zeigst, weil Du es wirklich willst oder ob Du Dich eigentlich anders verhalten willst, es aber nicht tust, weil es Dir Angst macht. Versuche, häufiger einmal neues Verhalten auszuprobieren und riskiere das kleine aufgeregte Kribbeln, das dabei auftauchen kann. Dieses Kribbeln ist ein guter Anzeiger dafür, daß Du für Dich ungewohnte Verhalten ausprobierst.

- Beachte Deine Körpersignale

Um besser herauszubekommen, was Du im Augenblick fühlst und willst, horche in Deinen Körper. Er kann Dir oft mehr über Deine Gefühle und Bedürfnisse erzählen als Dein Kopf.

- Störungen haben Vorrang

Unterbrich' das Gespräch, wenn Du nicht wirklich teilnehmen kannst, z. B. wenn Du gelangweilt, ärgerlich oder aus einem anderen Grund unkonzentriert bist. Ein "Abwesender" verliert nicht nur die Möglichkeit der Selbsterfüllung in der Gruppe, sondern bedeutet auch einen Verlust für die ganze Gruppe.
Wenn eine solche Störung behoben ist, wird das unterbrochene Gespräch entweder wieder aufgenommen werden oder einem momentan wichtigeren Platz machen.

Wenn allerdings eine Gruppe nur noch ihre Störungen bearbeitet, so ist sie mehr eine therapeutische Gruppe als eine Trainingsgruppe. Das sollte eigentlich vermieden werden, damit alle dem Balanceprinzip gerecht werden. Z. B. können therapeutische Fragen nach außerhalb der Gruppe verlagert werden, indem der Trainer an fähige Therapeuten verweist.

- "Ich" statt "man" oder "wir"

  Sprich' nicht per "man" oder "wir", weil Du Dich hinter diesen Sätzen gut verstecken kannst und die Verantwortung nicht für das zu tragen brauchst, was Du sagst. Zeige Dich als Person und sprich' per "ich". Außerdem sprichst Du in "man"- oder "wir"-Sätzen für andere mit, von denen Du gar nicht weißt, ob sie das wünschen.

- Eigene Meinung statt Fragen

  Wenn Du eine Frage stellst, sage "warum" Du sie stellst, eröffne dem anderen Deine Vermutungen und Beweggründe. Auch Fragen sind oft eine Methode, sich und seine eigene Meinung nicht zu zeigen. Außerdem können Fragen oft inquisitorisch wirken und die anderen in die Enge treiben. Äußerst Du aber Deine Meinung, hat er es viel leichter, Dir zu widersprechen oder sich Deiner Meinung anzuschließen.

- Sprich' direkt - nicht um die Ecke

  Wenn Du jemandem aus der Gruppe etwas mitteilen willst, sprich' ihn direkt an und zeige ihm durch Blickkontakt, daß Du ihn meinst. Sprich' nicht über einen Dritten zu einem anderen und sprich' nicht zur Gruppe, wenn Du eigentlich einen bestimmten Teilnehmer in der Gruppe meinst.

- Gib' Feedback, wenn Du das Bedürfnis hast

  Löst das Verhalten eines Gruppenmitgliedes angenehme oder unangenehme Gefühle bei Dir aus, teile es ihm sofort mit und nicht später einem Dritten. Wenn Du Feedback gibst, sprich' nicht über das Verhalten des anderen, denn Du kannst nicht wissen, ob Du ihn objektiv und realistisch wahrgenommen hast. Sprich' nicht in einer bewertenden und normativen Weise.

Vermeide Interpretationen und Spekulationen über den anderen. Sprich' einfach von den Gefühlen, die durch das Verhalten des anderen bei Dir ausgelöst werden. Versuche aber auch, das Verhalten des anderen so genau und so konkret wie möglich zu beschreiben, daß er überhaupt begreifen kann, welches Verhalten bei Dir Deine Gefühle ausgelöst hat. Laß' dabei offen, wer der "Schuldige" ist an Deinen Gefühlen. Du benötigst dabei keine objektiven Tatsachen oder Beweise - Deine subjektiven Gefühle genügen, denn auf diese hast Du ein unbedingtes Recht.

- Wenn Du Feedback erhälst, hör' ruhig zu

  Wenn Du Feedback erhälst, versuch' nicht gleich, Dich zu verteidigen oder die Sache "klarzustellen"; denk' daran, daß Dir hier keine objektiven Tatsachen mitgeteilt werden können, sondern nur subjektive Gefühle von anderen. Freue Dich, daß Dein Gesprächspartner Dir sein Problem erzählt, das er mit Dir hat. Versuche erst einmal, ruhig zuzuhören und zu prüfen, ob Du auch richtig verstanden hast, was er meint.

- Es kann nur einer zur Zeit reden

  Es darf nie mehr als einer zur Zeit reden. Wenn mehrere Personen auf einmal sprechen wollen, muß eine Lösung für diese Situation gefunden werden.

Diese Minilektion kann entweder in Form eines kleinen Vortrages von etwa 20 Minuten gegeben werden oder aber direkt als Arbeitsvorlage zu einem Kleingruppengespräch im Rahmen von 4 bis 6 Gruppenmitgliedern ohne Leitung. In beiden Formen tauchen sicherlich Fragen auf, die sich geradezu anbieten, die Hilfsregel "Eigene Meinung statt Fragen" zu trainieren.

► Das Blitzlicht

Das Blitzlicht versteht sich im Rahmen des vorgestellten Trainingsprogrammes einerseits als Gruppenverabredung für den Tagesbeginn, andererseits auch als Möglichkeit der Gruppe, in unstrukturierten Situationen, diese kleine Übung aus der Encounter-Tradition als "Bereitschaftsbarometer" zu nutzen.
Beim Blitzlicht nimmt jedes Mitglied der Lerngruppe reihum Stellung zu einer vorgegebenen Frage, die entweder von der Gruppenleitung oder aus der Gruppe selbst kommt. Typische Fragestellungen für den Tagesbeginn sind:

- "Wie fühle ich mich im Augenblick?"
- "Was sagt mir mein Körper?
- "Welche Gedanken habe ich im Hinblick auf den heutigen Tag?"

Als Verabredung innerhalb der Gruppe gilt für die Praxis des Blitzlichtes, daß die Meldungen allein dazu dienen, Informationen darüber einzuholen, wo das einzelne Gruppenmitglied zur Zeit steht, was seine Gefühle, Körperempfindungen und sein Denken im Zusammenhang des Lernprozesses sind. Die gegebenen Informationen werden keinesfalls diskutiert oder gar in Frage gestellt.
Das Blitzlicht ist ein gutes Instrument zur Feststellung latenter Störungen, insbesondere bei den stilleren Gruppenmitgliedern. Als Grundregel für die Gruppenleitung gilt bei der Feststellung derartiger Störungen, daß sie, wenn irgend möglich, mit in den Lernprozeß des Tages einbezogen werden.

Wenn das Blitzlicht zum Sitzungsbeginn wie zum Sitzungsende benutzt wird, so hat es im Langzeitprozeß auf jeden Fall die Wirkung, daß Äußerungen von Gefühlen, Körperempfindungen und Gedanken als ganz o.k. erlebt werden, auch wenn sie aus dem Rahmen des Alltagslebens zu fallen scheinen.
Erfahrungsgemäß ist das Blitzlicht außerdem ein hervorragendes Instrument zur Metakommunikation: "Es ist immer dann angebracht, wenn die Gruppe das Gefühl hat, daß nicht mehr transparent (sichtbar) ist, was im Augenblick eigentlich geschieht und ob überhaupt noch alle Gruppenmitglieder beteiligt sind." (siehe Schwäbisch/Siems: Anleitung zum sozialen Lernen. S. 242)

2. Tag:

1. Sitzung: Lois Timmins' Konsens-Übung (etwa 90 Minuten)

Bei dieser Übung geht es darum, in einer vorgegebenen Entscheidungssituation ein breites Spektrum von Möglichkeiten im dyadischen Gespräch durchzuspielen, anstatt sich vorschnell für nur eine Möglichkeit zu entscheiden oder gar einem Manipulationsdruck zu erliegen.

Wir benötigen für diese Übung ein Bündel kleiner roter Pappkarten und eine Wandtafel.
Die Übung läuft folgendermaßen ab:
Jedes Gruppenmitglied wählt einen Gesprächspartner, mit dem es bereit ist, die Konsens-Übung durchzuführen. Die beiden setzen sich gegenüber und erhalten nun Gelegenheit, die Vorbereitung für eine fiktiv geplante Ferienwoche mit diesem Partner zu verbringen. Es kommt keine Pauschalreise irgendeines Reiseunternehmens in Frage, sondern das Glück hat es so gewollt, daß irgendjemand den beiden 10.000,-- DM für diese spezielle Reise zur Verfügung gestellt hat.

Die Gesprächspartner werden dazu eingeladen, unter Berücksichtigung einiger vorgegebener Fragestellungen die Planung dieser Ferienwoche zu diskutieren, ohne sich dabei auf irgendwelche Entscheidungen festzulegen oder festlegen zu lassen. Die Fragestellungen dazu lauten:

1. Meine persönlichen Ziele: Wozu möchte ich Urlaub machen?

2. Was möchte ich bei der Urlaubsplanung bedenken? Meine unterschiedlichen Problemlösungsansätze:

   - Gesundheitszustand
   - Günstige klimatische Bedingungen für mich
   - Erwünschte geographische Lage
   - Finanzplanung: Wie weit reicht mein/unser Geld?
   - Vorbereitungen für die Reise: Was kann ich übernehmen? Wozu bin ich bereit?
   - Von mir gewünschte Freizeitaktivitäten: Womit möchte ich meine Zeit verbringen?
   - Mein Zeit-Budget: Wieviel Zeit will ich gemeinsam mit dem Partner verbringen? Wieviel Zeit will ich für mich alleine haben? Wieviel Zeit will ich mit anderen Leuten zusammensein?
   - Welche Verantwortung habe ich im Rahmen der Ferienwoche?
   - Welche individuellen Fertigkeiten und Fähigkeiten bringe ich für diese gemeinsame Ferienwoche mit?
   - Welche bereits bestehenden sozialen Verpflichtungen werden durch diese Ferienwoche berührt? In welcher Weise?
   - In welchem Ausmaß ergibt sich für mich eine Änderung in meinem Lebensstil?
   - Welche Konsequenzen ergeben sich aus diesem Experiment für meine Zukunft?
   - Was empfinde ich im Blick auf die gemeinsame Ferienwoche mit diesem Partner?

Diese Fragestellungen werden entweder auf der Wandtafel für alle sichtbar notiert oder aber vervielfältigt, so daß jedes Gruppenmitglied ein Exemplar erhält.

Wann immer ein Teilnehmer in den nun beginnenden Gesprächen den Eindruck erhält, daß sein Gesprächspartner eine stille Entscheidung für sich oder gar für beide trifft, hebt er die Hand und die Gruppenleitung gibt dem Betreffenden eine rote Karte. Nach einer Viertelstunde werden neue Paare gebildet, in denen sich die Diskussion mit der vorgegebenen Situation fortsetzt, nach einer weiteren Viertelstunde gibt es eine letzte Paarbildung mit anschließendem Gespräch.

Vor der Auswertung im Plenum erhalten alle Mitspieler Gelegenheit, sich mit dem jeweils ersten und letzten Gesprächspartner fünf Minuten lang über den Verlauf der Diskussion auszutauschen.

Die Plenarauswertung hat als Hintergrund folgende Fragestellungen:

1. Wieviele rote Karten habe ich erhalten?
2. Mit wem aus der Gruppe fiel mir die Diskussion besonders leicht?
3. Wenn ich Entscheidungen fälle, mache ich das eher vorsichtig, eher vorschnell oder habe ich ein angemessenes "Entscheidungstempo"?
4. Welche Folgerungen ziehe ich aus dieser Übung?

Es empfiehlt sich, zur Besinnung fünf Minuten Stillezeit einzuplanen, in der jedes Gruppenmitglied Gelegenheit hat, die Fragestellungen für sich allein zu durchdenken, bevor es sich dazu im Plenum äußert (siehe auch Lebendiges Lernen und Lehren, K. Vopel, S. 59-63).

2. Sitzung: Mögliche Wege der Konfliktlösung (etwa 90 Minuten)

Diese Sitzung ist als Minilektion mit anschließender Diskussion in Teilgruppen angelegt und bezieht sich je nach Konfliktträgerschaft auf drei mögliche Strategien der Konfliktlösung.

Ein Hindernis auf dem Weg zu tragenden Beziehungen zwischen Partnern, Kollegen, Vorgesetzten und Untergebenen, Eltern und Kindern ist häufig, daß bei auftretenden Konflikten nicht klar ist, wer eigentlich den Konflikt besitzt, wer Konfliktträger ist. Erfahrungsgemäß ist die Kenntnis der Konfliktträgerschaft Indikator für die notwendige methodische Vorgehensweise zur Konfliktregelung bzw. Konfliktlösung. Ich möchte dies in einer kleinen Skizze deutlich machen, mit dem jeweiligen Hinweis auf eine mögliche Konfliktlösungsstrategie. Dabei beziehe ich mich auf drei typische Konfliktsituationen:

Konfliktsituation:

Kind schneidet Initialen in den Tisch →	Ich als Elternteil oder Erzieher habe den Konflikt Ich bin Konfliktträger
Kind drückt Wut bzw. Enttäuschung aus →	Kind hat den Konflikt Kind ist Konfliktträger
Jeder versucht ständig, seine eigenen Bedürfnisse auf Kosten anderer durchzusetzen →	Wir haben den Konflikt gemeinsam Wir sind Konfliktträger

Methodisch-strategische Vorgehensweise.

Strategie 1:	Eigene Gefühle akzeptieren und Ich-Botschaften senden
Strategie 2:	Dem Kind helfen durch die Praxis Aktiver Wahrnehmung
Strategie 3:	Kooperation üben mit Hilfe der Sieben-Schritte-Strategie

Zur Gegenüberstellung seien an dieser Stelle auch Situationen in gleichen Konstellationen beschrieben, bei denen kein Konflikt vorliegt.

Konfliktfreie Situation:

Ich bin ruhig und zufrieden	→	Ich habe keine Konflikte Mir geht es gut Akzeptanzpegel: Die Selbstakzeptanz ist hoch
Kind spielt vergnügt	→	Eltern/Erzieher brauchen nicht zu intervenieren, können aber mitspielen Dem Kind geht es gut. Akzeptanzpegel: Die Akzeptanz für das Kind liegt hoch
Wir unternehmen etwas gemeinsam in gegenseitigem Einverständnis	→	Wir haben keine Beziehungskonflikte Wir sind zufrieden Akzeptanzpegel: Die Akzeptanz füreinander ist hoch

Keine methodisch-strategische Vorgehensweise

Der Hinweis darauf, daß bei konfliktfreien Situationen keine Konfliktlösestrategie anzuwenden ist, scheint auf den ersten Blick überflüssig zu sein, doch stoße ich bei der Trainingsarbeit immer wieder auf Gruppenmitglieder, für die dieser Hinweis äußerst wichtig ist, damit sie in konfliktfreien Situationen diese Konfliktfreiheit auch genießen können, anstatt mit irgendeiner nicht angezeigten Strategie das Genießen der Konfliktfreiheit für alle Beteiligten zu verhindern.

Diese Minilektion kann durchaus auch in Form eines nicht weiter kommentierten Arbeitspapieres zur Kleingruppenarbeit ausgegeben werden, allein mit der Aufgabenstellung, sich die verschiedenen methodisch-strategischen Vorgehensweisen anhand eigener persönlicher Beispiele zu verdeutlichen. Die Kleingruppe bietet mehr Möglichkeiten, persönlichere Beispiele anzuführen als das Plenum, besonders wenn sich die Gruppe noch im Anfangsstadium befindet. Auftauchende Fragestellungen können dann im abschließenden Plenum von den Teilnehmern untereinander oder von der Gruppenleitung beantwortet werden. Ich gehe davon aus, daß die Skizze über die gegebene Information hinaus die meisten Gruppenmitglieder daraufhin neugierig macht, wie nun die einzelnen angeführten Strategien der Konfliktlösung trainiert werden können, konkret das Senden von Ich-Botschaften (Lernstrategie 1), die Praxis Aktiver Wahrnehmung (Lernstrategie 2) oder die Kooperationsübung mit Hilfe der Sieben-Schritte-Strategie (Lernstrategie 3).

Nach dieser zweiten Sitzung empfiehlt sich auch eine längere Pause - etwa bis zum Nachmittagskaffee, damit die gegebene Information und die eigene Betroffenheit in Ruhe mit der zu sich genommenen Nahrung verdaut werden können und Platz für weitere Impulse bzw. Vertiefung des Lernens geschaffen wird.

3. Sitzung: Mein Umgang mit Manipulationen (etwa 90 Minuten)

Ich schlage für dieses Thema eine kleine individuelle Rückbesinnung auf die erste Hilfsregel der TZI vor und bitte die Gruppenteilnehmer, die kleine Anweisung "Sei Dein eigener Chairman, Dein eigener Vorsitzender", in Beziehung zum Senden von "Ich-Botschaften" zu stellen, dies in Gedanken, jeder für sich alleine ohne die Notwendigkeit der späteren Diskussion im Gruppenrahmen. Nach etwa fünf Minuten Besinnungszeit gebe ich zur gemeinsamen Erarbeitung folgende weitere Fragestellungen in die Gesamtgruppe hinein:

- Was will ich erreichen, wenn ich meine Meinung sage bzw. wenn ich sie verschweige - und wie geht es mir dabei?
- Wie gehe ich mit Manipulationen um, wehre ich mich oder lasse ich sie einfach geschehen?
- Was geht mir in diesem Zusammenhang über den/die anderen durch den Kopf?

Die Aufgabe der Gruppenleitung kann bei dieser Gesprächsrunde darin bestehen, gelegentlich den Akzent auf die Selbstbeobachtung (vgl. TZI-Regel "Beobachte Dich selbst") zu lenken und darauf zu achten, daß genügend "Spielraum" für eigene Meinungen bleibt, diese auch ohne Sanktionen aus der Gruppe oder seitens der Gruppenleitung zum Ausdruck kommen dürfen.

4. Sitzung: Das Kuchenspiel (etwa 90 Minuten).

Wir benötigen bei diesem Selbstexplorationsspiel für jedes Gruppenmitglied drei Zeichenblockblätter und Schreibgerät. Die Übung besteht aus drei Phasen Einzelarbeit mit dazwischenliegenden Kleingruppengesprächen in Dreiergruppen.

1. Phase: Meine Energieverteilung

Jedes Gruppenmitglied zeichnet auf eines der Blätter einen großen Kreis, der sein Energiepotential darstellen soll, das er für andere Menschen, Dinge oder Tätigkeiten aufwendet. Dieser Kreis wird dann wie ein Kuchen aufgeteilt, wobei jedes "Kuchenstück" das Ausmaß an Energie anzeigt, das dem beschriebenen Bereich zukommt. Ein derartiger "Energieverteilungskuchen" könnte folgendermaßen aussehen:

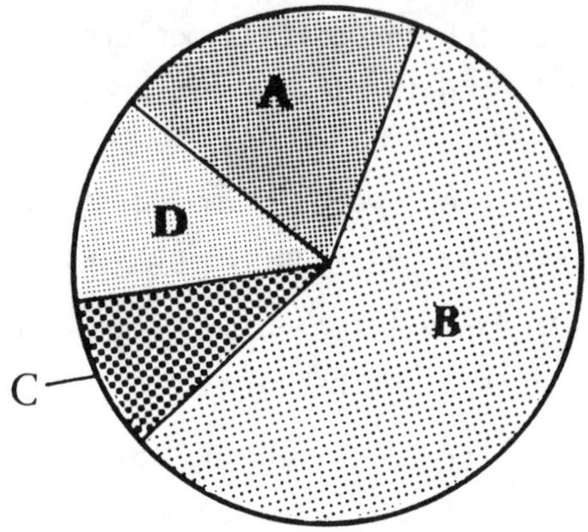

Vielleicht ist es sinnvoll noch darauf hinzuweisen, daß die Kuchensegmente etwas detaillierter aufgeführt sein können als in dem angegebenen Beispiel, doch sollten die Zeichnungen andererseits nicht mit allzu großem Perfektionismus angefertigt werden. Für das Zeichnen können 5 bis 10 Minuten angesetzt werden.

Es folgt ein Dreiergespräch, in dem sich die Gruppenmitglieder ihre Zeichnungen gegenseitig erläutern.

2. Phase: Die Verteilung meiner Liebe

Fünf- bis zehnminütiges Malen auf neuem Papier, dann Kleingruppengespräch in neuen Dreiergruppen.

3. Phase: Die Verteilung meiner Angst

Fünf- bis zehnminütiges Malen auf neuem Papier, dann Kleingruppengespräch in neuen Triaden.

Diese Übung hat sich im Rahmen dieses Trainingskonzeptes als erster Einstieg in die Selbstexploration im Sinne der ersten Konfliktlösestrategie bewährt. Durch den Wechsel der Dreiergruppen lernen sich relativ viele Teilnehmer rascher kennen. Es ist gelegentlich sinnvoll, darauf hinzuweisen, daß die angesetzte Zeit natürlich für eine vertiefte Betrachtung der dargestellten Situationen nicht ausreicht, daß jedoch seitens der Kursleitung individuelle Verabredungen der Gruppenmitglieder untereinander befürwortet werden (siehe: Schwäbisch/Siems: Anleitung zum sozialen Lernen, S. 247 ff).

- Unerledigtes vom Tage

jeweils in der Abendsitzung mit anschließendem Blitzlicht

Dieses Thema gilt im Rahmen des gesamten Trainingsprogrammes für jede angesetzte Abendsitzung, wobei ich davon ausgehe, daß bei noch so sorgfältiger Auswertung der einzelnen Übungen und Themensetzungen sich bei dem einen oder anderen Teilnehmer "Tagesreste" ansammeln, die es bei dieser Sitzung auszusprechen gilt.

Methodisch ist seitens der Gruppenleitung lediglich darauf zu achten, daß zum Aufkommen-Lassen des Unerledigten in der Gruppe eine gelassene Stimmung notwendig ist, die in der Regel dann "von selbst" entsteht, wenn die Leitung selbst auch gelassen ist und dadurch indirekt Erlaubnis gibt, alles auszusprechen, was den einzelnen beschäftigt, Störungen vom Tage oder auch aus dem Hier und Jetzt.
Diese Sitzung wird gelegentlich auch dazu genutzt, Feedback auf Arbeitssitzungen und auf Personen zu erteilen. In einem solchen Falle ist es seitens der Gruppenleitung sinnvoll, darauf hinzuweisen, daß "Verteidigung" beim Feedbackempfang den Nehmer nur davon abhält, das Feedback wirklich aufzunehmen und konstruktiv zu verarbeiten (siehe TZI Hilfsregeln zum Feedback).

3. Tag:

1. Sitzung: Die Realisierung von Akzeptanz/Nicht-Akzeptanz als Voraussetzung für deutliche Ich-Botschaften und Aktive Wahrnehmung (etwa 90 Minuten)

Diese Minilektion soll mit ihren graphischen Darstellungen deutlich werden lassen, daß zwischen der Akzeptanz eines Menschen im Hinblick auf seine Mitmenschen, sich selbst und seiner Bereitschaft, Konflikte zu lösen bzw. zu regeln, ein direkter Zusammenhang besteht:

Akzeptanz, Annahme meiner selbst und auch der anderen	⇄	Ich habe keine Konflikte, nicht mit mir selbst und auch nicht mit anderen
Falsche Akzeptanz, falsche Annahme meiner selbst und der anderen	⇄	Ich habe Konflikte mit mir/mit Dir, mache das aber nicht deutlich
Nichtakzeptanz, Nichtannahme meiner selbst und auch der anderen	⇄	Ich habe Konflikte mit mir selbst und auch mit anderen

Während die klar geäußerte Nichtakzeptanz/Nichtannahme die Möglichkeit der Konfliktlösung bzw. Konfliktregelung möglich macht, bewirkt die Falsche Akzeptanz/Falsche Annahme, daß die Beziehung zwischen den Betroffenen nicht offen, nicht direkt und nicht transparent ist.

Das konkrete und offen wertende Äußern von Akzeptanz/Annahme bzw. Nichtakzeptanz/Nichtannahme ist Voraussetzung für eine wirkungsvolle Konfliktlösung, während Falsche Akzeptanz/Falsche Annahme gleichbedeutend ist mit dem Vermeiden von Konflikten - sie wirkt darüber hinaus oft noch konfliktverstärkend.

Wenn die Minilektion von der Gruppenleitung selber vorgetragen wird, könnte ein kleiner praktischer Zwischenschritt darin bestehen, jedes Gruppenmitglied dazu einzuladen, sich auf den bisherigen Kursverlauf zu besinnen und sich deutlich zu machen, an welchen Stellen es Falsche Akzeptanz/Falsche Annahme praktiziert hat und ob es möglicherweise jetzt bereit ist, die Falsche Akzeptanz/Falsche Annahme in Nichtakzeptanz/ Nichtannahme aufzulösen und als Ich-Botschaft zu verbalisieren. Dabei kann deutlich werden, daß die Vermeidung der Verbalisierung Entschlüsselungsprozesse von Verhalten und möglicherweise auch von nicht echten Verbalisierungen geradezu notwendig macht, wobei es sicher einfacher und verständlicher wäre, die Botschaft direkt zu senden.

Ich-Botschaften:

Zum offenen und aufrichtigen Kommunizieren gehört, daß wir lernen, unsere inneren Regungen deutlich zu artikulieren und das zu sagen, was wir wirklich fühlen, empfinden oder denken, nicht das, was andere von uns erwarten. Unstimmige Botschaften treffen nicht nur das nicht, was real vorliegt, sondern bringen den Botschaftempfänger oft noch in die Verlegenheit, sich für die wahrnehmbare Unstimmigkeit des Senders verantwortlich zu fühlen.

Ein Beispiel zur Erläuterung:

> Da ist Peter, der um fünf müde von der Arbeit nach Hause kommt und im Flur auf seine Frau Juliane trifft, die ihn bereits freudig erwartet. Die seinem Zustand adäquate Äußerung wäre: "Ich bin müde." Statt dessen sagt er jedoch: "Du regst mich auf, wenn Du mir immer schon im Flur entgegenkommst."
>
> Wenn Juliane nicht genau hinhört oder hinsieht, bleibt ihr bei dieser Du-Botschaft nichts anderes übrig, als sie so zu entschlüsseln, daß als inhaltliche Aussage deutlich wird: "Ich geh' dem Peter auf den Geist. Er ist unzufrieden mit mir."

Skizziert dargestellt könnte das folgendermaßen aussehen:

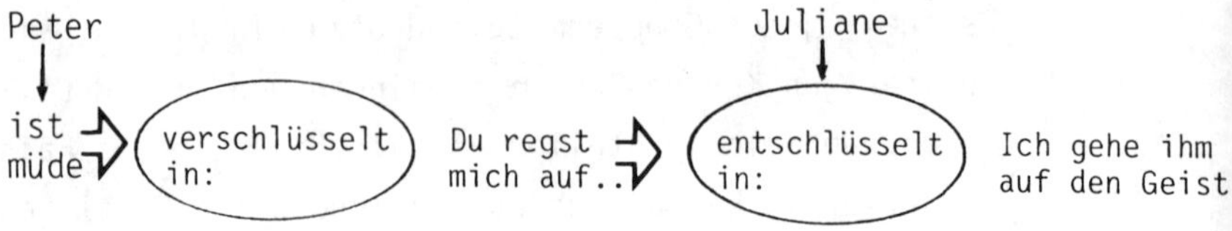

Adäquat wäre folgender Prozeß:

Wäre Juliane geübt in der Praxis Aktiver Wahrnehmung, hätte sie gewiß erkennen können, was wirklich vorliegt: nämlich, daß Peter müde von der Arbeit nach Hause kommt und am liebsten erst mal alleine ist oder zum Gespräch eingeladen sein will. Dazu ist jedoch erforderlich, daß Juliane sich dazu entschließt, daß Peters Äußerung "Du regst mich auf" darauf schließen läßt, daß er in irgendeiner Form Konfliktträger ist und sein Gegenüber gut daran tut, sich die Du-Botschaft nicht persönlich zuzuschreiben, sondern sie als "Aufruf" zur Hilfeleistung zu verstehen und Strategie 2, also Aktive Wahrnehmung bzw. Situative Konfliktgesprächsführung zu praktizieren.

Dabei gehen wir davon aus, daß in Konfliktsituationen der innere Zustand des Partners, seine Gefühle, Empfindungen und Gedanken erst nur indirekt erfahrbar sind. Er wird in der Konfliktsituation, die ja in irgendeiner Weise auch ein wenig angsterregend ist, verschlüsselt. Für den "Helfer" ist in solchen Situationen gut zu wissen, daß auch der Körper oder die Klangfarbe der Sprache Aufschluß über den inneren Zustand des Senders geben können.

In unserem Beispiel könnten helfende Interventionen wie folgt aussehen:

Juliane vermeint in Peters Stimme so etwas wie Resignation mitzuhören und ihre Augen erkennen, daß Peter ein wenig gebückt das Haus betritt. Sie sagt: "Peter, ich freue mich, daß Du da bist. Du scheinst etwas bedrückt und auch ärgerlich zu sein." Peter denkt: "Ja, das stimmt." Sein Verhalten hinkt jedoch ob einer mitgebrachten Konfliktsituation etwas hinter seinem Denken her, so daß ihm als sprachliche Äußerung nur ein leichtes "Mhm" gelingt, wobei er jedoch bereits etwas aus der gebückten Haltung herauskommt und Juliane jetzt anschaut. Sie nimmt Peter bei der Hand und sagt dabei: "Jetzt gönn' Dir erst mal ein paar Takte Ruhe und wenn Du dann erzählen magst, so höre ich Dir gerne zu." Peter fühlt sich verstanden, geht weiter in die Wohnung, setzt sich hin und sagt zu Juliane: "O.k., und danke für Dein Verständnis."

Was Juliane in dieser Situation gemacht hat, beschreiben wir in diesem Lernkonzept als die Praxis Aktiver Wahrnehmung. Ihr Versuch, über Aktive Wahrnehmung an der inneren Welt ihres Partners teilzuhaben ist dadurch gelungen, daß sie sich nicht so sehr auf den Inhalt der hörbaren Botschaft konzentriert hat, sondern sich eher den Botschaften des Körpers und des Tonfalles zuwandte und Peter darüber auch Feedback in ihrem Kommunikationsprozeß mit ihm zukommen ließ. Solches Feedback ist nur möglich, wenn auch andere Bereiche der Wahrnehmung mit in die Kommunikation einbezogen werden, nicht nur die inhaltlich-sprachliche Äußerung, wie das in der Regel üblich ist. Hätte Juliane nicht auf einer anderen Ebene interveniert, wäre es leicht möglich geworden, daß zu dem mitgebrachten Konflikt von Peter sich ein weiterer von Juliane gesellt hätte.

Wichtig ist zu wissen, daß für die Art und Weise der Intervention im Sinne von Juliane notwendig ist, sich der Selbstakzeptanz/Selbstannahme in hohem Maße gewiß zu sein, da es sonst leicht passiert, daß die verschlüsselte, herabsetzende Du-Botschaft "Du regst mich auf" tatsächlich auch eine herabsetzende Wirkung auf den Partner nimmt.

Im Anschluß an diese Minilektion und die Beantwortung der dabei auftauchenden Fragen empfiehlt sich eine kurze, den Körper belebende Übung aus dem Bereich der Körperorientierten Weiterbildung, bevor die inhaltliche Arbeit weitergehen kann.

- Bodenständigkeit (5 - 10 Minuten))

Diese kleine Körperübung dient der Ich-Stärkung durch festen Stand auf dem Boden und durch tiefes Atmen in den Körper hinein, soweit dies von der Vorstellungskraft her möglich ist.

Wir stellen uns für diese Übung aufrecht hin. Die Füße stehen im Abstand von ca. 30 cm parallel nebeneinander, wobei die Fußspitzen einander eher zugeneigt sind, als daß sie auseinander zeigen. Die Knie werden dabei leicht gebeugt, so daß unser Körpergewicht zwischen Fußspitzen und Fersen balanciert ist. Der übrige Körper wird gerade gehalten, wobei die Arme locker an beiden Seiten des Körpers herunterhängen. Am besten machen wir diese Übung barfuß. Den Mund halten wir etwas geöffnet, so daß wir leicht und bequem ein- und ausatmen können.
Die Bauchmuskulatur halten wir dabei locker entspannt.
Wir sprechen nicht miteinander, sondern atmen jetzt bis tief in den Bauch hinein, wobei wir unseren Rücken gerade, jedoch nicht steif wie einen Stock halten. Auch den Unterleib lockern wir jetzt etwas.
Mit unserer Bewußtheit gehen wir gelegentlich immer wieder in die Füße und versuchen, die Balance des Körpers zwischen Fußspitzen und Fersen deutlich zu spüren. Wir achten dabei auch

ganz besonders auf unsere Körperempfindungen, die durch das tiefe Atmen stärker erlebbar sind als gewöhnlich. Wir unterdrücken diese Empfindungen nicht, sondern lassen sie so frei wie möglich zum Ausdruck kommen.
Zum Schluß der Übung schütteln wir Arme und Beine aus und spüren das Ausmaß der Bodenständigkeit, das wir jetzt erreicht haben, indem wir noch einmal kurz ganz still stehen und tief ausatmen (A Lowen: Depression and the Body, S. 62, 1973).

2. Sitzung: Der Kontrollierte Dialog (etwa 90 Minuten)

Der Kontrollierte Dialog dient im Kontext unseres Trainings als Teilübung zur Schulung der Aktiven Wahrnehmung, zur Situativen Konfliktgesprächsführung (Lernstrategie 2), um dabei zu helfen, den Gesprächspartner auf der inhaltlichen Ebene besser zu verstehen und ihm dies auch verdeutlichen zu können.

Die Gruppe teilt sich dazu in Dreiergruppierungen mit den Rollenverteilungen A, B und C auf; je zwei dieser drei Teilnehmer führen über ein selbst gewähltes oder von der Gruppenleitung vorgegebenes Thema ein Gespräch, und zwar mit folgenden Spielregeln:

A beginnt mit einem Satz, einer These. B muß vorerst den Satz von A genau sinngemäß wiederholen; daß der Sinn des Satzes durch B nicht entstellt worden ist, muß von A daraufhin mit "stimmt" oder "richtig" bestätigt werden, erst dann darf B auf den Satz von A antworten.

Wird ein Satz von B nicht ganz sinngemäß wiederholt, wird er nicht von A mit "stimmt" bzw. "richtig" bestätigt, sondern verneint mit "falsch" oder "nein". Dann muß B den Sinn dieses Satzes nochmals wiederzugeben versuchen; ist er dann immer noch falsch, muß ihn A nochmals sagen, damit B den Sinn erfassen und wiedergeben kann. C fungiert als Beobachter und schaltet sich verbal ein, wenn die Spielregeln nicht eingehalten werden. Die Zeit wird auch von ihm gestoppt.

Dieses Gespräch dauert jeweils 15 Minuten (insgesamt dreimal); nach 15 Minuten werden die Rollen gewechselt, so daß jeder Teilnehmer einmal auch Beobachter war.
Nach 45 Minuten treffen sich alle zur Reflexion und weiteren Diskussion, jetzt zur Erholung von der Konzentration ohne vorgegebenes Regelsystem.

Ein Demonstrationsthema könnte lauten:

"Sind die Trainer in den Sitzungen notwendig oder überflüssig?"

A: Meiner Meinung nach könnten wir uns die Anwesenheit der Trainer in den Sitzungen sparen, sie sagen ja doch nicht sehr viel und lassen uns immer arbeiten.

B: Du meinst, wir könnten auf die Anwesenheit der Trainer verzichten, da sie ohnehin nicht viel von sich geben.

A: Stimmt.

B: Ich denke aber, wenn wir sie nicht dabei hätten, wüßten wir nicht genau, was wir beim Trainieren tun sollten.

A: Du meinst, wenn die Trainer nicht dabei wären, wüßten wir nicht so recht, was wir zu tun hätten.

B: Richtig.

A: ...

Als Thema zum Üben des Kontrollierten Dialogs schlage ich vor:

"In welchen Situationen fällt es mir schwer, dem anderen (Partner/Kind/etc.) wirklich zuzuhören, also Aktive Wahrnehmung zu praktizieren, wann fällt es mir leicht?"

3. Sitzung: Mein Chef geht mir auf die Nerven (etwa 2 Stunden)

Während der Kontrollierte Dialog die Aufmerksamkeit beider Gesprächspartner auf den Inhalt der Gesprächsführung legt, möchte ich in dieser Sitzung eine kleine Übung vorstellen, die darauf beruht, daß der eine Gesprächspartner als Berater dem anderen Menschen ein wenig dabei hilft, sich im Hinblick auf eine persönliche Konfliktsituation "auszusprechen". Der Berater gibt durch seinen Gesprächsstil dem anderen die Möglichkeit, seine Gefühle genauer kennenzulernen, sie zu verbalisieren und sie eventuell auch mehr zu akzeptieren.

In dieser Übung finden sich je zwei Gruppenmitglieder zusammen, die bereits etwas mehr Vertrauen zueinander gefunden haben. Die beiden einigen sich darüber, wer Berater und wer Ratsuchender ist. Die Rollen werden später getauscht.

Wichtig ist, daß von beiden Personen die Bereitschaft vorliegt, über einen persönlichen Konflikt zu sprechen, daß dabei auch die Gefühlsebene mit einbezogen werden darf und die Sachebene etwas ausgeklammert wird, soweit das dem jeweiligen Berater in diesem Studium des Trainings bereits gelingt.

Die beiden Gesprächspartner ziehen sich für diese Übung dahin zurück, wo sie "unbelauscht" miteinander reden können. Für jede Gesprächsphase steht eine halbe Stunde zur Verfügung. Danach tauschen sich beide je eine Viertelstunde lang über Erfahrungen beim Gespräch aus. Nach insgesamt 90 Minuten treffen sich alle wieder im Plenum.

Gesprächspartner A wählt ein ganz persönliches Thema, einen Konflikt, über den er sich klarer werden möchte und beginnt dann, über sich zu sprechen. B hört zu und achtet dabei besonders auf gefühls- und erlebnismäßige Inhalte seines Gesprächspartners, um nur diese sinngemäß zu wiederholen.

Im Gegensatz zum Kontrollierten Dialog antwortet B nicht inhaltlich auf die persönlichen Äußerungen seines Partners; er enthält sich jeder persönlichen Bewertung des Gehörten, gibt keine Ratschläge und stellt keine Fragen. Die Bearbeitung des "Konfliktes" soll von A allein versucht werden. B gibt dabei durch die verbale "Spiegelung" lediglich Hilfestellung.

Im anschließenden Plenum empfehlen sich folgende Fragestellungen zur Auswertung:

1. Wie habe ich das Einfühlungsvermögen, die Empathie meines Beraters erlebt?

2. An welchen Stellen hätte ich mir noch andere Interventionen meines Beraters gewünscht?

3. An welchen Stellen hat mein Berater "unangemessen" interveniert?

Die jeweiligen Berater können dann zu den Rückmeldungen ihrer "Klienten" etwas aus ihrer eigenen Erfahrung mit dieser Übung beitragen, jedoch ist darauf zu achten, daß Rechtfertigungen des praktizierten Verhaltens vermieden werden, dies im Sinne der TZI-Hilfsregel "Wenn Du Feedback erhälst, hör' ruhig zu."

Sinnvoll ist im Rahmen der Auswertung dieser Übung die Bedeutung der Empathie, des verstehenden Einfühlens in die zu beratende Person, hervorzuheben.

4. Sitzung: Klassische Atemübung (etwa 60 Minuten)

Diese Körperübung im Plenum erfordert von den Beteiligten die Bereitschaft, sich gegenseitig anfassen zu dürfen. Sie versteht sich als körperorientierte Hilfe zur Schulung von Empathie auf seiten des Nehmers. Es ist dazu notwendig, daß sich wieder je zwei Gruppenmitglieder zusammenfinden, die bereits eine vertrauensvolle Erfahrung miteinander gemacht haben. Die beiden einigen sich darüber, wer zuerst Geber und dann beim Rollentausch Nehmer ist. Der Tausch findet nach etwa 30 Minuten statt.

Die Übung geht wie folgt:

Der Nehmer liegt ausgestreckt auf dem Rücken. Er atmet ein paar Mal bewußt durch die Nase, dann durch den Mund ein und aus. Dann hält er an irgendeiner Stelle die Luft so lange an, wie er will und atmet dann wieder aus. Der Geber legt seine flache Hand auf die Brust des Nehmers, wobei der Nehmer sich vorstellt, in diese Hand hineinzuatmen. Dann legt der Geber seine flache Hand auf den Bauch, wobei auch jetzt die Vorstellung des Nehmers dahin gehen soll, in die Hand hineinzuatmen.

Wir bitten jetzt die Nehmer, ihre Augen zu schließen, sofern das noch nicht geschehen ist, den Mund ein wenig zu öffnen, die Lippen zu befeuchten und den Unterkiefer locker hängen zu lassen.

Es geht jetzt darum, 20 tiefe Atemzüge zu machen und beim Ausatmen die Stimme mit einem "Aaahhhhhh" klingen zu lassen, bis die Luft ganz aus dem Körper gewichen und Platz fürs Einatmen ist. Die Hand des Gebers bleibt dabei auf dem Bauch des Nehmers liegen und bewegt sich im Rhythmus der Atmung auf und ab. Nach den 20 tiefen Atemzügen wird der Nehmer dazu eingeladen, dem Geber etwas über seine Körperempfindungen zu berichten.

Zur Fortsetzung der Übung nimmt der Geber langsam und im Ausatem-Rhythmus seines Nehmers die Hand vom Bauch weg, so daß der Nehmer ohne Körperkontakt zum Geber auf dem Boden liegenbleibt. Wir bitten ihn darum, bei den nächsten 20 tiefen Atemzügen seine Bewußtheit in verschiedene Körperregionen zu legen:

in die Füße... in die Knöchel... in die Unterschenkel... in die Oberschenkel... in die Geschlechtsteile... in die Darmgegend... in den Bauch... in die Brust... in die Hände... in die Unterarme... in die Oberarme... in die Schultern... in den Rachen... ins Gesicht

Danach bitten wir die Nehmer erneut, den Gebern etwas von ihren Körperempfindungen zu berichten und dann die Rollen zu tauschen.

Es empfiehlt sich, diese Übung gelegentlich zu wiederholen, da sie erfahrungsgemäß mit jeder Wiederholung tiefere Erlebnisbereiche des Nehmers möglich macht und das Verbalisieren dieser Erlebnisse in der Zweiersituation eine ausgezeichnete Übung zur Schulung der Wahrnehmung ist.

4. Tag:

1. Sitzung: Kollegiale Konfliktberatung mit Hilfe der 7-Schritte-Strategie (etwa 2 Stunden)

Dieser kollegialen Konfliktberatungsübung liegt die Vorstellung zugrunde, daß jeder Konfliktträger in zwei Teilpersönlichkeiten gespalten ist, wovon die eine als der

Konflikt-habende Teil, die andere als der Konflikt-lösende Teil beschrieben werden kann. Graphisch etwa wie folgt darstellbar:

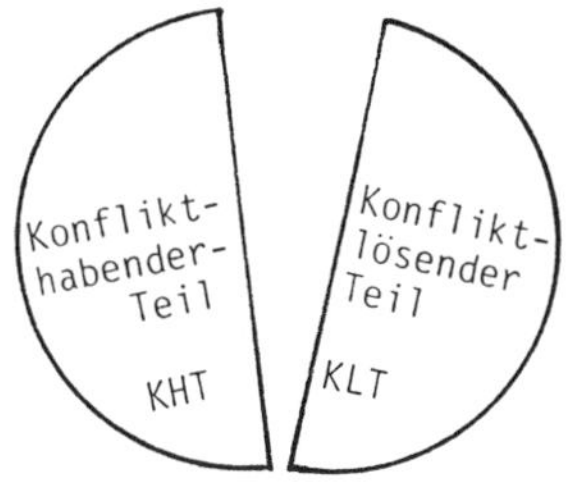

Die Denkhilfe ist nun weiterhin: Hätte der Person-interne, Konflikt-lösende Teil die "richtige Lösung" gefunden, so wäre der Konflikt entweder bereits geregelt, gelöst, oder aber es wäre zumindest deutlich, daß dem Konflikt-habenden Teil möglicherweise daran liegt, den Konflikt tatsächlich zu behalten.

Im weiteren Verlauf der Übung zur kollegialen Konfliktberatung übernimmt nun eine Teilgruppe vorübergehend die Aufgabe des Konflikt-lösenden Teiles. Konkret sammelt sie Ideen, Möglichkeiten zur Konfliktregelung, zur Konfliktlösung, während der Konfliktträger seinen eigenen Konfliktlösenden Teil für die Zeit der Gruppensitzung sozusagen "in Ferien schicken" und sich dem Konflikt-habenden Teil, dem Zuhören und Denken widmen kann. Skizziert dargestellt könnte das so ausschauen:

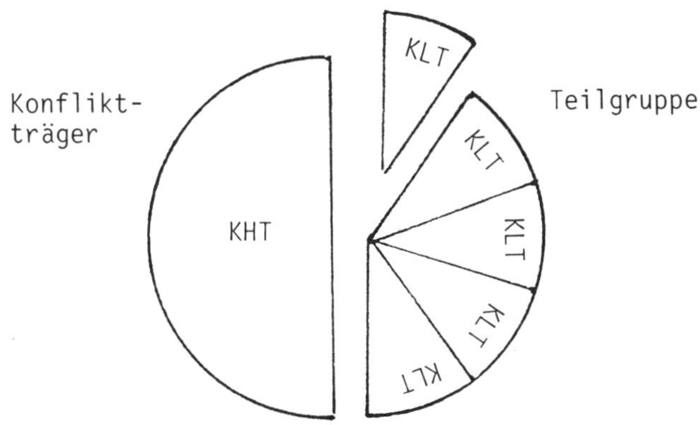

Mit dieser Übung soll eine Methode eingeübt werden, in welcher der Konflikt eines einzelnen (später auch einer Gruppe) durch Gruppen-Brainstorming und Entscheidungsfindung des Konfliktträgers bewältigt wird.

Übungsablauf:

Eingeladen zu dieser Übung sind alle Gruppenmitglieder, die das als Konflikt akzeptieren, was sie immer wieder innerlich beschäftigt, was ihr Denken, Fühlen und Empfinden sozusagen nicht losläßt.

Aus der Gesamtgruppe werden 5 bis 7 Teilnehmer gesucht, die bereit sind, im "Aquarium", also in der Gesamtgruppenmitte das Kollegiale Konfliktberatungsspiel miteinander auszuprobieren, wobei der Rest der Gruppe außen vor dem "Aquarium" sitzt, jedoch alles sieht und hört, was im "Aquarium" vorgeht. Ein Gruppenmitglied übernimmt die Rolle des Konfliktträgers und schildert eine aktuelle Schwierigkeit aus der Berufspraxis oder dem privaten Bereich.

Die Übung verläuft in sieben Schritten:

1. Schritt: Der Konflikt wird so konkret wie möglich am Beispiel einer erinnerten, konkreten Situation beschrieben und eingegrenzt definiert. Diese Aufgabe übernimmt der Konfliktträger in Zusammenarbeit mit der Gruppenleitung.

2. Schritt: Das Ziel der Konfliktlösung/Konfliktregelung wird gemeinsam festgelegt. Die Gruppenleitung fragt zum Beispiel: "Was willst Du erreichen, wenn der Konflikt gelöst ist? Wohingehend willst Du Dein Verhalten ändern? Wie könnte die konfliktfreie Situation für Dich aussehen?"

3. Schritt: Die Teilgruppe im "Aquarium" sammelt nun Konfliktlösungsvorschläge, die so wörtlich wie möglich auf einer Wandtafel notiert werden. Über diese Vorschläge wird weder verhandelt, noch werden sie kommentiert oder gar beurteilt. Der Konfliktträger hört bei diesem Übungsschritt aufmerksam zu.
Die Aufgabe der Gruppenleitung besteht bei diesem Schritt darin, den Konfliktträger von Lob, Tadel und non-verbal geäußertem Kommentar abzuhalten sowie alle Teilgruppenaktivitäten hinsichtlich der Lösungsvorschläge zu unterstützen und Wertungen zu unterbinden.

4. Schritt: Die Lösungsvorschläge werden jetzt vom Konfliktträger kritisch "unter die Lupe genommen" und in für ihn akzeptable und nicht-akzeptable bzw. unbrauchbare Vorschläge eingeteilt. Hier besteht die Aufgabe der Gruppenleitung als 7-Schritte-Moderator darin, die Teilgruppenmitglieder von Rechtfertigungen ihrer Vorschläge abzuhalten, damit die Selbstverantwortlichkeit des Konfliktträgers gewahrt bleibt.

5. Schritt: Der Konfliktträger entscheidet sich für einen der brauchbaren Lösungsvorschläge und baut darauf - wenn möglich - mit Hilfe der Gruppenleitung ein Rollenspiel auf. Aufgabe der Gruppenleitung ist bei diesem Schritt auch, die Bedeutung der Entscheidung für nur einen Lösungsvorschlag hervorzuheben, um dem Konfliktträger deutlich zu machen, daß jeder von uns nur eine Sache zu einer Zeit mit vollem Energieeinsatz machen kann.

6. Schritt: Die gewählte Lösung wird im Rollenspiel ohne weitere technische Anleitung ausgeführt, sozusagen als Probe für die Realsituation. Hierbei

können auch jene Teilnehmer wieder mit einbezogen werden, die nicht an der Lösungsfindung beteiligt waren.

7. Schritt: Das Rollenspiel wird besprochen und die gewählte Konfliktlösung vom (ehemaligen ?) Konfliktträger kritisch begutachtet. Dabei ist auch das Feedback aller Rollenspieler und der Nicht-Teilnehmer am Rollenspiel mit einzubeziehen. Im Anschluß an das Üben im "Aquarium" kann die Vorgehensweise im Gesamtplenum diskutiert werden.

Diese Übung erfordert von allen Beteiligten hohe Konzentration, obwohl ihr Ablauf klar strukturiert und leicht erscheint.
Beim Rollenspiel hat sich erwiesen, daß es gut sein kann, wenn der Konfliktträger auch einmal die Rolle seines Konfliktpartners übernimmt (Vorgesetzter, Partner, Freund, Kind etc.).
Zur Konkretisierung einer realen Ausführung des gewählten Konfliktlösungsvorschlages kann es auch hilfreich sein, wenn der Konfliktträger sich einen ebenfalls schrittweise aufgebauten Maßnahmenplan erstellt (siehe 4. Tag, 4. Sitzung).
Im Anschluß an diese stark sprachlich orientierte Übung empfiehlt sich eine gute Entspannungsübung, möglicherweise mit anschließendem Spaziergang an der frischen Luft.

- Rückenklopfen und Körperschütteln (etwa 30 Minuten und länger)

Zum Rückenklopfen teilt sich die Gesamtgruppe in zwei gleichgroße Hälften, in Geber und Nehmer, die später ihre Rollen wechseln.
Die Nehmer bilden einen Innenkreis, die Geber einen Außenkreis, so daß sie direkt hinter dem Nehmer stehen. Die Geber stellen für diese Übung ihre Füße etwa 40 cm weit auseinander. Die Fußspitzen werden dabei etwas nach innen

gestellt. Sie beugen sich dann bei gebeugten Knien nach vorne, bis Arme und Kopf ganz locker hängen können. Es ist unbedingt darauf zu achten, daß der gebeugte Körper auf den gebeugten Knien gut schwingen kann, wenn der Geber mit dem Rückenklopfen einsetzt.

Die Geber legen nun beide Hände auf die Schulterblätter ihrer Nehmer und klopfen mit beiden flachen Händen den Rücken des Gebers ab, von den Schulterblättern an beiden Körperseiten nach unten bis zum Po, dann links und rechts von der Wirbelsäule hoch wieder bis zur Schulterpartie.

Es ist sinnvoll, daß die Nehmer kundtun, ob die Art und Weise des Rückenklopfens o.k. ist, ob sie's lieber härter oder weicher hätten. Bitte achten Sie darauf, daß im Nierenbereich nicht fest geklopft wird. Ebenfalls nicht auf der Wirbelsäule.

Zum Abschluß der Übung nach etwa 2 Minuten lassen die Geber ihre Hände noch eine Weile auf den Schulterblättern der Nehmer ruhen und heben sie dann ab. Die Nehmer kommen ganz langsam wieder hoch und schütteln Arme und Beine aus. Dann werden die Rollen gewechselt.

Als Fortsetzung des Rückenklopfens hat sich im Anschluß an stark verbal orientierte Trainingsarbeit das Körperschütteln zu Musik bewährt. Ich wähle dazu meist länger zusammenhängende, stark rhythmische Musik aus, zu der eine Viertelstunde lang der Körper systematisch durchgeschüttelt wird.

Als zweite Phase dieser Übung empfiehlt sich eine viertelstündige Liegepause in der Gesamtgruppe mit dazu gespielter Zen-Meditationsmusik. Den Abschluß bildet eine melodisch geprägte Musik zum Aufstehen. Danach ist ein kleiner Spaziergang an der frischen Luft für die weitere Trainingsarbeit ganz hilfreich.

2. Sitzung: Das Konfliktei (etwa 90 Minuten)

Diese Übung wurde von Gerhard Jensen entwickelt. Sie dient dem Sichtbar-machen immer wiederkehrenden Verhaltens in Konfliktsituationen. Was wir dazu benötigen, sind je Teilnehmer ein großer Zeichenblock und ein mittelstarker Filzschreiber.

Die Übung wird in Einzelarbeit ausgeführt, wobei jeder Teilnehmer zunächst auf seinem Zeichenblock ein großes Ei - das Konfliktei - aufzeichnet:

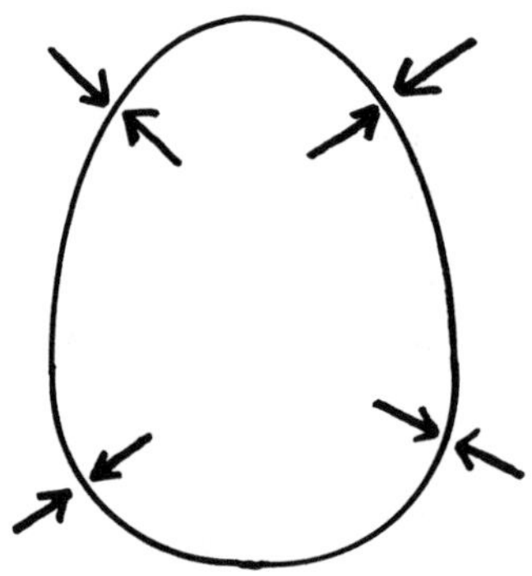

Und das ist die Vorstellung: In der beruflichen Arbeit werde ich täglich mit vielen verschiedenen Situationen konfrontiert, die von außen auf mich einwirken und möglicherweise Konflikte in mir hervorrufen, so daß ich mich von innen her dagegen verhalte. Die Aufgabe der Einzelarbeit besteht darin, mehrere solcher Konflikte hervorrufender Situationen aufzuschreiben und meine typischen Reaktionen im Inneren des Eies zu vermerken. Dazu sind erfahrungsgemäß 45 Minuten anzusetzen, damit Zeit zum Nachdenken ist.

Ein weiterer Arbeitsschritt kann darin bestehen, in Dreier-/Vierergruppen miteinander zu besprechen, welche persönlichen Stärken im Umgang mit den erwähnten Konflikten deutlich geworden sind.

Diese Übung bewirkt zweierlei: Zum einen wird deutlich, daß in Konfliktsituationen tatsächlich Chancen enthalten sind - ausgedrückt in persönlichen Stärken -, zum anderen bietet das entstehende Bild den Teilnehmern Material zur Übung im Lösen bzw. Regulieren von Konflikten.

3. Sitzung: Gruppentraining mit der 7-Schritte-Strategie (etwa 90 Minuten)

Eine intensivere Einübung der 7-Schritte-Strategie zur Konfliktlösung wird möglich, wenn sich die Gesamtgruppe nach dem Kennenlernen der Kollegialen Konfliktberatung in Kleingruppen von je 5 bis 7 Mitgliedern aufteilt und dort in selbständiger Arbeit weiter übt. Die Einteilung in Kleingruppen kann auf folgende Weise geschehen:
In einer stillen Minute innerhalb der Gesamtgruppe kann jeder Teilnehmer bei sich selbst "nachhören", welchen Konflikt er bereit ist, in einer selbstgewählten Kleingruppe vorzustellen. Er kann sich dann dazu 5 bis 7 andere Gruppenmitglieder aussuchen und auch jemanden bitten, die Moderation der 7-Schritte-Strategie zu übernehmen.

Die Gruppenleitung geht bei dieser Sitzung von Kleingruppe zu Kleingruppe und gibt dem jeweiligen Moderator kleine Hilfestellungen.

4. Sitzung: Der Maßnahmenplan (etwa 45 Minuten)

Der in dieser Sitzung beschriebene Maßnahmenplan ist aus dem Impuls einiger Gruppenmitglieder entstanden, nach der Entscheidung für einen Lösungsvorschlag (Schritt 5) die Ausführung der Lösung gegebenenfalls auch schrittweise zu planen, sich für die "Kontrolle" der Planung und Durchführung nach einem persönlichen Berater umzusehen. Das jetzt beschriebene Raster ist als kleine Hilfe zu verstehen:

Mein persönlicher Berater: ______			
Konfliktlösungsvorschlag: ______			
Ziel: ______			
Vorgehens-schritte:	Wann? Wo?	mit wem?	bis wann? Kosten?

Als Anregung gilt, daß jene Gruppenmitglieder, die einen persönlichen oder beruflichen Konflikt in irgendeiner Sitzung bereits vorgestellt haben, ihren gewählten Vorschlag unter Anleitung eines persönlichen Beraters und mit Hilfe des Maßnahmenplanes im Hinblick auf weitere konkrete Schritte zur Verwirklichung des Vorhabens weiterbearbeiten.

5. Tag:

1. Sitzung: Transfer-Rollenspiel (etwa 45 Minuten)

Diese Sitzung dient einerseits der Vorbereitung des Kursabschlusses, andererseits soll sie auf die Zuhause-Situation der Gruppenmitglieder vorbereiten. Zur Einstimmung in das angebotene Transfer-Rollenspiel ist es sinnvoll, etwa 15 Minuten zur Rückbesinnung auf die Trainingswoche anzusetzen. Dann können mehrere spontan entwickelte Rollenspiele zur Aufführung kommen, und zwar mit folgender Rollenverteilung:

Ein "Skeptiker" und ein "Begeisterter" kommen auf dem Kurs nach Hause und sprechen dort mit einem "Super-Neugierigen", der darauf aus ist, viele Details aus dem Kurs zu erfahren, einem "Pessimisten", der grundsätzlich alles in Frage stellt und einem "Kollegen", der demnächst auch einen solchen Trainingskurs besucht.

2. Sitzung: Vorstellung weiterer Trainingsschwerpunkte für den Umgang mit Konflikten (etwa 45 Minuten)

Die Gruppenmitglieder erhalten in dieser Sitzung einen Überblick über die Trainingsschwerpunkte möglicher Aufbaukurse, was zugleich einen Rückblick auf das bereits vorgestellte Gesamtspektrum der in diesem Trainingsmodell vorgestellten Konfliktlösestrategien beinhaltet. Der Minilektion und dem anschließenden Gespräch mag folgende Skizze zugrunde liegen:

Übersicht über den weiteren Kursaufbau

Kurs	Trainingsinhalt	Wer ist Konfliktträger	Methodisches Angebot
Aufbaukurs 1: Berufsspezifische Selbsterfahrung	Wie lautet der Konflikt konkret ? Wo liegt er vor ?	ICH als Kollege, Partner etc.	Selbstexploration/ Wahrnehmungsschulung mit Gestalt-Methoden/ Verbalisierungsübungen/ Angeleitete Phantasie
Aufbaukurs 2: Training in Situativer Konfliktgesprächsführung		DU (SIE) als mein Kollege, Partner, Untergebener etc.	Situative Gesprächsführung, die den Teil in den Vordergrund holt, der vernachlässigt ist, z.B. Gedanken, Gefühle, Arbeitsplatz, Struktur/ Konfliktlösungsstrategie in der Gruppe
Aufbaukurs 3: Berufsspezifisches Interaktionstraining		WIR (mehrere) als Kollegen, Team, Leitungsgruppe, Berufsgruppe	Teamgespräch/Situatives Leiter-Verhaltenstraining/Interaktionsspiele/ Organisationsbetrachtung und Weiterentwicklung

3. Sitzung: Abreise-Phantasie und Kurskritik (ca. 45 Minuten)

Für die "Abreise-Phantasie" bitte ich alle Gruppenmitglieder, sich fest und aufrecht auf ihren Stuhl zu setzen und den Atem frei gehen zu lassen, so tief wie möglich in den Körper hinein. Ich bitte weiterhin darum, sich vorzustellen, der Kurs sei jetzt zu Ende und jeder befinde sich auf der Heimreise. Während der Fahrt fiele ihm dann ein, daß er vergessen habe, der Gruppe noch etwas Wichtiges über sich selbst, die Gruppe, die Kursleitung oder die hauswirtschaftliche Betreuung mitzuteilen. In der Phantasie besteht nun die Möglichkeit, wieder an den Veranstaltungsort zurückzukehren und sich nochmals zur Sitzungsrunde zu treffen mit dem Thema: "Was ich noch sagen wollte." Nach der Abschlußrunde und dem Ausfüllen der Kurskritikbögen (Feedback-Muster oder Interview-Fragebogen) ist der Grundkurs abgeschlossen.

2.3. Aufbaukurs 1: Berufsspezifische Selbsterfahrung

2.3.1. Einführung und Literaturhinweise

Die berufsspezifische Selbsterfahrung dient dem Kennenlernen unserer Persönlichkeit in ihrer Grundstruktur und ihren Reaktionen auf Impulse von außen, die den Erfordernissen der täglichen Berufspraxis entspringen. Immer, wenn wir selbst nicht wissen, "was in uns gefahren ist", haben wir uns mit etwas voll identifiziert, was nur ein Teil unserer gesamten Persönlichkeit ist.

Das führt dann dazu, daß wir (angeblich) das eine wollen und doch das Gegenteil tun. Wir verbrauchen so einen Großteil unserer Energie für innere Kämpfe, anstatt unsere konstruktiven Möglichkeiten auszuschöpfen. Schritte dazu sind die Auseinandersetzung mit unseren fördernden und hemmenden Teilpersönlichkeiten.

Die totale Identifikation mit etwas, was nur ein Teil von uns ist, bringt ernsthafte Schwierigkeiten mit sich. Sie schränkt unsere Wahrnehmung ein und läßt uns nicht mehr flexibel auf neue Gegebenheiten eingehen. Wir reagieren dann vielmehr programmiert, vorhersagbar, manchmal fast reflexartig nur noch auf die Reize, die wir aus unserem bisherigen Repertoire schon kennen. Außerdem unterdrücken wir auf diese Weise immer Teile unserer Person.

Das Ergebnis ist die Erfahrung innerer Zerissenheit, die wohl niemandem fremd ist: Da ist zum Beispiel der "nette Junge" auf eine unerklärliche Weise plötzlich aggressiv und hinterhältig; der "aufopfernde Helfer" sabotiert durch seine Handlungen den Erfolg seiner altruistischen Bemühungen; "liebende Partner" verhelfen einander nur noch zu schlechten Gefühlen und so weiter. In einem Vergleich ausgedrückt: Die einzelnen Teilpersönlichkeiten sind wie die Musiker eines Orchesters, deren Spiel erst koordiniert werden muß, wenn daraus jene Melodie werden soll, wie die Notenvorgabe sie erfordert. Der Dirigent, der dies bewirkt, ist das Ich.

Wenn Sie sich in der Selbsterfahrung mit Ihren verschiedenen Teilpersönlichkeiten ernsthaft beschäftigen und sie in Gelassenheit betrachten, ohne sie zu bekämpfen und sich in eine von ihnen völlig zu verlieren, können Sie zu einer besseren Integration Ihrer Persönlichkeit gelangen.

Bessere Integration der Persönlichkeit zur Erlangung von mehr Kompetenz in der Ausübung des Berufes ist das Hauptziel dieses Kurses. Wir begnügen uns nicht damit, nach der Ursache eines Konflikts zu suchen und Lösungsmöglichkeiten zu entdecken, sondern es geht in der berufsspezifischen Selbsterfahrung für das Individuum darum, in Kooperation mit den anderen Gruppenmitgliedern herauszufinden, was seine langfristigen höheren Ziele und Werte sind, wie er seine Natur annehmen und zur vollen Entfaltung bringen kann.

Es geht weiterhin darum, dem Drang nach Sinn und Bedeutung, nach einem Lebenszweck, nach philosophischer Einsicht, Schönheit und Harmonie, nach schöpferischer Betätigung Rechnung zu tragen und in die tägliche Berufs- bzw. Lebenspraxis mit einzubeziehen. Wir meinen, daß Menschen unter der Einschränkung dieser Bedürfnisse ebenso leiden können wie unter mangelnder Befriedigung biologischer Triebe.

Zentrale Fragen dieses Kurses sind:

- Wo stehe ich jetzt in meinem Leben?
- Wohin will ich, in welche Richtung zeigt mein innerer Kompaß in diesem Augenblick?
- Wer oder was hindert mich daran, dorthin zu gelangen?

Literatur:

BERNE, E.:
Was sagen Sie, nachdem Sie Guten Tag gesagt haben? Psychologie des menschlichen Verhaltens. Fischer, 1978.

DE MILLE, R.:
Setz Mutter auf den Tiger! Phantasieexperimente für Kinder und Erwachsene. ISKO-Press, 1978

HALPERIN, H.:
Abschied von den Eltern. Eine Anleitung für Erwachsene, die Beziehung zu den Eltern zu normalisieren. ISKO-Press, 1978.

PESESCHKIAN, N.:
Psychotherapie des Alltagslebens. Training zur Partnerschafts-erziehung und Selbsthilfe. Fischer, 1977.

JAMES, M. und JONGEWARD, D.:
Spontan leben. Übungen zur Selbstverwirklichung. Rowohlt 1986.

SELVINI-PALAZZOLI, M. u.a.:
Hinter den Kulissen der Organisation. Klett-Cotta, 1985.

2.3.2. Ablauf Aufbaukurs 1

1. Tag:

1. und
2. Sitzung: Haus - Baum - Weg (etwa 3 bis 5 Stunden mit dazwischenliegenden Körperübungen)

Da wir bei einem Aufbaukurs davon ausgehen können, daß die Teilnehmer sich zum Teil bereits aus einem Grundkurs kennen, daß also nur vereinzelte Teilnehmer sich nicht kennen, kann das Kennenlernen gleich mit einer Selbsterfahrungsübung beginnen:

Wir benötigen dazu einen großen Malblock für jeden Teilnehmer und Ölkreiden.
Die Teilnehmer sind eingeladen, innerhalb einer halben Stunde ein Ölkreidebild zu malen, in dem ein Haus, ein Baum und ein Weg zu sehen sind. Ansonsten sind der Gestaltung des Bildes keine Grenzen gesetzt. Vielleicht ist noch der Hinweis sinnvoll, daß die Bilder nicht im Hinblick auf ihren künstlerischen Gehalt oder im Hinblick auf ihre tiefenpsychologisch interpretierbare Aussagekraft hin begutachtet werden, sondern lediglich das Medium für eine kleine gestalttherapeutisch-orientierte Identifikationsübung ist.

Nach der Fertigstellung wird jeder Teilnehmer dazu eingeladen, seinem Bild einen ihm gebührenden Platz im Raum zukommen zu lasen und es dort mit Tesakrepp-Band aufzuhängen. Tesakrepp empfiehlt sich deswegen, weil es entfernbar ist, ohne daß dabei die Tapete beschädigt wird.

Der nächste Schritt kann daraus bestehen, daß die einzelnen Teilnehmer ihre Kollegen wie in einer Ausstellung zu ihrem

Bild führen, um es an Ort und Stelle vorzuführen. Die Vorführung kann in drei Schritten ablaufen:

1. Schritt:
Der Teilnehmer identifiziert sich auf seinem Bild mit einem Ausschnitt, z. B. dem Weg, und beschreibt sich selbst als diese ausgewählte Figur, indem er nichts weiter mitteilt, als was auf dem Bild im Zusammenhang mit dieser Figur zu sehen ist.

2. Schritt:
Die anderen Teilnehmer teilen dem Betreffenden mit, was sie außerdem auf dem Bild im Zusammenhang mit der Identifikationsfigur wahrnehmen, dies in der Du-Form, z. B.: "Du hast ein paar Steine auf Dir liegen und führst an dem Haus geradezu vorbei; es ist nicht deutlich erkennbar, wohin Du führst."... Wichtig ist, daß keine Interpretationen angeboten werden, daß die Mitteilungen sich ausschließlich auf den Wahrnehmungsbereich beschränken.

3. Schritt:
Der Teilnehmer gibt Rückmeldung darüber, welche mitgeteilte Wahrnehmung sich durchaus auch auf seine eigenen Lebensumstände beziehen könnte; im obengenannten Fall zum Beispiel: "Ja, es ist mir überhaupt nicht deutlich, wohin ich gehe, und es trifft auch zu, daß ein paar Steine auf mir lasten."

Da diese Identifikationsübung die Wahrnehmungsfähigkeit der Augen stark beansprucht und gleich in existentiell bedeutsame Bereiche zur Selbsterfahrung einsteigt ist es angezeigt, die Sitzung hin und wieder mit einer kleinen Körperübung zu unterbrechen, in der die Augen geschlossen werden können und andere Sinne zur Wahrnehmung herangezogen werden.

Diese Übung hat sich sehr bewährt, weil sie den Vorteil bietet, auch zu einem späteren Zeitpunkt des Kurses wieder die Aufmerksamkeit auf das Bild zu lenken, möglicherweise mit einer der folgenden Fragen:

- Hängt Dein Bild noch am rechten Platz hier im Haus?
- Wie erlebst Du Dich jetzt, wenn Du Dich nochmal mit dieser Figur identifizierst?
- Welche Bedeutung bekommt der Hintergrund Deines Bildes im Laufe der Trainingswoche?

Es ist auch möglich, viele der weiteren Selbsterfahrungsübungen und Impulse in direkten Bezug zu diesem Anfangsbild zu setzen.

- Raum erkunden (etwa 15 Minuten, eingeschoben zur Entspannung der Augen)

  Diese kleine Körperübung dient zur Entspannung während längerer Gesprächs- oder Betrachtungsphasen. Wir benötigen dazu nichts weiter als 15 Minuten melodisch angenehme, leicht rhythmische Musik. Alle Teilnehmer schließen für diese Übung die Augen und konzentrieren sich zunächst eine Minute lang auf sich selbst. Wenn dann die Musik einsetzt, bewegen sie sich langsam tastend durch den Raum, weichen je nach augenblicklicher Neigung den anderen Teilnehmern aus oder erkunden sie mit ihren Händen. Wenn die Musik aussetzt, bleibt jeder Teilnehmer noch eine Minute lang mit geschlossenen Augen an seinem Platz, um sich wieder auf sich selbst zu konzentrieren. Die Übung bietet sich zur Wiederholung an.

- Rücken gegen Rücken (etwa 15 Minuten; zur Augenentspannung eingeschoben)

  Für diese Körperentspannungsübung brauchen wir stark rhythmische Musik mit Rock-Blues-Charakter. Es finden sich jeweils zwei Gruppenmitglieder etwa gleicher Körperstatur zusammen und stellen sich mit geschlossenen Augen Rücken gegen Rücken. In dieser Stellung verbleiben sie zwei Minuten lang, um sich selbst und auch den anderen über die Kontaktstellen deutlich wahrzunehmen. Wenn dann die Musik einsetzt, tanzen beide Rücken an Rücken miteinander, indem Druck und Gegendruck gegeben werden. Mit aussetzender Musik gehen beide wieder in Ruhestellung und verbleiben so noch zwei Minuten.

1. Tag:

3. Sitzung: Blinden-Spaziergang (etwa 90 Minuten)

Für diese nicht-verbale Übung finden sich je zwei Teilnehmer zusammen, die sich gegenseitig vertrauen. Der eine führt den anderen, der andere schließt die Augen, so daß er nichts sehen kann. Da nicht miteinander gesprochen werden darf, läuft die Hauptkommunikation der beiden über die Hände. Es empfiehlt sich, daß der "Blinde" seine Hand von oben in die Hand des Führenden legt, dieser seinen "Führerarm" nach oben angewinkelt hält mit der Handfläche nach oben geöffnet.

Der Führende hat die Aufgabe, seinem Partner möglichst nur angenehme Sinneseindrücke zu verschaffen. Deshalb empfiehlt sich in jedem Falle ein Spaziergang durch die freie Natur oder durch einen schönen Garten. Nach zwanzig Minuten tauschen beide die Rollen ohne miteinander zu sprechen. Wenn auch die zweite "Blindenführung" abgeschlossen ist, sind alle Teilnehmer eingeladen, in der verbleibenden Zeit dieser Sitzung ein Gedicht zu schreiben mit dem Titel "Führen und geführt werden." Bei Bedarf können die Gedichte dann später innerhalb der Gruppe vorgelesen oder auch verschenkt werden.

2. Tag:

1. und
2. Sitzung: Die Leuchtturm-Phantasie (etwa 3 Stunden)

Dieser gelenkte Wachtraum bietet durch seine zahlreichen Bilder sehr anschaulich und gut besprechbares Selbsterfahrungsmaterial.

Wir benötigen dazu für jeden Teilnehmer einen mittelgroßen Zeichenblock und ein Kästchen mit Ölkreiden. Zum Sitzen ist eine feste und bequeme Gelegenheit erforderlich. Die Anleitung lautet:

Laß' Deinen Atem so gehen, wie er gehen will. Wenn Du willst, mach' die Augen zu oder schau' auf einen Punkt. Wenn Du die Augen aufläßt, so schau' bitte nicht umher. Stell' Dir vor, daß Du in einem Gartenhaus sitzt. Es ist schön warm und Du sitzt ganz locker in einem großen Schaukelstuhl.

Vor Dir ist eine große Scheibe und durch diese Scheibe kannst Du von Deinem Schaukelstuhl aus nach draußen sehen. Du siehst vor Dir eine Wiese mit saftig-grünem Gras, hier und da Blümchen... Links und rechts am Rand der Wiese stehen knorrige Kiefern; und an den Kiefern kannst Du sehen, daß der Wind etwas bläst... Du selber sitzt aber im Schaukelstuhl und bekommst den Wind nur über die Augen mit... Und wenn Du Deinen Blick etwas weiter schweifen läßt, siehst Du hinter der Wiese das Meer, das weite Meer, und das Meer ist ruhig.

Und wenn Du Deinen Blick über das Meer streifen läßt, so siehst Du gar nicht weit weg einen Leuchtturm aus dem Meer herausragen. Du entscheidest Dich, Deine Badesachen anzuziehen und geradezu über die Wiese auf das Meer zuzulaufen.

Jetzt kommst Du ans Wasser, läufst ins Meer hinein und spürst das Wasser auf der Haut... Bis zum Leuchtturm ist es gerade so, daß Du noch stehen kannst im Wasser. Du kannst waten und Ansätze von Schwimmbewegungen machen... Und währenddessen kommt etwas mehr Wind auf, und das Laufen, das Waten wird anstrengender... Dann kommst Du auf der kleinen Insel an, wo der Leuchtturm steht. Du siehst, daß der Leuchtturm unten eine Tür hat... Du gehst auf die Tür zu und machst sie auf... Du siehst dann, daß innen eine Wendeltreppe nach oben führt... Es ist etwas dunkel im Leuchtturm, und Du entscheidest Dich, die Wendeltreppe nach oben zu gehen...

Nachdem Du einige Stufen gegangen bist, kommst Du an ein Fenster, und wenn Du genau hinschaust, siehst Du einen Schriftzug auf dieses Fenster geschrieben, und zwar:

"So, wie meine Kollegen mich sehen."

Schau' mal ganz genau hin, was auf dem Fenster außer der Schrift noch an Bildern auftaucht. Sind da Figuren? Sind da Farben? Erscheinen noch andere Wörter oder Bilder mit Wörtern? Warte mal ab, welches Bild, welche Wörter Dir einfallen... Und dann schau' Dir nochmal dieses Bild an mit der Überschrift: "So, wie meine Kollegen mich sehen." Und während Du auf das Fenster schaust, verschwindet auch das Bild und Du kannst nach draußen durch das Fenster schauen, und Du siehst ganz nah unter Dir das Meer; Du merkst, wie bei Dir Ruhe sich breit macht, wenn Du auf das Meer schaust. Deine Stirn wird ganz glatt.

Nachdem Du eine Weile hingeschaut hast, gehst Du die Wendeltreppe weiter nach oben. Und dann kommst Du wieder an ein Fenster... Und während Du näher auf das Fenster zukommst, erscheint auf der Scheibe wieder ein Schriftzug, und dieser lautet:

"So, wie ich will, daß meine Kollegen mich sehen."

Warte ab, welches Bild noch auf der Scheibe erscheint. Schau' Dir das Bild näher an,... vielleicht hat es sich bereits verändert. Und während Du so hinschaust, geht das Bild langsam wieder weg, und die Scheibe wird frei, durch die Du nach draußen schauen kannst. Und wenn Du jetzt hinausschaust, siehst Du unten, unter Dir das kleine Gartenhaus. Und Du siehst auch den Schaukelstuhl im Gartenhaus stehen. Neben dem Schaukelstuhl liegen Deine Sachen, die Du eben ausgezogen hast, bevor Du ins Wasser gegangen bist. Und Du entscheidest Dich auch jetzt weiterzugehen, weiter nach oben. Und wenn Du vom Fenster weggehst, wird es wieder dunkler, manchmal stolperst Du auch über die Stufen, und dann trittst Du wieder fest auf... Und während Du weiter nach oben steigst, kommt auch wieder etwas mehr Licht auf Dich zu, und ein weiteres Fenster ist zu sehen. Und Du erkennst auch hier wieder auf der Scheibe einen Schriftzug:

"So, wie ich bin."

Warte ab, welches Bild mit diesem Schriftzug erscheint, und laß' Dir etwas Zeit dabei. Laß' Dir Zeit und gib' Dir Ruhe. Und sieh' Dir nochmal das Bild an mit der Überschrift: "So, wie ich bin." Dann verschwindet auch dieses Bild langsam wieder. Und wenn Du nach draußen siehst, kannst Du das weite Meer erkennen und am Horizont ein paar kleine Schiffe; langsam ziehen sie vorbei. Und wenn Du in die Luft schaust, fliegen ein paar einsame Möwen ganz hoch; sie gleiten mehr als sie fliegen. Und der Himmel ist blau. Und dann entscheidest Du Dich weiterzugehen, weiter die Wendeltreppe nach oben. Es wird wieder dunkler und dann etwas heller, weil Du auf das vierte Fenster zugehst. Und während Du auf das Fenster zukommst, erkennst Du, daß dieses Fenster ohne Schriftzug ist. Dieses Fenster kannst Du öffnen und hinausschauen. Du merkst dabei, daß hier oben schon ein starker Wind geht. Wenn Du die Fensterbank anfaßt, bröckelt etwas Stein ab. Dann schließt Du das Fenster wieder... Und dann gehst Du weiter nach oben und kommst an das fünfte Fenster. Darauf steht ganz groß geschrieben:

"So, wie ich sein will"

Und sieh' mal, was Dir als Idealmodell auf der Scheibe erscheint... Wenn dann etwas später das Bild von der Fensterscheibe verschwindet, siehst Du unter Dir nochmal das kleine Gartenhaus. Du entscheidest Dich jetzt, wieder nach unten zu gehen. Es geht jetzt schneller als aufwärts. Du läufst die Wendeltreppe nach unten und kommst an die Tür, gehst nach draußen, und wenn Du jetzt ins Wasser watest, merkst Du, daß es kühler ist als vorher. Und dann watest Du aufs Gartenhaus zu. Jetzt kommst Du an den Strand, läufst bis zur Wiese und über die Wiese zum Gartenhaus. Und dann nimmst Du Dir ein Handtuch, trocknest Dich ab, ziehst Dich an und entscheidest Dich, aus dem Gartenhaus wegzugehen, um mit jemandem über die Bilder zu sprechen, die Du im Leuchtturm gesehen hast.

Wenn Du gleich die Augen öffnest oder in die Gruppenrunde aufschaust, schau' Dich nach jemandem um, mit dem Du über die Bilder sprechen willst. Du hast für dieses Gespräch eine Stunde Zeit. Anschließend werden wir im Plenum unsere Erfahrungen mit diesem gelenkten Wachtraum austauschen.

2. Tag:

3. und

4. Sitzung: Die Lampen-Phantasie (etwa 3 Stunden)

Nimm' ein großes, weißes Blatt Papier zur Hand und zeichne darauf ein großes Sechseck. Verbinde dann die Ecken über den Mittelpunkt, so daß insgesamt sechs Dreiecke entstehen.

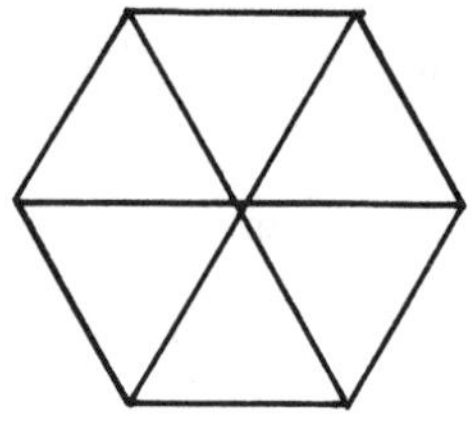

Stell' Dir vor, Deine Zeichnung stellt den Lampenschirm zu einer alten Öllampe dar, bei der die milchfarbenen Dreiecke in Blei gefaßt sind. Richte Dich innerlich so ein, daß Du Dir vorstellen kannst, die Lampe stünde jetzt vor Dir, und zwar so, daß Du von oben auf den Lampenschirm schauen kannst... Das warme Öllicht scheint durch das milchfarbene Glas hindurch und läßt vor Deinen Augen auf einem der Glasdreiecke ein Bild entstehen, das eine Deiner Teilpersönlichkeiten symbolisiert, die Dir jetzt gerade in den Sinn kommt... Nimm' dann Ölkreiden zur Hand und male dieses Bild in eines der Dreiecke... Setz' Dich dann in Ruhe vor das Bild, und laß' es eine Weile auf Dich wirken... Geh' dann zu einem anderen freien Feld über und warte ab, welches Bild Dir jetzt erscheint... Mal' auch dieses Bild wieder in eines der freien Felder und betrachte es anschließend in Ruhe... Laß' Dich jetzt Deinen eigenen Phantasie-, Mal- und Betrachtungsrhythmus finden und Dir noch drei weitere Bilder vor Augen kommen... Ein Feld bleibt frei... Wenn Du die fünf Bilder fertiggestellt hast, gib' jedem Bild einen Namen; z. B.: Der ewige Helfer - Die verschmähte Liebhaberin - etc... Schreib' den Titel jeweils unter das betreffende Bild.

Wenn alle Gruppenmitglieder mit dem Malen und Beschriften fertig sind, kommen je drei bis vier von ihnen zu einer Kleingruppe zusammen, um die Bilder besprechen zu können. Dazu stehen etwa 45 Minuten zur Verfügung, wobei es eine Aufgabe der Teilgruppe sein kann, für jedes frei gebliebene Feld Titelvorschläge zu machen. Jeder wählt dann den Vorschlag, der ihm persönlich am besten zugedacht erscheint und malt ein entsprechendes Bild in das freie Feld. Die fertiggestellten und besprochenen Bilder können dann wieder im Haus aufgehängt werden, so daß jedes Gruppenmitglied Einblick in die Öllampenbilder nehmen kann. Der Ausklang dieser Sitzung sollte möglichst unstrukturiert verlaufen, d. h.: es kann offen bleiben, ob sich alle Teilnehmer im Plenum treffen oder sich neue Spontangruppen vor den Bildern treffen.

3. Tag:

1. und
2. Sitzung: Feedback-Übung (etwa 3 Stunden)

Mit dieser Übung kann es gelingen, die projektiven Anteile in den Aussagen des Feedback-Gebers deutlich werden zu zu lassen; das heißt: ich mache deutlich, daß jede Rückmeldung auf eine andere Person hin auch eine Rückmeldung über mich selbst enthält.

Die Übung geht wie folgt:

Ein Gruppenmitglied, das Feedback erhalten möchte, gibt diesen Wunsch der Gruppe offen bekannt. Nacheinander kann jeder aus der Gruppe das Wort nehmen und sagen, welche Verhaltensweisen er am Feedback-Nehmer wahrgenommen hat. Seine Wahrnehmungen formuliert er in "Ich-Form" so, wie wenn er eine Aussage über sich selbst mache. Er sagt zum Beispiel nicht: "Juliane hält sich oft zurück" oder "Paul ist manchmal aufdringlich", sondern beginnt seine Aussage mit folgenden vier vorgegebenen Satzanfängen: Ich möchte (nicht)..., Ich will (nicht)..., Ich kann (nicht)..., Ich darf (nicht)... Zum Beispiel: "Ich möchte mich oft zurückhalten", oder: "Ich kann aufdringlich sein."

Die Gruppenleitung achtet darauf, daß keine Diskussion entsteht und der Feedback-Nehmer die Rückmeldungen auch in Ruhe aufnehmen kann. Wieviel Feedback der Feedback-Nehmer erhalten möchte, bestimmt er letztlich selbst. Allerdings sollte die Übung pro Person nicht länger als 10 Minuten dauern. Anschließend teilt er der Gruppe mit, welche der geäußerten Wahrnehmungen er sich "anzieht" bzw. nicht "anzieht". Es besteht auch die Möglichkeit, Gruppenmitglieder, die kein Feedback von sich geben, darum zu bitten.

Es empfiehlt sich, im Anschluß an diesen Teil der Übung eine kleine Körper-Entspannungsübung anzubieten, da auch bei gelockerter Kursatmosphäre mit Anspannungen zu rechnen ist.

Für die anschließende Auswertung können folgende Fragen gelten:

- Welche Aussagen, die Du als Feedback-Geber gemacht hast, treffen auch auf Dich zu?
- Entspricht das Feedback Deinen Erwartungen oder kam manches für Dich ganz überraschend?
- Was hast Du Neues und Erfreuliches über Dich erfahren?

- Gesichtsmassage (eingeschoben zur Entspannung)

Wir benötigen für diese kleine Übung Meditationsmusik mit ruhigen Panflötenweisen oder indischem Einschlag. Jedes Gruppenmitglied wählt einen Partner seines Vertrauens. Beide einigen sich darüber, wer zuerst Geber und dann Nehmer ist. Der Nehmer legt sich ganz ausgestreckt auf den Rücken und atmet tief aus und ein. Wenn die Musik einsetzt, beginnen die Geber noch nicht sofort mit der Gesichtsmassage, sondern betrachten zunächst eine Weile aufmerksam die Gesichtszüge ihrer Nehmer. Dann legen sie ganz vorsichtig ihre flachen Hände auf die Wangen der Nehmer und lassen sie dort kurze Zeit liegen. Anschließend lassen die Geber ihre Zeige- und Mittelfinger langsam über das ganze Gesicht des Nehmers gleiten, ohne abzusetzen. Wichtig ist hierbei insbesondere auch der Stirnbereich: Als besonders wohltuend wird erlebt, wenn das Gleiten entlang des Haaransatzes etwas kräftiger erfolgt. Abschließend legen die Geber eine Hand quer über die Stirn und heben sie etwas später im Ausatem-Rhythmus ihres Nehmers ab.

Nach 15 Minuten werden die Rollen gewechselt.

3. Tag:

3. Sitzung: Die Phantasiereise zum weisen Mann (1) (etwa 120 Minuten)

Für diese Phantasiereise ist es sinnvoll, sich einen bequemen Platz zum Sitzen oder Liegen auszusuchen. Sie sollten ausgestreckt auf dem Rücken liegen. Die Anleitung lautet:

Stell' Dir vor, Du gehst bei Nacht einen Bergpfad hinauf: Der Vollmond scheint hell, so daß Du den Pfad und auch recht viel von der Umgebung erkennen kannst... Wie ist der Weg?... Was siehst Du um Dich herum?... Was empfindest Du, wenn Du so bergan steigst?... Vor Dir ist ein kleiner Seitenweg, der höher hinauf zu einer Höhle führt. Hier wohnt ein weiser Mann, der Dir auf jede Frage antworten kann. Geh' den Seitenweg hinauf zur Höhle... Beachte, wie die Umgebung sich ändert, wenn Du näher zur Höhle kommst... Vor der Höhle brennt ein kleines Holzfeuer und Du kannst im Schein der Flamme einen alten, weisen Mann verschwommen erkennen... Geh' hinauf, leg' Holz nach und setz' Dich still hin... Das Feuer brennt heller und nun kannst Du den Mann deutlich sehen. Laß' Dir Zeit, ihn wirklich wahrzunehmen - seine Kleider,... seine Gestalt,... sein Gesicht,... seine Augen... Richte eine Frage an ihn, die Dir wichtig ist und während Du sprichst, gib' acht, wie der Weise auf das reagiert, was Du sagst. Vielleicht antwortet er mit einer Bewegung oder einem Gesichtsausdruck, vielleicht spricht er aber auch oder zeigt Dir etwas... In welcher Art antwortest Du?...

Jetzt bist Du selbst der weise Mann...

Wie ist Deine Existenz als solcher?... Wie gestaltet sich Dein Leben? Wie begegnest Du dem Besucher, der Dich fragt?... Was empfindest Du ihm gegenüber?... Wie reagierst Du auf seine Frage - mit Worten, Gesten, oder mit einer Tat?...

Tausche jetzt wieder die Rollen und setz' den Dialog fort... Verstehst Du, was der Weise Dir sagt?... Hast Du sonst noch Fragen an ihn?... Was empfindest Du ihm gegenüber?...

Setz' das Gespräch fort, jetzt wieder in der Rolle des Weisen: Was kannst Du dem Besucher sonst noch sagen?...

Du bist Du selbst.

Bald wirst Du Dich vom weisen Mann verabschieden müssen... Sag' ihm vorher noch irgendetwas... Gerade während Du

Abschied nimmst, wendet der Mann sich um und greift in einen alten Lederbeutel, um etwas ganz Besonders zu suchen, das er Dir schenken möchte... Er zieht es hervor und gibt es Dir mit nach Hause... Sieh' Dir das Geschenk an... Was empfindest Du jetzt gegenüber dem alten Mann?... Sag' es ihm und nimm' Abschied... Wende Dich ab und geh' den Bergpfad hinunter. Das Geschenk hast Du bei Dir... Achte gut auf den Weg, damit Du ihn später einmal erkennst, wenn Du den Mann wieder besuchen willst... Nimm' die Umgebung genau wahr... Wie ist Dir zumute?... Halte die Augen geschlossen und bring' das Geschenk mit, wenn Du in dies Zimmer zurückkommst... Betrachte das Geschenk genau... Was hat der weise Mann Dir mitgegeben?... Betaste,... berieche es,... dreh' es vorsichtig um und betrachte es sorgfältig...

Jetzt wirst Du selber das Geschenk... Identifiziere Dich mit ihm und beschreib' Dich. Wie kommst Du Dir jetzt vor?... Was für Eigenschaften hast Du?... Was tust Du, oder in welcher Art kann man Dich gebrauchen und schätzen?

Kehr' zu Dir selbst zurück und betrachte das Geschenk; vielleicht entdeckst Du etwas Neues daran?... Etwa eine Veränderung oder etwas, das Dir vorher nicht aufgefallen war?... Wenn Du jetzt gleich in die Gruppe zurückkommst, nimm' Dir ein paar Ölkreiden und einen Zeichenblock, um das Geschenk bildhaft darzustellen und dann mit jemandem darüber zu sprechen.

Für das Malen können etwa zwanzig Minuten zur Verfügung eingeplant werden. Anschließend sucht sich jedes Gruppenmitglied einen Partner zum Erfahrungsaustausch. Wer mag, kann im Anschluß daran sein Bild mit Tesakrepp an die Wand heften.

Bei diesem angeleiteten Wachtraum aus der gestaltorientierten Weiterbildung können wir mit tiefen Erfahrungen und Erlebnissen der Teilnehmer rechnen.

4. Tag:

1. Sitzung: Hinweise zu Phantasiereisen (etwa 60 Minuten)

Diese Minilektion soll den Teilnehmern einerseits Einblick in den Sinn und Zweck von Phantasiereisen zur Selbsterfahrung nach John O. Stevens (1975) geben, sie motivieren, eigene Phantasiereisen zu entwickeln.

Alle Phantasiereisen benutzen die gleichen Mittel:

- Projektion in eine Phantasiesituation,
- Re-Identifikation durch Rollenspiel,
- Re-Identifikation durch den Dialog oder
- Re-Identifikation durch Malen der auftauchenden Bilder

Beim wiederholten Einsatz von Phantasiereisen machen wir immer wieder neue Entdeckungen, zum Beispiel, daß manche unserer wichtigen Gefühle und Themen immer wieder auftauchen. Unser Erleben innerhalb der Phantasiereise ist eine reale Äußerung unserer Existenz, wie wir tatsächlich leben, fühlen und funktionieren.

Phantasiereisen sind besonders wertvoll, wenn über sie sofort mit jemandem gesprochen werden kann, und zwar in der ersten Person Präsens, so, als würde alles eben erst geschehen. Dieses Erzählen vertieft das Gefühl der Identifikation mit dem Erleben und verhilft zu dem Wissen, daß es nicht "nur reine Phantasie" ist, sondern ein wichtiger Ausdruck des Selbst und der eigenen Lebenssituation. Während wir in der Gegenwartsform von unserem Erleben berichten, werden wir oftmals weiterer wichtiger Einzelheiten gewahr, die wir während der Phantasiereise selbst nur ungenau bemerkt haben. Außerdem kann ein Zuhörer Einzelheiten oder Aspekte wahrnehmen, die wir übersehen oder ignorieren; er kann Auslassungen und Umgehungen feststellen. So wird es möglich, die Phantasie genauer zu erforschen und das wahrzunehmen, was nicht beachtet, vermieden oder verdrängt wird.

Während wir einem Gesprächspartner über unsere Gefühle und Erlebnisse in der Phantasie-Existenz berichten, werden wir oft merken, daß wir hier viel ehrlicher und persönlicher sprechen, als das sonst in der Unterhaltung mit anderen möglich ist. Wir decken oft eine Menge über uns und unsere Existenz auf und können erfahren, wie andere Menschen auf unsere Ehrlichkeit hin reagieren.

Es ist wertvoll, sich selbst genauer wahrzunehmen, und es ist auch wichtig, die eigene Wahrnehmung einem Gegenüber mitzuteilen, so daß das eigene Leben in aufrichtigem Kontakt mit anderen Menschen verbunden wird. Die Wirksamkeit von Phantasiereisen wird erhöht, wenn am Anfang der Anleitung ganz bestimmte Anweisungen gegeben werden: Bequeme Körperhaltung, geschlossene Augen, gesammelte Aufmerksamkeit, die sich auf das innere Erleben richtet, Fühlungsannahme mit Körperempfindungen, mit dem Atem etc.

Es ist unmöglich, sich dem inneren Erleben der Phantasie hinzugeben, wenn wir angespannt und noch mit frischen Eindrücken und Gedanken aus der Außenwelt beschäftigt sind.

4. Tag:

2. Sitzung: Die Gefühlskiste (etwa 90 Minuten)

Für diese Übung brauchen wir einen großen Bogen weißen Papiers, auf den wir unsere "Gefühlsskizze" aufzeichnen mit den angeführten Kästchen und dem Text, etwa so:

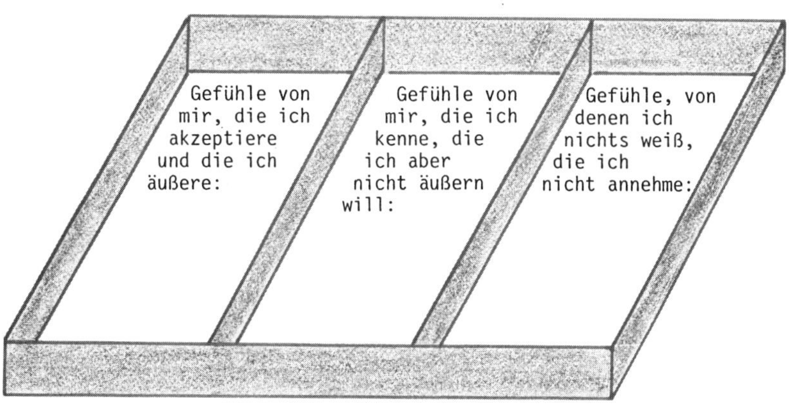

Für die Eintragung unserer Selbstwahrnehmung in die beiden "Kästchen" nehmen wir uns zehn Minuten Zeit. Danach sucht sich jeder Teilnehmer einen Partner, dem er die ersten beiden Aspekte erläutert, und der ihm dabei hilft, auch an ihm nicht bekannte Gefühle heranzukommen (3. Kästchen), damit sie möglicherweise später in ein anderes Kästchen "umgeräumt" werden können. Die anschließende Plenarsitzung dient dem Mitteilen etwaiger neuer Erkenntnisse über sich selbst.

4. Tag:

3. Sitzung: Die Baum-Phantasie (etwa 45 Minuten)

Stell' Dir vor, auf einer sonnenbeschienenen Wiese zu sitzen... Es geht ein leiser Wind, den Du auf Deinem Gesicht spürst... Du siehst auch, wie sich die Blumen im Wind wiegen,... und vielleicht summen ein paar Bienen durch die Luft... Es ist ein warmer Tag... Du siehst jetzt am Ende der Wiese einen großen Baum stehen... Und Du stehst auf und gehst hinüber zu dem Baum... Während Du in seine Nähe kommst, hörst Du das Rauschen der Blätter... Jetzt stehst Du unter dem Baum und schaust Dir seine Rinde an... Spüre, wie sie sich anfühlt und merke, wie dick der Baum ist: Kannst Du ihn noch mit Deinen Armen umfassen?... Nun sieh' auch, daß der Baum viele Samen hat... Nimm' einen von diesen Samen in die Hand und schau' ihn Dir im Sonnenlicht an...

Nun scharre eine kleine Kuhle in die Erde und lege den Samen hinein... Nimm' ein wenig Wasser aus dem nahen Bach und begieße ihn... Nun sieh', wie der Samen anfängt, sich zu regen und wie zur gleichen Zeit ein Wurzelwerk anfängt, in den Boden zu wachsen und auch nach oben... Es nimmt Feuchtigkeit auf und wächst... Erst ist da eine kleine Pflanze, viel kleiner als die Gräser... Sie ist ganz zart und grün und noch ganz unerfahren... Aber sie scheint zu wissen, was sie will... Sie wird größer, und ihr Wurzelwerk verdichtet sich, und bald ist sie eine junge Pflanze, so groß wie das Gras... Sie ist aber ein werdender Baum, den eine Hand noch umfassen kann... Er bekommt jetzt schon dicke, tiefe Wurzeln...

Und nun identifiziere Dich mit diesem jungen Baum und fühle, wie Du wächst,... wie Deine Wurzeln tief in die Erde hineinwachsen... Nun geh' mit Deinem Bewußtsein in die wachsende Baumkrone,... nun in die vielen Blätter, die das Sonnenlicht aufnehmen... Sie nehmen so viel Licht, wie sie brauchen - es ist genug davon da... Und nun spüre Dich in Deinem Stamm...

Der Baum ist nun schon älter geworden... Spüre das feste und auch das schon abgestorbene Holz in Dir: das ist Deine Geschichte, Dein vergangenes Leben, das Dir Halt und Sicherheit gibt, das Dich bis heute begleitet hat... Spüre Dich in Deiner Rinde: Sie ist lebendige Grenze, verletzbar und zugleich fest... Du bist ein großer, starker Baum, und während die Jahreszeiten sich ändern, erlebst Du Dein ruhiges, organisches Wachstum...

Und nun bemerke, wie ein Gewitter aufzieht, der Himmel sich verdunkelt und stärkerer Wind aufkommt... Jetzt wird der Wind zum Sturm... Unter seinem Druck biegst Du Dich und versuchst standzuhalten, je nach Deiner Art... Jetzt aber wird der Sturm so mächtig, daß er Dir einen kräftigen Ast geradezu abreißt... Du hörst das Knirschen und fühlst, wie schwer verletzt Du bist...

Und dann kommt der Heilungsprozeß:... Er fängt jetzt an... Spüre, wie Dein ganzer Organismus anfängt, sich an den verletzten Stellen neu zu bilden, zu heilen... und wie selbstverständlich das ist,... daß Du nur zusehen brauchst, wie sich alles organisch verschiebt, bis die Wunde ganz verheilt ist... Komm' jetzt zurück zu Dir selbst, identifiziere Dich mit Dir selbst und schau' Dir den Baum, den neuen Baum auf der Wiese an.

Wer mag, kann den neuen Baum jetzt malen.

4. Tag:

4. Sitzung: Ein Brief an mich selbst (etwa 45 Minuten)

Wir benötigen für diese Sitzung Briefpapier, Briefumschläge und Schreibzeug. Jeder Teilnehmer sucht sich einen stillen Platz, wo er ungestört einen Brief an sich selbst schreiben kann, der etwa so beginnen könnte:

> Liebe......./ Lieber........
>
> Ich bin jetzt in einem Selbsterfahrungskurs
> in...... und es geht mir..................
> ....
> ....
> ....

Jeder Teilnehmer steckt dann den Brief in eine Briefhülle, die mit der eigenen Anschrift adressiert wird. Es wird ausgemacht, daß eine Person, die das Vertrauen der Gruppe genießt, die Briefe an sich nimmt und 6 Wochen später bei der Post aufgibt.

5. Tag:

1. Sitzung: Sammeln von Wertmarken (etwa 60 Minuten)

Für diese Übung nach M. James /O. Jongeward brauchen wir ein vo vorbereitetes Arbeitspapier nach folgendem Muster:

Deine Sammlung schwarzer Wertmarken

1. Versuch' Dich an eine Situation - vorzugsweise aus Deinem Berufsfeld - zu erinnern, wobei Du ein negatives Gefühl hattest.
   Wie war die Situation konkret gestaltet?

   ____

   ____

2. Wer war daran beteiligt?

   ____

   ____

3. Welche Gefühle hattest Du?

   ____

   ____

4. Ärgert Dich die Situation bzw. die betreffende daran beteiligte Person immer noch?

Deine Sammlung goldener Wertmarken

Versuch' Dich an eine Situation vorzugsweise aus Deinem Berufsfeld zu erinnern, wo Du positive Zuwendung erhalten hast in Begleitung eines positiven Gefühls.
Wie war die Situation konkret gestaltet?

____

____

Wer war daran beteiligt?

____

____

Welche Gefühle hattest Du?

____

____

Fühlst Du Dich bei der Erinnerung an die Situation jetzt auch noch gut?

____

____

Mach' Dir auch in den kommenden Wochen gelegentlich Deine Sammlung schwarzer und goldener Wertmarken bewußter. Vergrößere Deine Sammlung goldener Wertmarken. Verkleinere Deine Sammlung schwarzer Wertmarken.

Für die Beantwortung der Fragen steht eine Viertelstunde zur Verfügung.
Die Gruppe bleibt im Plenum. Wer mag, stellt seine beiden Situationen und die dabei erlebten Gefühle vor. Die Gruppenleitung interveniert dabei so wenig wie möglich.

5. Tag:

2. Sitzung: Mein Wertmarken-Buch (etwa 60 Minuten)

In Form einer Minilektion mit Bezug auf die Übung "Sammeln von Wertmarken nach James und Jongeward" soll in dieser Sitzung ein Feedback-Instrument vorgestellt werden, das Möglichkeiten bietet, sich in der beruflichen Alltagssituation Klarheit über das eigene Umgehen mit guten und schwierigen Situationen zu verschaffen.

Im Wertmarken-Buch werden statt "Wertmarken" negative und positive "Gefühlsmarken" festgehalten. Im "Schwarzen Markenfeld" tragen Sie negative Gefühle ein, im "Goldenen Markenfeld" positive Gefühle, die Sie tatsächlich in der jeweils angegebenen Zeit bei der Kommunikation mit Kollegen eingesteckt haben.

Dieses Instrument soll Sie ermutigen, gelegentlich mit Arbeitskollegen oder auch mit Freunden das Wertmarken-Buch zu besprechen.
Die Vorlage ist so gestaltet, daß sie leicht aus diesem Trainerleitfaden heraus kopierbar ist, und wir, Autor und Verlag geben hiermit ausdrücklich die Genehmigung zur Vervielfältigung.
Der Platz reicht für kleinere Eintragungen. Das halte ich für sinnvoller, als wenn tatsächlich schwarze oder goldene Marken wie beim "Punkte-Spiel" (s. Kap. 2.5, 4. Tag) eingeklebt werden.

Das Goldene-Wertmarken-Feld

Nur für meinen persönlichen Gebrauch und zum Besprechen mit Kollegen und Freunden

Name:______________________________

Datum	Tageszeit		

Überleg´Dir, mit welchen Gefühlen und Handlungen diese Sammlung goldener Wertmarken in Deinem Berufs- bzw. Privatleben verbunden ist. Schreib´s Dir auf, damit Du mit einem Kollegen oder Freund darüber sprechen kannst. Vielleicht legt er sich dann auch ein solches Wertmarken-Buch zu.

Das Schwarze-Wertmarken-Feld

Nur für meinen persönlichen Gebrauch und zum Besprechen mit Kollegen und Freunden

Name:______________________________

Datum	Tageszeit		

Überleg´ Dir, mit welchen Gefühlen und Handlungen diese Sammlung schwarzer Wertmarken in Deinem Berufs- bzw. Privatleben verbunden ist. Schreib´s auf, damit Du mit einem Kollegen oder Freund darüber sprechen kannst. Vielleicht legt er sich dann auch ein solches Wertmarken-Buch zu.

5. Tag:

3. Sitzung: Abschluß-Phantasie (etwa 60 Minuten)

Zu dieser Abschluß-Phantasie setzen sich alle Gruppenmitglieder fest auf ihren Sitzplatz und lassen ihrer Atmung freien Lauf. Der Oberkörper ist aufgerichtet, die Schultern werden zwei- bis dreimal beim Einatmen hochgezogen und dann beim Ausatmen fallengelassen. Wir lassen uns dann mit dem Oberkörper ganz schwer werden auf der Sitzfläche.

Die weitere Anleitung lautet:

Du stellst Dir vor, daß Deine Wangenmuskulatur ganz locker wird und die Muskelstränge links und rechts vom Kiefer herunterhängen... Die Stirn wird ganz glatt, wie wenn jemand mit seiner Hand die Denkfalten glattgestrichen hat... Du hast Zeit und Ruhe,... allein dadurch, daß die Kollegen links und rechts von Dir sich ebenfalls Zeit und Ruhe nehmen.

Stell' Dir vor, daß Du jetzt von Deinem Sitzplatz aufstehst und in einen Nadelwald spazierst. Der Weg in diesem Wald ist breit genug, daß Du gelegentlich auch Deine Arme nach links und rechts ausbreiten kannst, ohne das Nadelwerk berühren zu müssen... Der Nadelduft ist ganz intensiv, und Du atmest tief ein...

Du kommst wenige Zeit später an eine Lichtung mit einem wunderschönenen, still gelegenen, kleinen Waldsee... Du läßt Dich am Rande des Waldsees nieder und betrachtest die Landschaft... Nach einer Weile nimmst Du einen kleinen Stein auf und wirfst ihn in das Wasser, so daß es Kreise zieht,... die immer weiter werden,... bis das Wasser schließlich wieder ruhig ist...

Jetzt läßt Du in aller Ruhe wie auf einem Bildstreifen die vergangene Woche an Dir vorüberziehen... Was ist für Dich jetzt noch bedeutsam,... und was möchtest Du davon der Gruppe im Abschlußblitzlicht mitteilen?...

Nach einer Weile nimmst Du wieder einen Stein auf und wirfst ihn in den Waldsee... Das Wasser zieht auch jetzt wieder Kreise, doch Du stehst auf, bevor sich das Wasser wieder ganz beruhigt hat und kommst den Waldweg zurück bis zu uns hierher in die Gruppe. Was möchtest Du uns jetzt in der Schlußrunde von Dir mitteilen?

2.4. Aufbaukurs 2: Training in Situativer Konfliktgesprächsführung

2.4.1. Einführung und Literaturhinweise

Im Gespräch zwischen "Konfliktpartnern" (z. B. Eltern - Kinder, Vorgesetzten - Mitarbeitern, Kollegen miteinander etc.) und in der Kriseninterventíon zwischen Klient und Berater kommt neben dem Inhalt besonders der Art der Gesprächsführung entscheidende Bedeutung zu. Dabei steht jeder, der eine Beraterrolle einnimmt, zunächst in der Gefahr, durch seinen Informationsvorsprung in eine "bevormundende" Rolle zu verfallen. Bevormundung aber bedeutet meist, daß wir uns nicht auf die Situation und die Wünsche des Klienten konzentrieren, sondern unsere eigenen Interessen verfolgen wollen.

Das Ziel einer Situativen Konfliktgesprächsführung besteht also darin, dem Partner zu helfen, seinen Konflikt in Worte zu kleiden, damit er sich anderen Menschen mitteilen kann.
Daneben beruht die Situative Konfliktgesprächsführung auf der Erkenntnis, daß es wenig effektiv ist, bei Konflikten lediglich die Symptome zu beseitigen, wenn es sich in Wirklichkeit um eine Störung des Gemeinschaftsgefühls handelt.

Um die Situative Konfliktgesprächsführung einzuüben, berufen wir uns auf die Arbeitsansätze der Gestalt-Wahrnehmungs-Schulung nach John O. Stevens, dem Training in nicht-direktiver Bedeutung nach Carl R. Rogers und Thomas Gordon und der Kommunikationspsychologie nach Friedemann Schulz von Thun und Eric Berne.

Wir unterscheiden dabei grundsätzlich zwischen drei Zonen der Wahrnehmung:

- Wahrnehmung der äußeren Welt:
  Hier ist der aktuelle sensorische Kontakt mit Gegenständen und Abläufen des gegenwärtigen Augenblicks gemeint, Kontakt mit dem, was ich jetzt gerade sehe, höre, rieche, schmecke oder berühre.

- Wahrnehmung der inneren Welt:
  Hier ist der aktuelle sensorische Kontakt mit gegenwärtigen inneren Vorgängen gemeint, das, was ich im Augenblick in meinem Körper fühle: Stechen, Muskelverspannungen und Bewegungen, körperliche Manifestation von Gefühlen und Empfindungen, Unbehagen, Wohlgefühl etc.

- Wahrnehmung, die sich auf die Aktivität der Phantasie gründet:
  Hierzu gehört alles Erklären, sich Vorstellen, Interpretieren, Vermuten, Denken, Vergleichen, Planen, jede Erinnerung an Vergangenes, jedes Vorausnehmen der Zukunft usw. (So bin ich zum Beispiel gespannt, wie lange ich an diesem Handbuch schreiben werde. Ich stelle mir vor, wie es nach der Vollendung aussehen wird, und wie Sie, der Leser, darauf reagieren, ob Sie es nützlich finden zum Beispiel. Doch das ist im Augenblick ganz unrealistisch. Das Buch ist noch nicht fertig, ich kann es noch nicht in seiner Ganzheit sehen, und Sie können es weder sehen noch darauf reagieren, antworten. All das existiert in meiner Phantasie).

In diesem Kurs beschäftigen wir uns überwiegend mit der Wahrnehmung der äußeren Welt, d. h. konkret mit dem, was sich bei dem Menschen innerlich abspielt, der zu uns kommt, um sich Rat zu holen; wir schulen die aktive Wahrnehmung, das verständnisvolle Zuhören.

Wir bedienen uns dazu auch einiger Übungen aus der nicht-direktiven Beratung nach Carl R. Rogers sowie Friedemann Schulz von Thuns bzw. Eric Bernes Kommunikationspsychologie und lernen dabei

- die verschiedenen Stufen des Situativen Beratungsgesprächs kennen,
- fördernde von hindernden Reaktionen zu unterscheiden,
- wie die Selbstexploration des Ratsuchenden gefördert werden kann,
- wie der "Berater" Echtheit und Selbstkongruenz praktizieren kann.
- wie Verbalisierungen im Hinblick auf ihre Gesamt-Aussage analysiert werden können.

Was geschieht in der Situativen Konfliktgesprächsführung?
(nach C. R. Rogers: Klientenzentrierte Gesprächspsychotherapie, 1978)

Der Gesprächspartner/Ratsuchende wird vom Berater:

- aufmerksam und geduldig angehört
- bedingungslos angenommen und ernstgenommen (mit allen seinen schwierigen Gedanken, negativen und positiven Gefühlen usw.)
- mit Einfühlungsvermögen in seinen Erlebnissen, Wünschen und Empfindungen verstanden, so daß ein freies und offenes Reden möglich wird.
- befähigt, mehrbödige Botschaften zu entschlüsseln
- mit der Möglichkeit konfrontiert, seine Konflikte selber zu erkennen und zu lösen
- auf seinem Weg zum Selbstvertrauen begleitet.

Was geschieht nicht in der Situativen Konfliktgesprächsführung?

Der Gesprächspartner/Ratsuchende wird vom Berater:

- nicht nach einem allgemeinen (psychologischen oder weltanschaulichen) Schema behandelt
- nicht ungeduldig und kurzschlüssig bedient
- nicht moralisch bewertet oder gar verurteilt
- nicht mit Hindernissen und Ratschlägen, Forderungen und Befehlen in die Enge getrieben

Um die Bedingungen der Situativen Konfliktgesprächsführung erfüllen zu können, beschäftigt sich der "Berater" in diesem Kurs schwerpunktmäßig mit folgenden Lernzielen:

- Einüben Aktiver Wahrnehmung und verständnisvollen Zuhörens
- Erkennen von fördernden und hemmenden Reaktionen in der Gesprächsführung
- Förderung der Selbstexploration des Klienten
- Förderung von Echtheit und Selbstkongruenz

- Einüben partnerschaftlichen Verhaltens
- Anpassung des Sprachniveaus
- Balance-Halten zwischen Distanz und Nähe
- Reflexion kommunikationspsychologischer Erklärungshilfen

Literatur:

BANDLER, R. und GRINDER, J.:
Reframing. Ein ökologischer Ansatz in der Psychotherapie (NLP). Junfermann, 1985

ROGERS, C.R.:
Die klientzentrierte Gesprächspsychotherapie. Fischer, 1978

SCHULZ VON THUN, F.:
Miteinander reden: Störungen und Klärungen. Psychologie der zwischenmenschlichen Kommunikation. Rowohlt, 1987

WATZLAWICK, P., BEAVIN, J.H., JACKSON, D.D.:
Menschliche Kommunikation. Formen, Störungen, Paradoxien. Huber, 1985

WEEKS, G.R. und L'ABATE, L.:
Paradoxe Psychotherapie. Theorie und Praxis in der Einzel-, Paar- und Familientherapie. Enke-Verlag, 1985

2.4.2. Ablauf Aufbaukurs 2

1. Tag:

1. Sitzung: Die Eingangstür zu diesem Kurs (etwa 120 Minuten)

Für diese Übung benötigen wir Zeichenblock und Ölkreiden. Die Teilnehmer sind eingeladen, innerhalb von 30 Minuten eine Tür zu malen, die den Einstieg in diesen Kurs symbolisiert. Es sollte dabei deutlich werden, wie diese Tür beschaffen ist, wo sie hinführt und in welchen Rahmen sie gehängt ist. Im Anschluß daran stellt sich jeder durch Identifikation mit seiner Tür vor. Zum Beispiel: "Ich bin die Tür zu einem Garten, in dem es viel zu sehen gibt. Auch wenn ich zugemacht bin, so kann der Betrachter immer noch erkennen, wie es dahinter aussieht. Ich bin nämlich ein schmiedeeisernes Törchen, das fest in seinen Rahmen gehängt ist, etc."

Des weiteren bitten wir die anderen Gruppenmitglieder mitzuteilen, was sie über das Gesagte hinaus noch auf dem Bild erkennen, wenn sie es allein unter "augenscheinlichen" Wahrnehmungsgesichtspunkten betrachten, ohne die Phantasie mit einzubeziehen. Der Bildautor teilt abschließend mit, was von dem Gesagten auf seine Einstiegssituation in diesen Kurs zutrifft.

1. Tag:

2. Sitzung: Schulz von Thuns Denkhilfen zur Situativen Konfliktgesprächsführung (etwa 45 Minuten)

"Die ausgewogene 'Vierohrigkeit' sollte zur kommunikationspsychologischen Grundausrüstung des Empfängers gehören. Von Situation zu Situation ist dann zu entscheiden, auf welche Seite(n) zu reagieren ist."

Diese Minilektion soll auf das Erklärungsangebot des Kommunikationspsychologen Friedemann Schulz von Thun hinweisen, der erstmals 1976 in dem Taschenbuch 'Kommunizieren lernen und umlernen' mit Bezug auf Karl Bühler, Alfred Adler, Paul Watzlawick und anderer vier mögliche Seiten ein und derselben Nachricht deutlich machte. Das heißt: Eine Nachricht enthält vier verschiedene Botschaften des Senders:

- den Sachinhalt,
- Informationen über den Sender ("Selbstoffenbarung"),
- einen Appell an den Empfänger,
- eine Aussage über die Beziehung des Senders zum Empfänger.

Die drei letzten Aspekte nennt man auch den "metakommunikatorischen" Anteil der Nachricht, da sie Hinweise darauf geben, wie die Information aufzufassen ist.

Dieses Modell gestattet es, die Vielfalt möglicher Kommunikationsstörungen und -probleme besser einzuordnen. Es öffnet den Blick für verschiedene Trainingsziele zur Verbesserung der Kommunikationsfähigkeit.

Im Rahmen der Situativen Konfliktgesprächsführung, wie sie in diesem Kurs vorgestellt wird, erscheint mir das Denkmodell Friedemann Schulz von Thuns als diagnotische Hilfe zur Betrachtung von gesendeten Nachrichten, bevor seitens eines "Helfers" in irgendeiner Weise interveniert wird. Es löst auch die meiner Meinung nach allzu starke Betonung der "Verbalisierung emotionaler Erlebnisinhalte" auf, wie sie bei den meisten Trainings in helfender Konfliktgesprächsführung angewandt wird und ist eine entscheidende Hilfe für die Gestaltung einer Aktiven Wahrnehmung im Sinne von Lernstrategie 2 dieses Trainings.

Es kommt auch dem von mir in die Situative Konfliktgesprächsführung einbezogenen "Erklären" entgegen, weil mir aufgefallen ist, daß viele Teilnehmer durchaus etwas davon "haben" können, wenn ihnen verständliche Denkhilfen geboten werden.

Die Denkhilfe Schulz von Thuns ist in folgendem Schema skizziert:

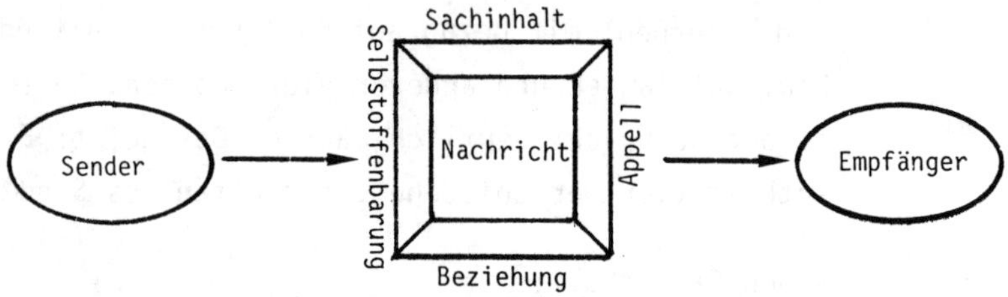

Sein Beispiel:

Seine Erklärung:

Sachinhalt:
Zunächst liefert die Nachricht eine Sachinformation: die Darstellung von Sachverhalt. Ich erfahre, daß da vorne eine Ampel ist und auf grün steht.

Selbstoffenbarung:
In jeder Information stecken nicht nur Informationen über die mitgeteilten Sachinhalte, sondern auch Informationen über den Sender. In unserem Beispiel können wir entnehmen, daß der Sender offenbar deutschsprachig und vermutlich farbtüchtig ist, überhaupt daß er wach und innerlich dabei ist. Ferner, daß er es vielleicht eilig hat usw. Allgemein gesagt: In jeder Nachricht steckt ein Stück Selbstoffenbarung, um damit sowohl die gewollte Selbstdarstellung als auch die unfreiwillige Selbstenthüllung einzuschließen.

Beziehung:

Aus der Nachricht geht ferner hervor, wie der Sender zum Empfänger steht, was er von ihm hält. Oft zeigt sich dies in der gewählten Formulierung und im Tonfall und anderen nichtsprachlichen Begleitsignalen. Für diese Seite der Nachricht hat der Empfänger ein besonders empfindliches Ohr; denn hier fühlt er sich als Person in bestimmter Weise behandelt (oder mißhandelt). In unserem Beispiel gibt der Mann durch seinen Hinweis zu erkennen, daß er seiner Frau nicht recht zutraut, ohne seine Hilfe den Wagen optimal zu fahren. Und die Frau wehrt sich gegen die Bevormundung. In ihrer Antwort ("Fährst Du, oder fahre ich!?") wehrt sie sich gegen diese Art, behandelt zu werden. Allgemein gesagt: Eine Nachricht senden heißt auch immer, zu dem Angesprochenen eine bestimmte Art von Beziehung auszudrücken.

Appell:

Schließlich wird kaum etwas nur so gesagt - fast alle Nachrichten haben den Zweck oder die tatsächliche Wirkung, auf den anderen Einfluß zu nehmen. In unserem Beispiel lautet der Appell vielleicht: "Gib ein bißchen Gas, dann schaffen wir es noch bei grün!" Dieser Appell-Aspekt ist vom Beziehungsaspekt zu unterscheiden. Denn den gleichen Appell kann man ganz verschieden senden - so, daß der Empfänger sich vollwertig oder herabgesetzt behandelt fühlt.

1. Tag:

3. Sitzung: Schulung der Vierohrigkeit nach Schulz von Thun (etwa 2 Stunden)

In dieser Übung wollen wir das Schulz von Thun'sche Nachrichtenquadrat aus der Sicht des Empfängers betrachten.

Zunächst möchte ich jedoch noch eine kleine Zusatzinformation in seinem Wortlaut geben:

"Je nachdem auf welche Seite er besonders hört, ist seine Empfangstätigkeit eine andere: Den Sachinhalt sucht er zu verstehen. Sobald er die Nachricht auf die Selbstoffenbarungsseite hin 'abklopft', ist er personaldiagnostisch tätig ("Was ist das für eine(r)?" bzw. "Was ist im Augenblick los mit ihm/ihr?"). Durch die Beziehungsseite ist der Empfänger persönlich besonders betroffen ("Wie steht der Sender zu mir, was hält er von mir, wen glaubt er vor sich zu haben, wie fühle ich mich behandelt?"). Die Auswertung der Appellseite schließlich geschieht unter der Fragestellung "Wo will er mich hinhaben?" bzw. im Hinblick auf die Informationssnutzung ("Was soll ich am besten tun, nachdem ich dies nun weiß?").
Der Empfänger ist mit seinen Ohren biologisch schlecht ausgerüstet: Im Grunde braucht er vier Ohren - für jede Seite der Nachricht ein Extra-Ohr:

Die nun folgenden Mini-Trainings dienen zur Unterscheidung der einzelnen "Extra-Ohren":

- Mini-Training des Sach-Ohrs

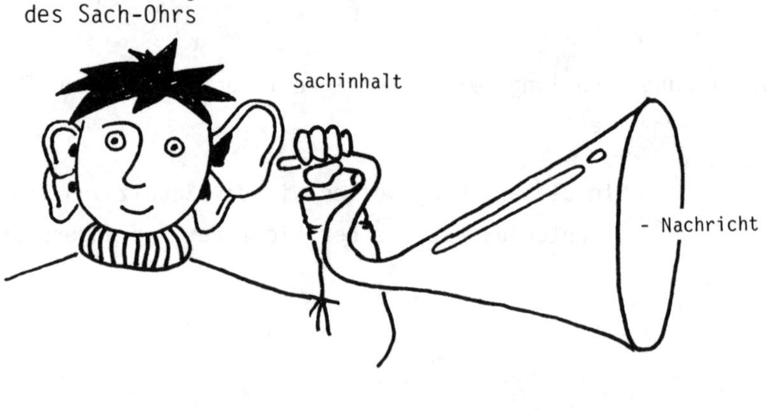

Die Gruppe teilt sich zu Paaren auf, verbleibt aber im Gruppenraum. Je zwei Gruppenmitglieder führen ein kurzes Gespräch miteinander unter Beachtung folgender Regel: "Was immer A sagt, B hört nur die sachlichen Anteile heraus und reagiert auf dieser Sachebene". Es folgt eine kleine Auswertungsphase.

- Mini-Training
  des Beziehungs-Ohrs

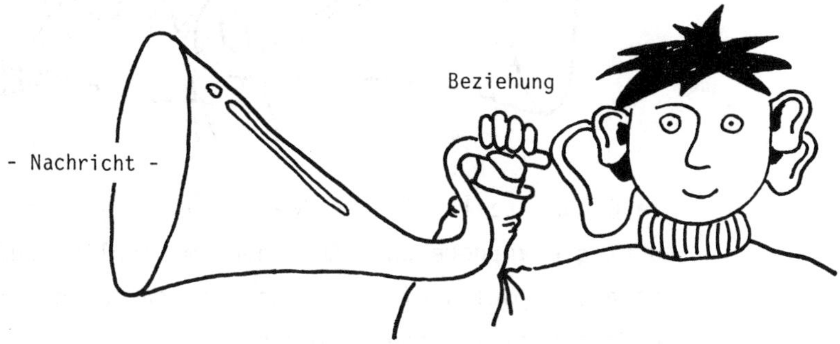

Die Gruppe teilt sich wieder in Paare auf mit der Rollenverteilung Sender und Empfänger. Der Sender hat die Aufgabe, den Empfänger anzusprechen und harmlose Dinge zu sagen. Der Empfänger soll auf der "Beziehungslauer" liegen und in jeder Nachricht eine gegen ihn gerichtete Gemeinheit wittern. Beispiele:

Sender	Empfänger
'Die Übung gefällt mir nicht'	'Wenn Sie sie lieber mit jemand anders machen wollen...'
'Schönes Wetter heute.'	'Ich weiß, daß ich oberflächlich bin - aber nur über das Wetter sprechen mag ich auch nicht.'
'Sie wirken heute sehr schwungvoll.'	'Ja, ich weiß, daß ich normalerweise einen schlaffen Eindruck mache.'

Es folgt eine kleine Auswertungsphase in den Zweier-Gruppen.

- Mini-Training
  des Selbstoffenbarungs-Ohrs

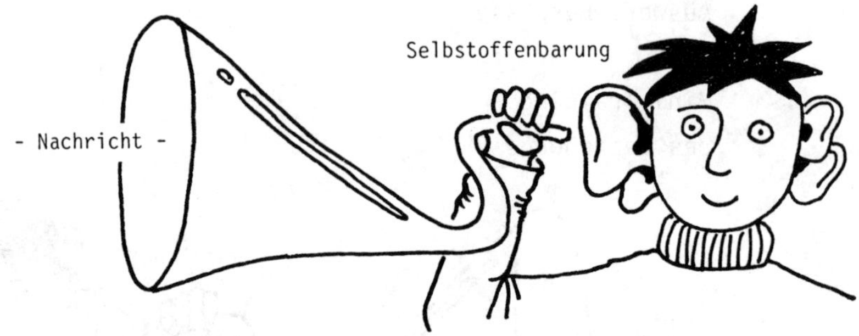

Die Gruppe teilt sich in Zweiergruppen auf und untersucht die vorgegebenen Aussagen im Hinblick auf darin enthaltene Selbstoffenbarungs-Botschaften des Senders.
Zu diagnostizierende Aussagen:

1. "Ich wußte schon, daß es schwierig ist, meinem Vater beizubringen, daß ich das Studienfach wechsle. Aber daß er so verständnislos ist... Er hat gar nicht hingehört, da fing er schon an zu schreien. Ich bin aufgestanden und schreiend hinausgegangen."

2. "Das Pauken fürs Examen erscheint mir als so sinnlos. Viel wichtiger ist, daß ich mich für den Erfolg meiner Partei bei den Wahlen einsetze. Das erfordert jetzt meine ganze Kraft."

3. "Du siehst ja ganz schön mitgenommen aus. Das hättest Du wohl nicht gedacht,. daß ich Dir mal so richtig meine meine Meinung geige."

4. "Sicher muß man in der Ehe partnerschaftliche Beziehungen anstreben. Wenn einer von der Arbeit heimkommt, ist

er natürlich erschöpft; andererseits besteht die Notwendigkeit, daß er sich um Verständnis für seinen Partner bemüht."

- Mini-Training des Appell-Ohrs

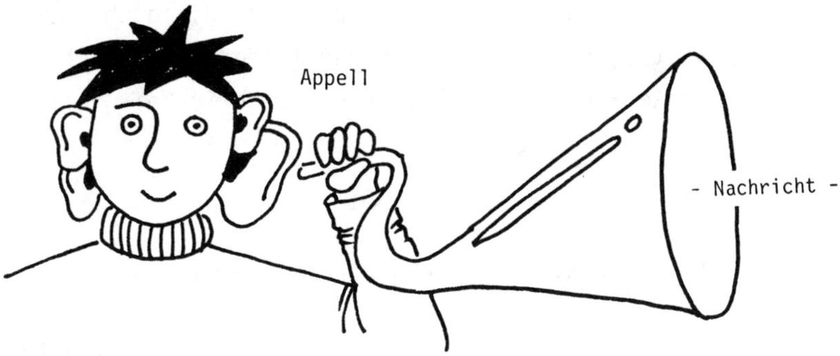

Die Gruppe teilt sich in Zweiergruppen auf mit der Rollenverteilung Sender und Empfänger. Der Sender hat die Aufgabe, den Empfänger anzusprechen und harmlose Dinge zu sagen. Der Empfänger liegt dabei auf der "Appell-Lauer" und reagiert entsprechend.

Beispiele:

Sender	Empfänger
'Haben Sie Lust zu der Übung?'	'Oh, wir können sie gerne überschlagen.'
'Ist noch Kaffee in der Kanne?'	'Ich koche sofort noch welchen.'
'Schönes Wetter heute.'	'Ja, wir können nach dem Kaffee gerne noch spazierengehen.'

Im Anschluß an diesen Teil der Übung empfiehlt sich eine Auswertungsrunde in der Gesamtgruppe, vielleicht mit dem abschließenden Hinweis darauf, daß die weitere Trainingsarbeit dem Gesamtanliegen der Humanistischen Psychologie dient, "uns von den eingefahrenen, klischeehaft-konventionellen Schnellreaktionen zu befreien und uns statt dessen Reaktionen zu ermöglichen, die nicht nur außengeleitet, sondern auch innengeleitet und gleichsam mit dem ganzen Gewicht der eigenen Persönlichkeit versehen sind."

2. Tag:

1. Sitzung: Alan Byrons Lastenträger (etwa 60 Minuten)

Diese Malübung hat eine kleine Geschichte zum Hintergrund, die von Alan Byron an einem Encounter-Wochenende erzählt und von Marianne Jensen in der Zeitschrift für Humanistische Psychologie wiedergegeben wurde (1978, Heft 1, S. 22f.).

"Stell' Dir einen Menschen vor, der bei allem, was er tut, einen schweren Lastensack mit sich herumträgt: Ein großer Teil seiner Energie wird durch das Tragen verbracht. Er geht gebückt und kann dadurch nur einen begrenzten Bereich seiner Umgebung wahrnehmen. Die Anstrengung macht ihn müde und schlapp, er stöhnt und ächzt. Seine Hände können nur dann etwas anderes tun, wenn er den Lastensack abstellt. Aber dann sind seine Gedanken damit beschäftigt, ihn nicht zu vergessen, aufzupassen, daß der Sack nicht gestohlen wird, usw.

Dieser Mensch ist abhängig von seinem Lastensack; die schwere Last bedrückt ihn, sie bestimmt sein Leben. Er kann nicht tun, was er möchte, ohne den Sack in seine Überlegungen mit einzubeziehen. Wenn wir davon ausgehen, daß viele von uns mit solch einer Last durch's Leben gehen, stellen sich folgende Fragen:

- Woher haben wir diese Last?
- Was enthält der Lastensack? Was macht ihn so schwer?
- Wie beeinträchtigt dieser Lastensack unser Leben?
- Wie können wir ihn loswerden?

Als gesunder Säugling sind wir mit der Fähigkeit ausgestattet, alle möglichen Gefühle zu haben; d. h. wir zensieren unsere Gefühle nicht, wir haben sie einfach. Eine Zensur geschieht erst durch die Umwelt, meistens durch die Eltern. Sie sind es, die auf unsere Gefühlsäußerungen reagieren: sie können sie akzeptieren, entsprechend damit umgehen oder sie ablehnen.

Ein Beispiel:
Ein Kind ist traurig oder wütend darüber, daß es allein ist. Es möchte, daß jemand bei ihm ist; es schreit und weint. Die Mutter hört das Schreien, und entweder nimmt sie das Kind in die Arme und streichelt es, oder sie probiert mehrere Möglichkeiten aus, bis sie die adäquate gefunden hat, oder aber sie zeigt Ablehnung, indem sie es alleine läßt. Und genau in dieser Situation fallen die ersten Tränen in den großen Sack, der dann später immer schwerer wird. Dieses Kind hat gelernt, daß seine Tränen nicht akzeptiert werden, daß bestimmte Gefühle nicht erlaubt sind, und diese Gefühle packt es ein.

Im Laufe unserer Kindheit erfahren wir, welche unserer Gefühle erlaubt und welche nicht erlaubt sind. Und während wir die erlaubten zeigen und mit ihnen umgehen können, verschwinden die unerlaubten; sie werden nach außen unsichtbar, vielleicht sogar für uns selbst. Aber sie sind da! Alle unerlaubten Gefühle zusammengenommen bilden den großen Sack, den wir zu tragen haben.

Manchmal versuchen die verborgenen Gefühle sich Luft zu verschaffen, aber es gelingt ihnen selten, einen direkten Weg zu finden. Sie entweichen an irgendeiner anderen Stelle und haben dann scheinbar mit der Situation, in der sie entstanden sind, nichts mehr zu tun. Die vergrabenen Gefühle sind bedrohlich für uns, nicht nur unsere eigenen, auch die der anderen: Also vermeide und bekämpfe ich Menschen, deren sichtbare (erlaubte) Gefühle meinen unerlaubten sehr ähnlich sind.

Die Aufteilung der Gefühle in erlaubte und unerlaubte spaltet unsere Identität. Das, was wir anderen von uns zeigen, ist nur ein Teil von uns. Den anderen Teil verstecken wir im Sack. Und während wir diesen Sack mit uns herumtragen, haben wir gar nicht bemerkt, daß wir inzwischen erwachsen geworden sind, daß wir nicht mehr von unseren Eltern abhängig sind, daß wir für unsere Gefühle selber Verantwortung übernehmen können.

Diese Gefühle sind ein Teil unserer Liebesfähigkeit; ohne sie sind wir gebückte Lastenträger. Wir haben keine Zeit und Kraft für Dinge, die Spaß machen, weil wir zu sehr mit dem Schleppen beschäftigt sind. Das muß aber nicht so bleiben. Wir können uns von dem Sack befreien, wenn wir das wirklich wollen."

Die Teilnehmer sind dazu eingeladen, in stiller Einzelarbeit ein Bild zu dieser Geschichte zu malen, wobei etwas von der Entwicklungsgeschichte der eigenen Gefühle zum Ausdruck kommen soll. Dieses Bild dient im weiteren Verlauf des Trainingstages als Gesprächsgrundlage für das Stufentraining zur Situativen Konfliktgesprächsführung.

2. Tag:

2. Sitzung: Demonstration der Präsenz des Beraters: Stufe 1 der Situativen Konfliktgesprächsführung (etwa 120 Minuten)

Die Teilnehmer teilen sich für diese Übung in Zweiergruppen auf, die möglichst für alle Teile des Stufentrainings beibehalten werden sollten. Deshalb ist die Auswahl des Gesprächspartners sorgfältig auszuhandeln.

Die Partner machen unter sich aus, wer erst Berater und dann im zweiten Teil Ratsuchender ist. Für jedes "Gespräch" stehen 20 Minuten zur Verfügung, in denen der Berater nichts anderes tut, als allein durch Mimik, Gestik und einige kurze verbale Äußerungen wie "Ja", "Mhm", "Genau", "Aha" oder ähnliches seine Präsenz zu demonstrieren. Der Ratsuchende stellt dabei einen persönlichen Konflikt vor.

Nach dem zweiten Durchgang von Stufe 1 der Situativen Konfliktgesprächsführung sprechen beide 20 Minuten über ihre Erfahrungen miteinander in dieser Übung.

Für das anschließende Plenum empfehle ich eine Auswahl unter folgenden Fragen zu treffen:

- Wie ist es mir als Berater dabei gegangen, daß ich nicht weiter "einsteigen" durfte?
- Hat mich das "Schweigen" des Beraters weitergebracht?

- An welchen Stellen hätte ich mir zusätzliche Reaktionen des Beraters gewünscht? Welche?

2. Tag:

3. Sitzung: Die vier Stufen situativer Konfliktgesprächsführung (etwa 60 Minuten)

Diese Mini-Lektion soll den stufenweisen Aufbau der Situativen Konfliktgesprächsführung vorstellen.

Stufe 1: Demonstration der Präsenz des Beraters

Auch ohne die Gefühle des Ratsuchenden zu verbalisieren, kann der Berater dem anderen Verständnis und die Bereitschaft zeigen, auf ihn einzugehen. Gesten wie Kopfnicken, ihn ansehen und bestätigende Laute wie "Aha", "Mhm" etc. zeigen dem Ratsuchenden, daß der Berater zuhört und sich mit ihm und seinen Äußerungen beschäftigt.

Auch ablehnende Reaktionen können nicht-verbal gezeigt werden. Etwa, wenn der Berater etwas nicht verstanden hat, anderer Meinung ist als der Ratsuchende oder mit eigenen Gedanken und Gefühlen stark beschäftigt ist, so daß er nicht "ganz dabeisein" kann.

Schwäbisch und Siems haben für diese Trainingsstufe eine kleine Übersicht angeboten, die ich an dieser Stelle zitieren möchte (Schwäbisch/Siems: Anleitung zum sozialen Lernen für Paare, Gruppen und Erzieher; S. 111):

Signale, die Ihre Bereitschaft ausdrücken, zuzuhören und zu verstehen	Signale, die ein Nichtverstehen oder Andersdenken anzeigen
Kopfnicken zugewandter freundlicher Blick, den Körper jemandem zuneigen, Arme verschränken. Äußerungen wie "Ja", "Hm", "Genau", "Aha" usw.	Kopfschütteln, Blick abwenden, sich zurücksetzen. Äußerungen wie "Nein", "Aber", "Ja-aber", "Ach was".

Stufe 2: Paraphrasieren der inhaltlichen Äußerungen

In Ergänzung zur Demonstration der Präsenz des Beraters ist es gelegentlich angebracht, die inhaltlichen Äußerungen des Ratsuchenden zu paraphrasieren, und dies sinnvoller Weise dann, wenn Unklarheit über die Sachaussagen herrscht. Dazu wiederholt der Berater an passenden Stellen die Aussagen seines Gegenübers, sozusagen um nachzuprüfen, ob er ihn richtig verstanden hat. Der Ratsuchende merkt bei dieser Form der Situativen Konfliktgesprächsführung deutlich, daß der Berater auch seinen inhaltlichen Äußerungen Beachtung schenkt und sich nicht allein gesprächspsychotherapeutisch den "gestörten" Gefühlen und Körperempfindungen zuwendet. Es geht hierbei nicht darum, daß der Berater die Äußerungen seines Ratsuchenden wie ein Papagei nachplappert, sondern die inhaltliche Aussage soll mit eigenen Worten wiederholt werden.

Stufe 3: Verbalisieren der emotionalen Erlebnisinhalte und Körperreaktion des Ratsuchenden

In dieser Stufe der Situativen Konfliktgesprächsführung gilt die Aufmerksamkeit des Beraters überwiegend dem "Spiegeln" von vermuteten Gefühlen und wahrgenommenen Körperreaktionen des Ratsuchenden. Zum Beispiel sagt der Ratsuchende: "Immer, wenn ich nach Hause kommte, stürmt meine Frau mit allerlei Vorwürfen auf mich ein." Eine mögliche Reaktion des Beraters im Sinne der Stufe 3 könnte sein: "Ich nehme wahr, daß Dein Atem ganz flach geht und kann mir vorstellen, daß diese Vorwürfe Dich ganz schön ärgerlich machen."

Diese Stufe ist besonders dann angezeigt, wenn der Ratsuchende seine Körperempfindungen und Gefühle nur indirekt zum Ausdruck bringt, sozusagen aus Angst davor, "verbotene Gefühle und Körperempfindungen" zu haben.

Diese Form der Situativen Konfliktgesprächsführung gibt für diese Bereiche gewissermaßen die Erlaubnis zum Verbalisieren, zum Ausdrücken über die Stimme oder expressive Handlungen. Verstärkt werden kann diese Form durch Anleitungen im Sinne der gestaltorientierten Krisenintervention (s. Kap. 2.7.3.).

Für das Verbalisieren emotionaler Erlebnisinhalte und Körperempfindungen ist eine besonders vertrauensvolle Atmosphäre notwendig, wenn also der Berater wirklich und authentisch bereit zur völligen Akzeptanz aller aufkommenden Gefühle und Empfindungen ist, er selbst auch keinerlei Angst vor tiefen Gefühlen oder starken Körperreaktionen seines Gegenübers hat. Erst dann kann es dazu kommen, daß der Ratsuchende allmählich lernt, seine "verbotenen Gefühle und Körperempfindungen" ebenfalls zu akzeptieren.

Reagiert der Ratsuchende häufiger abwehrend auf die Interventionen gemäß Stufe 3, dann ist mit relativ hoher Gewißheit ein Wechsel in Stufe 1, 2 oder 4 angezeigt, das heißt, ihm akzeptierend die Präsenz deutlich zu machen, seine inhaltlichen Äußerungen zu paraphrasieren oder seine Aussagen mit Hilfe des Nachrichtenquadrates bzw. der Transaktionsanalyse zu erklären.

Stufe 4: Erklären

Bei der Praxis dieser Stufe beziehen wir uns überwiegend auf zwei Formen des Erklärens von Aussagen oder Handlungen zu einem vorgestellten Konfliktfeld: auf das Nachrichtenquadrat von Friedemann Schulz von Thun und auf das Modell der Transaktionsanalyse von Eric Berne.

Mit Hilfe des Nachrichtenquadrates bzw. dem Hinweis auf die Vierohrigkeit als Instrument zur Entschlüsselung von Nachrichten ist es relativ leicht, mit dem Ratsuchenden eine angstfreie Kommunikation zu haben. Im Rahmen der 4. Stufe der Situativen Konfliktgesprächsführung können wir den Gesprächspartner dazu anleiten, seine Aussagen auch selbst mit Hilfe der verschiedenen "Extra-Ohren" zu entschlüsseln und damit im "Darüberreden" zu veröffentlichen.

Als Visualisierungsmittel dienen dabei die Skizzen Friedemann Schulz von Thuns, wie sie in dem Buch 'Miteinander reden - Störungen und Klärungen' veröffentlicht sind. Eine zu erklärende Aussage könnte lauten: "Wenn ich nach Hause komme, tritt mir meine Frau immer schon im Hausflur entgegen."
Das Sach-Ohr hört dabei folgende Botschaft:

____

____

Wir können die Teilnehmer bzw. den Ratsuchenden an dieser Stelle dazu einladen, die Beantwortung direkt und im Gespräch zu geben, oder sich aber ein paar Minuten Zeit zur schriftlichen Formulierung der Botschaft zu nehmen, wie alle vier Extra-Ohren die Nachricht aufnehmen.

Die direkte Beantwortung hat als Vorteil die direkte Kommunikation, die schriftliche Formulierung motiviert den Ratsuchenden, gelegentlich auch ohne Hilfe eines Beraters seine Aussagen zu analysieren oder andere Gesprächspartner zu dem kleinen Entschlüsselungsspiel mit einzuladen, was natürlich mit Vorlage der Skizzen relativ leicht fällt.

Das Beziehungs-Ohr hört dabei folgende Botschaft:

____

____

Das Selbstoffenbarungs-Ohr hört dabei folgende Botschaft:

____

____

Das Appell-Ohr hört dabei folgende Botschaft:

____

____

Auch die Transaktionsanalyse von Eric Berne bietet sich im Rahmen von Stufe 4 der Situativen Konfliktgesprächsführung als Hilfsmittel zum Erklären an, und zwar konkret, indem der Berater das Augenmerk des Ratsuchenden darauf lenkt, auf welchen Ebenen er in Konfliktsituationen mit seinem Konfliktpartner kommunziert, ob auf der Ebene

- Eltern-Ich zum Kind-Ich,
- Kind-Ich zum Eltern-Ich,
- Eltern-Ich zum Eltern-Ich
- Kind-Ich zum Kind-Ich, oder
- Erwachsenen-Ich zum Erwachsenen-Ich

Zur Erinnerung seien an dieser Stelle die drei Ich-Formen nach den Vorstellungen des Transaktionsanalytikers Thomas Harris kurz erläutert:

Das Eltern-Ich
ist des Menschen "Speicher" für Umwelteinflüsse, denen er im Alter von etwa 0-5 Jahren ausgesetzt ist. Alles, was der Mensch als Kind seine Eltern tun sah und alles, was er sie sagen hörte, ist in seinem Eltern-Ich gespeichert. Wir unterscheiden zwischen dem kritischen Eltern-Ich (kEI) und dem stützenden Eltern-Ich (sEI), dem, das Verbote und Normen setzt und dem, das Erlaubnis gibt.

Das Kind-Ich
ist des Menschen "Speicher" für innere Ereignisse (Gefühle und Körperempfindungen) als Reaktion auf Umwelteinflüsse, als innere emotionale und empfindungsmäßige Reaktion auf das, was der heranwachsende Mensch überwiegend in der Zeit zwischen 0-5 Jahren sieht und hört.

Wir unterscheiden zwischen dem natürlichen Kind (nK) ("Mensch, macht das Spaß! Los noch mehr!"), dem angepaßten bzw. dem rebellischen Kind (aK/rK) ("Schimpf' nicht so, ich mach' ja schon."/"Wenn Du meckerst, mach' ich das erst recht nicht!") und dem kleinen Professor (kP) ("Ich find' da schon einen Ausweg, wart' mal ab.").

Das Erwachsenen-Ich
ist das Ergebnis des Menschen, selbständig herauszufinden, was den Unterschied zwischen dem in Nachahmung gelernten Lebenskonzept seines Eltern-Ichs und dem gefühlten Lebenskonzept seines Kinder-Ichs ausmacht. Das Erwachsenen-Ich (Er) entwickelt ein durchdachtes Lebenskonzept.

Die Transaktionsanalyse bietet mit der Gegenüberstellung der verschiedenen Ich-Formen bei zwei im Konflikt miteinander befindlichen Gesprächspartnern die Möglichkeit, mit relativ wenigen Erklärungen die jeweilige Ebene der Kommunikation/ Interaktion/Transaktion deutlich zu machen und herauszufinden ob diese Ebene für die Lösung bzw. Regelung des anstehenden Konfliktes hilfreich oder störend ist (siehe Kapital 1.2.7.).

Eine Skizze der gegenübergestellten Ich-Formen ist dabei oft hilfreich (Th. Harris: Ich bin o.k. - Du bist o.k.).

2. Tag:

4. Sitzung: Wahrnehmen und Phantasieren (etwa 60 Minuten)

Diese kleine klassische Gestaltübung dient der Unterscheidung von Wahrnehmung und Phantasie. Die Teilnehmer gruppieren sich in die bereits eingeübten Paare und setzen sich so gegenüber, daß sie sich gut sehen können. Dann teilen sich beide ihre Wahrnehmungen im Wechsel mit, wobei jeder seine Äußerung anfängt mit: "Ich nehme wahr, daß..."
Der Satz wird fortgesetzt, indem die beiden Übungspartner einander sagen, was sie gerade am Äußeren des anderen oder aber im Inneren des eigenen Körpers wahrnehmen. Fällt eine Äußerung aus dem Rahmen der Wahrnehmung, machen sich die beiden gegenseitig darauf aufmerksam.

Im Anfangsstadium einer solchen Übung empfiehlt es sich für den Gruppenleiter, von Paar zu Paar zu gehen und möglicherweise kleine Korrekturen zu geben, wenn die Wahrnehmung unkontrolliert in den Bereich der Phantasie abrutscht.

Dieser Teil der Übung dauert etwa 5 Minuten. Dann verbleiben die beiden eine kleine Weile in Ruhe miteinander und praktizieren dann den zweiten Teil dieser Übung im Wechselspiel. Hier geht es jetzt ausdrücklich um den Bereich der Phantasie. Die Satzanfänge lauten nun: "Ich stelle mir vor, daß..."

Der Satz wird fortgesetzt, indem die beiden Übungspartner einander sagen, was sie gerade denken. Dieser Teil der Übung gibt Gelegenheit einander abwechselnd mitzuteilen, was zur Zeit Gegenstand der Phantasieaktivität ist, was also nicht direkt in den Wahrnehmungsbereich gehört. Anschließend reden beide Partner etwa 10 Minuten über die gemachten Erfahrungen.

Im letzten Teil dieser Übung werden Wahrnehmung und Phantasie miteinander verbunden, wobei es darum geht, sich gegenseitig erst eine Wahrnehmung und dann eine Phantasievorstellung mitzuteilen: "Ich nehme wahr, daß... und ich stelle mir vor, daß..."

Zum Beispiel: "Ich nehme wahr, daß vor mir auf dem Bildschirm des Textsystems die Buchstaben, die ich auf die Tasten drücke, nacheinander in grüner Schrift erscheinen, und ich stelle mir vor, daß diese Handreichung ein erfolgreiches Buch wird."

Auch für diesen Teil der Übung stehen wieder 5 Minuten zur Verfügung. Anschließend treffen sich alle im Plenum zur gemeinsamen Auswertung im Hinblick auf den Gebrauch der Übung im Rahmen Situativer Konfliktgesprächsführung.

- Ein- und Ausatmen mit Unterstützung

Diese kleine Körperübung dient zur Entspannung durch Atemunterstützung und gilt zugleich im Rahmen des Trainingskonzeptes als körperorientierte Empathieübung. Sie geht wie folgt:

Wir unterscheiden zwischen Gebern und Nehmern. Die Nehmer legen sich mit dem Rücken auf den Boden; Arme und Beine sind ausgestreckt. Der Geber stellt sich breitbeinig über den Nehmer - etwa in Kniehöhe - und konzentriert sich mit seiner Wahrnehmungsfähigkeit zunächst darauf, wie der Atem des Nehmers geht. Wenn er erkannt ist, beugt er sich vornüber und umfaßt in Bauchhöhe den Körper seines Nehmers, währenddessen dieser ausatmet. Dann hebt er den Körper des Nehmers mit jedem Einatmen ein wenig weiter an - etwa 10 tiefe Atemzüge - und läßt dann den Körper mit jedem Ausatmen wieder ein wenig nach unten, bis der Boden nach weiteren 10 tiefen Atemzügen wieder erreicht ist. Die Hände des Gebers sind dann während des Ausatmens wieder langsam wegzuziehen.
Dem Geber wird empfohlen, sich nach der Übung ausgestreckt auf dem Boden fünf Minuten lang von der Übung zu erholen.

Dann werden die Rollen getauscht.
Diese Übung kann beliebig oft wiederholt werden. Sie ist sehr beliebt und stärkt das Einfühlungsvermögen des Gebers, wenn er es schafft, sich sorgfältig auf den Atem seines Partners zu konzentrieren.

3. Tag:

1. Sitzung: Elternbotschaften (etwa 60 Minuten)

Diese Übung wird im Rahmen des weiteren Trainings zur Situativen Konfliktgesprächsführung als "Themenfinder" eingesetzt und stammt in der Urfassung aus der Feder von Dorothy Jongeward.

Die Teilnehmer erhalten für diese Übung ein vorbereitetes Arbeitspapier mit Anleitungen. Für die Beantwortung der Fragen ist es sinnvoll, sich etwa eine Stunde Zeit zur stillen Einzelarbeit zu nehmen.

Die Anleitungen:

Stell' Dir in Gedanken die für Dich markanteste Persönlichkeit vor (Vater oder Mutter/Großvater oder Großmutter/Onkel oder Tante) und geh' so weit Du kannst, in Deine Erinnerung als Kind zurück. Sobald Du ein Erinnerungsbild vor Augen hast, fang' mit der Übung an. Nimm' Dir genügend Zeit, um jeden Abschnitt ausführlich zu beantworten.

1a) Schreib' drei Dinge auf, die Dir an dieser Person gefielen:	1b) Was würden diese Charakterzüge ein Kind fühlen lassen?
____________________	____________________
____________________	____________________
____________________	____________________

2a) Schreib' drei Dinge auf, die Dir an die-dieser Person nicht gefielen:

____

____

____

2b) Was würden diese Charakterzüge ein Kind fühlen lassen?

____

____

____

3a) Welche der genannten Abschnitte waren am schwersten zu bearbeiten? Versuche herauszufinden, ob ehemalige Elternbotschaften Dein Behagen oder Unbehagen beim Ausfüllen bemerkt haben. Vielleicht hast Du schon erfahren, wie Dein eigenes Eltern-Ich Dein Verhalten beeinflußt hat. So kann die Platte "Du sollst Deinen Eltern viel dankbarer dafür sein, was sie für Dich getan haben" bei Dir bewirkt haben, daß es Dir selbst schwerfällt mit abweisendem Elternverhalten nur schwer umzugehen.

3b) Welche Gefühle hattest Du beim Ausfüllen und Lesen? (zum Beispiel Schuld, Wut usw.): ____________________

4a) Erinnere Dich an eine Zeit in Deiner Kindheit, als Du krank warst. Wie hat Dich diese Person gepflegt?

4b) Was würde diese Art der Pflege ein Kind fühlen lassen? Wie würde es sich verhalten?

5a) Erinnere Dich an eine Zeit in Deiner Kindheit, als Du unartig warst. Wie ist diese Person dann mit Dir umgegangen?

5b) Was würde diese Art des Umgangs ein Kind fühlen lassen? Wie würde es sich verhalten?

6a) Beschreibe das Wesen dieser Person mit drei Adjektiven:

____

____

____

6b) Welchen Einfluß würde das beschriebene Wesen auf ein Kind haben?

____

____

____

7a) Schreib' 2 oder 3 Botschaften auf, die Dir diese Person in Worten oder Mimik/ Gestik sandte:

6b) Was könnte ein Kind als Antwort auf diese Botschaften zurücksenden?

8a) Nun frag' Dich bitte selbst: Was trifft von der Beschreibung dieser Person auf Dich selbst zu? Würde jemand Dich auf dieselbe Art beschreiben?

8b) In welchen typischen Situationen fühlst Du Dich auch heute manchmal noch so?

8c) Ist Dein Verhalten in solchen Situationen auch heute noch stark "gefühlsbetont"?

9) Nun schau' Dir nochmal die Botschaften an, die Dir gesandt wurden. Wie beeinflussen diese Botschaften Deinen heutigen Umgang mit anderen Menschen? Diskutiere auch bitte die Wirkungen dieser Botschaften auf Dich hier in der Gruppe.

3. Tag:

2. Sitzung: Paraphrasieren inhaltlicher Aussagen: Stufe 2 der Situativen Konfliktgesprächsführung (etwa 120 Minuten)

Für diese Übung benötigen wir pro Paar ein Kassetten-Tonbandgerät mit je zwei Bandkassetten. Die Partner einigen sich darüber, wer zuerst Berater und dann Ratsuchender ist. Je Gespräch gelten 20 Minuten als vereinbart.

Der Ratsuchende bringt einen persönlichen Konflikt vor. Der Berater verhält sich nach folgender Regel: Er interveniert nur dann, wenn er den Eindruck hat, daß es sinnvoll ist, inhaltliche Aussagen seines Gesprächspartners zu paraphrasieren. Von beiden Gesprächen werden Bandaufzeichnungen gemacht, die nach den beiden Gesprächen an ein anderes Paar der eigenen Wahl zur Begutachtung weitergegeben werden. Es empfiehlt sich, für jedes Gespräch eine Extrakassette zu benutzen.

Die Partner haben den Rest der Sitzung Zeit zum Abhören der Kassetten und zum Notizen-Machen für die kommende Feedback-Runde.

3. Tag:

3. Sitzung: Feedback zur Unterscheidung von fördernden und hemmenden Reaktionen (etwa 60 Minuten)

In dieser Plenarsitzung geht es um die Rückmeldungen der Paare im Hinblick auf fördernde und hemmende Reaktionen des Beraters, wie sie beim Abhören der Kassetten bemerkt wurden. Die jeweiligen betroffenen Berater teilen anschließend mit, was sie von den gegebenen Rückmeldungen bereit sind, zu akzeptieren.

3. Tag:

4. Sitzung: Verbalisieren gefühlsmäßiger und empfindungsmäßiger Erlebnisinhalte: Stufe 3 der Situativen Konfliktgesprächsführung (etwa 120 Minuten)

Es ist sinnvoll, daß die bewährten Zweiergruppen miteinander arbeiten, da aller Wahrscheinlichkeit nach während der vorangegangenen Übungen genügend Vertrauen aufgebaut wurde, sodaß die Teilnehmer emotionale Erlebnisinhalte verbalisieren können. Die Berater achten besonders darauf, daß sie nicht bereits verbalisierte Gefühle "nachverbalisieren", sondern richten ihr Ohr und Augenmerk darauf, was hinter den geschilderten Empfindungen steckt.

Zum Beispiel:

Klient: "Wenn mein Chef mich zu sich bestellt, dann rutscht mir immer das Herz in die Hose."

Berater: "Du meinst, wenn er Dich ruft, dann verspürst Du Angst."

Klient: "Ja."

Mit diesem "Ja" ist gewissermaßen die Kommunikation zwischen Klient und Berater abgeschlossen und der Berater muß einen neuen Anlauf machen. Versucht der Berater jedoch, nicht allein das angesprochene Phänomen nachzuverbalisieren, sondern "tiefer" zu gehen, so hat die Erhaltung des Kommunikationsflusses eine größere Chance.

Zum Beispiel:

Klient: "Wenn mein Chef mich zu sich bestellt, dann rutscht mir immer das Herz in die Hose."

Berater: "Du hälst gewissermaßen den Atem an, weil Du merkst, er würde Dich wie ein Kind von oben herab behandeln."

Klient: "Genau - so ist das immer. Er ist genau wie mein Vater. Der rief mich auch immer nur dann, wenn ich was ausgefressen hatte."

Berater: "Fällt Dir eine solche Situation von früher ein?"

Klient: "Ja, wenn ich in der Schule..."

In diesem Beispiel wird deutlich, daß hinter der "Angst vor dem Chef" ganz konkrete Erlebnisse aus der Kindheit des Klienten stecken, die sein heutiges Erleben und Verhalten im Umgang mit Autoritätsfiguren bestimmen. Die Kunst des Beraters besteht also darin, den Hintergrund für heutiges Verhalten aufklären zu helfen, Gefühle aus der Kindheit auch mit damaligen konkreten Situationen in Verbindung zu bringen und den Gesprächsprozeß so zu lenken, daß die automatischen Übertragungen auf heutige Situationen aus dem Erwachsenenleben "enttrübt" werden.

Für die einzelnen Gesprächsphasen sind je 30 Minuten eingeplant, so daß anschließend im Plenum noch genügend Zeit für gegenseitiges Feedback bleibt.

4. Tag:

1. Sitzung: Erklären: Stufe 4 der Situativen Konfliktgesprächsführung (etwa 120 Minuten)

In diesem Trainingsteil geht es darum, das "Einbauen von Erklärungen" ins Beratungsgespräch zu üben.

Es arbeiten wieder die gleichen Zweiergruppen miteinander, wobei es ihnen überlassen ist, ob sie sich dabei auf die kommunikationspsychologischen Erklärungen Schulz von Thuns oder die Transaktionsanalyse berufen.

Zum Beispiel:

Klient: "Ja, wenn ich in der Schule eine 5 geschrieben hatte, dann gab es immer Dresche."

Berater: "Wir sehen uns das mal genauer mit Hilfe des Denkmodells der "Vierohrigkeit" an: Aus diesen Erlebnissen von früher, so scheint mir, hast Du übergroße "Selbstoffenbarungs"- und "Beziehungsohren" entwickelt.
Wenn der Chef Dich ruft, hörst Du das übersetzt auf der Selbstoffenbarungsebene als:
"Du hast wieder mal Mist gebaut", und auf der Beziehungsebene hörst Du möglicherweise überstark "Der hält nichts von mir."

Klient: "Ja, so ist es. Ich prüfe erst mal gar nicht nach, was der sachliche Hintergrund seiner Anfrage ist. Ich halte sowieso nicht so viel von mir, und er wahrscheinlich auch nicht."

Berater: "Laß' uns doch mal herauskristallisieren, was denn Deine beruflichen Qualitäten sind, und wir können ja dann danach auch mal im Rollenspiel ausprobieren, wie Du ganz konkret zu diesen Fähigkeiten "stehen" kannst."

Klient: "Ja, dazu habe ich große Lust."

Wie das Rollenspiel verdeutlicht, geht der Berater hier zunächst mehr auf eine erklärende Ebene, um dann später wieder zum Erproben neuen Verhaltens auf die Erlebnisebene zurückzukommen.

Für die einzelnen Gesprächsphasen sind je 30 Minuten eingeplant, so daß anschließend im Plenum noch genügend Zeit für gegenseitiges Feedback bleibt.

4. Tag:

2. Sitzung: Gestikulier-Feedback (60 Minuten)

Nach der intensiven Gesprächsphase ist es hilfreich, wenn das Feedback innerhalb des Plenums in Form einer nichtverbalen Gestikulieraktion angeboten wird. Dazu sind keine weiteren Anweisungen nötig, als daß der Feedbackgeber mit Hilfe von Geräuschen sowie Mimik und Gestik zum Ausdruck bringen kann, wie es ihm als Berater bzw. als Ratsuchender gegangen ist. Übertreibungen sind dabei durchaus willkommen und hilfreich.

Die anderen Teilnehmer geben ebenfalls gestikulierend und mit Hilfe von Geräuschen zu verstehen, ob sie dem Feedback-Geber in seinen "Erläuterungen" folgen können.

Diese Art des Feedback-Gebens bringt viel Bewegung und Spaß in die Gruppe und bildet einen Gegenpol zu dem sprachlichen "Überangebot" dieses Trainingsteils.

4. Tag:

3. Sitzung: Die Praxis Situativer Konfliktgesprächsführung (etwa 90 Minuten)

Wir benötigen je Teilnehmer ein Kassettengerät und eine Bandkassette.

In diesem Teil des Trainings üben wir die Verbindung der 4 einzelnen Stufen bzw. den Übergang von einer Stufe Situativer Konfliktgesprächsführung in die andere. Die Teilnehmer gehen dazu wieder in ihre Zweiergruppen und haben 2 x 45 Minuten Zeit dazu, in der Rollenverteilung von Berater und Ratsuchendem die Verbindung bzw. das sinnvolle "Abwechseln" der vier Stufen Situativer Konfliktgesprächsführung zu praktizieren.

Es gilt also, vor der jeweiligen Intervention abzuschätzen, welche Stufe methodisch angezeigt ist:

Stufe 1: Demonstration von Präsenz
Stufe 2: Paraphrasieren von inhaltlichen Äußerungen
Stufe 3: Verbalisieren emotionaler und empfindungsmäßiger Erlebnisinhalte
Stufe 4: Erklären

Die einzelnen Gespräche sollten etwa 40 Minuten dauern. Zur Kontrolle der Gespräche werden von den beiden Gesprächen Bandkassettenaufzeichnungen gemacht, wobei empfehlenswert ist, je Gespräch eine extra Bandkassette zu benutzen.

4. Tag:

4. Sitzung: Kollegiale Supervision zur Situativen Konfliktgesprächsführung (etwa 90 Minuten)

Diese Sitzung dient dem Abhören der Bandaufzeichnungen in Einzelarbeit, damit jeder Teilnehmer dadurch Gelegenheit erhält, das ihm zur Verfügung gestellte Band zweimal abzuhören.

Die Gruppenleitung stellt für die kollegiale Supervision einen kleinen Fragebogen zusammen, der allen Teilnehmern vervielfältigt zur Verfügung gestellt wird. Dieser Fragebogen dient der kollegialen Tonbandsupervision zur Situativen Konfliktgesprächsführung. Methodisch könnte so vorgegangen werden, daß der Supervisor beim ersten Abhören der Bandkassettenaufzeichnung Strichlisten zu den einzelnen Fragekomplexen anfertigt, dabei die Art der Intervention im Hinblick auf o.k. bzw. nicht-o.k. wertet und beim zweiten Durchhören noch persönlichen Kommentar abgibt.

Das Muster für einen derartigen Fragebogen könnte wie folgt aussehen:

Fragebogen zur kollegialen Tonbandsupervision bei Situativer Konfliktgesprächsführung

Fragekomplex	Interventionen		Kommentar
	o.k.	nicht o.k.	
Stufe 1: Demonstration der Präsenz			
Stufe 2: Paraphrasieren inhaltlicher Äußerungen			
Stufe 3: Verbalisieren emotionaler Erlebnisinhalte			
Stufe 4a: Erklären mit Sach-Ohr-Bezug			
Stufe 4b: Erklären mit Beziehungs-Ohr-Bezug			
Stufe 4c: Erklären mit Selbstoffenbarungs-Ohr-Bezug			
Stufe 4d: Erklären mit Appell-Ohr-Bezug			
Stufe 4e: Erklären mit Hilfe der Transaktionsanalyse			

Die "Ratsuchenden" bekommen anschließend den ausgefüllten Feedback-Bogen zum persönlichen Studium ausgehändigt.

5. Tag:

1. Sitzung: Lernerfolgs-Pantomime (etwa 60 Minuten)

Diese Sitzung ist ähnlich gestaltet wie das Gestikulier-Feedback, mit dem Unterschied, daß es jetzt den Gesamt-Lernerfolg des einzelnen Teilnehmers zum Thema hat. Erwünscht sind übertriebene Gesten, ausgeprägtes Mienenspiel und viele Geräusche (trotz sonst üblicher pantomimischer Stille). Die Gruppe kann reagieren, verstärken, pantomimisch Fragen stellen, nonverbales Feedback auf den Teilnehmer gestalten usw., usw.

5. Tag:

2. und
3. Sitzung: Meine Tür nach draußen (etwa 120 Minuten)

Diese Abschlußübung schließt den Kurs so, wie er begonnen hat, nämlich mit der Gestaltung eines Bildes. Der Titel: "Meine Tür nach draußen"

Wir benötigen dazu wieder Zeichenblock und Ölkreide, und jeder Teilnehmer stellt im Bild eine Tür dar, durch die er symbolisch gesehen diesen Kurs verläßt. Anschließend wird eine kleine Bilderausstellung eröffnet, wo jeder Teilnehmer Gelegenheit erhält, Bilder nicht nur zu betrachten, sondern das Werk des jeweiligen "Malers" durch individuelle künstlerische Ergänzungen auszuschmücken, die dem Urheber des Werkes als persönliche Empfehlungen der Betrachter gelten können.

Damit ist dieser Kurs abgeschlossen.

2.5. Aufbaukurs 3: Berufsspezifisches Interaktionstraining

2.5.1. Einführung und Literaturhinweise

Das berufsspezifische Interaktions-Training ist von uns aus der Verbindung von Encounter-Spielen mit Fragestellungen der Organisationsentwicklung (OE) entstanden.

Die meisten Leute denken bei dem Begriff "Spiel" vermutlich an die Zeit eigener Kinderspiele zurück oder an Unterhaltungsspiele für Erwachsene, die ihnen heute Freude bereiten. Daß Spiele auch für geplante Lernsituationen eine hervorragende Struktur abgeben, ist für viele immer noch ein erstaunlicher Gedanke.

Dabei enthalten bereits Kinder- und Unterhaltungsspiele einige entscheidende Strukturelemente, nämlich

- einige Regeln und Vorschriften, die das Handeln der Spieler mehr oder weniger stark kanalisieren,
- eine Simulation der Realität durch ausgewählte Aktivitäten aus der sozialen Wirklichkeit sowie
- Sicherheitsgarantie für die Spieler: der Spielcharakter soll erhalten bleiben; daneben bieten sie
- genügend Spielraum für die Beteiligten, um im Rahmen der Regeln mit der eigenen Person und den Mitspielern zu experimentieren.

Die vereinfachte Welt des Spiels ermöglicht den Teilnehmern, Strukturen und strukturelle Zusammenhänge besser zu erfahren und zu verstehen, als in der eher unüberschaubaren Wirklichkeit. Sie können auf diese Weise wirksam und relativ risikofrei neue Verhaltensweisen lernen, mitgebrachte Einstellungen und Haltungen überprüfen und Strukturen für fruchtbare Berufsfeldperspektiven entwickeln.

Encounter-Spiele sind Spiele zur Entwicklung, sind Erkundungsfahrten, die zu neuen Einsichten und befriedigenden Lebensweisen führen können.

> "Eine eindrucksvolle Menge von Beweismaterial zeigt, daß der durchschnittliche Mensch ungenutzte, oft unvermutete Reserven besitzt, von beachtlicher Größe und Mannigfaltigkeit. Jeder trägt es in sich, seine volle emotionale Reife zu erlangen. Diese Hoffnung für die Menschheit wurzelt in einer sicheren wissenschaftlichen Basis. Die vielen hier vorgestellten Tätigkeiten sind Früchte dieser neuen optimistischen Psychologie. Sie sollen Ihnen helfen, Ihre Möglichkeiten zu verwirklichen und Ihre psychische Weiterentwicklung zu ermutigen, indem Sie Ihre Gefühle befreien und Ihre Wahrnehmungsfähigkeit erweitern" (H. R. Lewis, H. S. Streitfeld: Spiele, die glücklich machen, 1973).

Wenn Lewis und Streitfeld davon sprechen, daß dem durchschnittlichen Menschen ungenutzte und unvermutete Reserven innewohnen und weiterhin davon, daß die neue optimistische Psychologie dabei helfen soll, diese Möglichkeiten zu verwirklichen, so ist es unausweichlich geworden, Fragestellungen des Berufsalltags mit in den Prozeß der Personal- und Persönlichkeitsentwicklung einzubeziehen. Dazu gehört die tägliche individuelle Betroffenheit des arbeitenden Menschen ebenso wie die von Mit-Arbeitenden untereinander getroffenen Verabredungen oder den vorgesetzten Gegebenheiten der Arbeitsplatzstruktur.

Wenn als Grobzielsetzung zum berufsspezifischen Interaktionstraining die Entwicklung einer Wir-Struktur am Arbeitsplatz genannt ist, so kann dies letztlich doch nur heißen, daß es als erstrebenswertes Ziel gilt, die berufliche Tätigkeit gemäß den eigenen Fähigkeiten anzulegen: Mitarbeiter werden nicht mehr durch einzelne Aufgaben vom Vorgesetzten geführt. Sie erhalten vielmehr einen festen Aufgabenbereich mit bestimmten Kompetenzen, in dem sie selbständig handeln und entscheiden können.

Unsere Erfahrungen in diesem Trainingsfeld sammelten wir z. B. bei vielen Seminaren mit Heimleitern und Erziehern mit so unterschiedlicher Aufgabenstellung wie Verbesserung heimübergreifender Kooperation, Klärung von strukturell-organisatorischer Kompetenzfragen, Kennenlernen von strukturierten Interaktions-Übungen etc. Für alle Beteiligten, die Wert auf verantwortungsvoller Berufsausübung legen, wirkte sich die Entwicklung einer Wir-Struktur äußerst positiv auf die Erfüllung ihrer Aufgaben aus.

> Marianne macht ihre Lehre in einer kleinen Handelsunternehmung am Rande der Stadt. Weil der Chef einen dringenden Auftraq hat, bestellt er nicht, wie üblich, per Post, sondern schickt Marianne mit dem Auftrag, den Artikel Nr. 3081 573 zu holen. In dem Papierwarengeschäft zeigt man ihr eine Karteikarte: es sei zwar nicht die verlangte Artikelnummer, sondern eine andere Marke, aber der Aufdruck sei genau gleich, mit Ausnahme der obersten horizontalen Linie.
>
> Marianne kennt ihren Chef, der es immer genau haben will. Er hat ihr ja nicht gesagt, wofür er die Karte braucht. Vielleicht ist diese horizontale Linie wichtig. Sie nimmt lieber nur ein Muster mit. Nach dreiviertel Stunden zurück, trifft sie auf ihren ungeduldigen Chef, der unwirsch reagiert, wie er sie nicht mit dem Paket, sondern nur mit einer Karte sieht. Darauf wäre es doch überhaupt nicht angekommen, wegen dieser einen Linie. Das sei doch egal für eine simple Adressenkartei!
>
> Marianne konnte es sich nicht leisten, laut zu sagen: Ja, wenn Sie mir von Anfang an gesagt hätten, wofür Sie die Karteikarten brauchen!

Die konkreten Lernziele eines berufsspezifischen Interaktionstrainings lassen sich in der Regel erst aus der aktuellen Teilnehmerkonstellation bestimmen; sie sind aber zumeist auf einige der unten aufgeführten Lernziele zurückzuführen:

- Erweiterung des Wahrnehmungsfeldes nach innen und außen
- Angstabbau in neuen Situationen des Berufsfeldes
- Entwicklung von Vertrauen und Offenheit
- Beziehungsklärung und Feedback im Kollegenkreis
- lernen, mit Einfluß, Macht und Konkurrenz umzugehen
- Konsens finden können
- Zugehörigkeit und Geborgenheit neu kennenlernen (Wir-Gefühl entwickeln)
- Verständnis für eigenes und fremdes Verhalten vertiefen
- Alternative Verhaltensweisen ausprobieren lernen
- Rollen flexibler spielen lernen
- Einüben kreativer Kommunikation
- Einüben konstruktiver Konfliktlösung

Literatur:

LEWIS, H. und STREITFELD, H.S.:
Spiele, die glücklich machen. Intensiver leben durch Psychotraining. Lübbe-Verlag, 1973

VOPEL, K.W.:
Interaktionsspiele. 1. - 6. Teil. ISKO-Press, 1986

2.5.2. Ablauf Aufbaukurs 3

1. Tag:

1. Sitzung: Ich an meinem Arbeitsplatz (etwa 180 Minuten)

In dieser Sitzung wollen wir gleich das Augenmerk auf unseren Arbeitsplatz richten. Wir malen ein Bild mit dem Titel "Ich an meinem Arbeitsplatz". Wir benötigen dafür Ölkreiden und relativ große Zeichenblöcke. Jeder Teilnehmer malt sich selbst mit ein paar Strichen skizziert auf die Mitte eines Blattes, etwa so:

Um die Mittelfigur herum soll genügend Platz bleiben, damit dort die einzelnen Arbeitsfelder der Teilnehmer mit Personen/Geräten etc. skizziert werden können.

Im nächsten Schritt vermerken die Teilnehmer mit selbst erfundenen Zeichen und Symbolen die Beziehungen von sich selbst zu den einzelnen Arbeitsfeldern bzw. den dort beteiligten Personen/Geräten etc.

Für das Malen stehen etwa 30 Minuten zur Verfügung. Nach dem Malen des Bildes treffen sich alle Teilnehmer im Plenum, um einander mit Hilfe des Bildes vorzustellen. Dabei können alle Teilnehmer ihren Kommentar zu dem abgeben, was sie auf dem vorgestellten Bild wahrnehmen und auch Fragen stellen.

Anschließend ist jeder dazu eingeladen, sich sein Bild nochmals in Ruhe anzuschauen und deutlich werden zu lassen, welchen Thementeil des Bildes er in einem Zweiergespräch bearbeiten möchte. Dieser Teil wird dann auf dem Bild deutlich erkennbar hervorgehoben, in den Vordergrund geholt.

1. Tag:

2. Sitzung: Situative Konfliktgesprächsführung zu einem Arbeitsplatzthema (etwa 90 Minuten)

Für diese Sitzung benötigen wir für je zwei Teilnehmer ein Tonbandkassettengerät und je Teilnehmer eine Bandkassette. Die Teilnehmer formieren sich zu Paaren. Für das kollegiale Beratungsgespräch verabreden beide, wer erst Berater und dann Ratsuchender ist. Als methodisches Handwerkzeug ist die Situative Konfliktgesprächsführung in der Verbindung aller vier Stufen verabredet:

Stufe 1: Demonstration der Präsenz
Stufe 2: Paraphrasieren inhaltlicher Äußerungen
Stufe 3: Verbalisieren emotionaler und empfindungsmäßiger Erlebnisinhalte
Stufe 4: Erklären mit Hilfe des Nachrichtenquadrates oder der Transaktionsanalyse

Für jedes Gespräch sind 40 Minuten vorgesehen. Alle Gespräche werden zur anschließenden kollegialen Tonbandsupervision auf Tonbandkassette aufgenommen. Es ist sinnvoll, für jedes Gespräch eine Extrakassette zu nehmen, damit je Kassette nur ein Gespräch aufgezeichnet ist.

1. Tag:

3. Sitzung: Kollegiale Tonbandsupervision (etwa 180 Minuten)

Diese Sitzung dient der kollegialen Tonbandsupervision zu den Beratungsgesprächen im Rahmen der Arbeitsplatzbetrachtung.

Jeder Teilnehmer erhält dazu eine mit einem Beratungsgespräch besprochene Kassette und begutachtet sie mit Hilfe des Supervisions-Feedbackmusters, wie es bereits vorgestellt wurde. Die ausgefüllten Supervisions-Feedbackmuster werden anschließend an die Supervisanden ausgehändigt.

2. Tag:

1. Sitzung: Feedback-Sitzung zu den Beratungsrunden (etwa 60 Minuten)

Diese Sitzung findet im Plenum statt und gilt der Rückmeldung dessen, was die einzelnen Teilnehmer nach dem "Überschlafen" der vorangegangenen Beratungsgespräche einander noch mitzuteilen haben,

a) aus ihrer Erfahrung als Berater,
b) aus ihrer Erfahrung als Ratsuchender,
c) aus den Rückmeldungen des Supervisions-Feedbacks.

Hier besteht auch die Gelegenheit, einander Fragen im Hinblick auf die Anwendung der Situativen Konfliktgesprächsführung zu stellen, sich hie und da noch eine kleine Empfehlung zu holen.

2. Tag:

2. Sitzung: Meine Arbeitsplatz-Kultur (etwa 120 Minuten)

Aus der Erfahrung heraus, daß formale Regelungen am Arbeitsplatz nur dann funktionieren, wenn sie von einer zu ihnen passenden Arbeitsplatzkultur (Systemkultur) abgeleitet sind, ist eine kleine Übung entstanden, die sich auf die Eisbergtheorie von French und Bell beruft (French/Bell, Organisationsentwicklung, 1982).

Den Darstellungen von French und Bell entsprechend läßt sich die formale Organisation als Spitze eines Eisberges vorstellen; die Spitze schwimmt nur so lange, als sie von der Systemkultur (dem Arbeitsplatz-Klima) getragen wird.

Skizziert sieht das folgendermaßen aus:

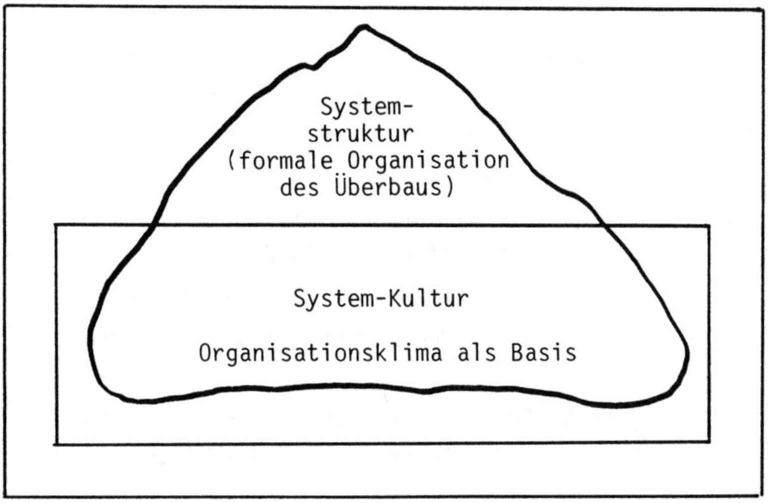

Beispiel für einen Konflikt zwischen Systemstruktur und Systemkultur:

Eine Erziehergruppe, zusammengesetzt aus qualifizierten, zu Selbständigkeit und kritischem Denken erzogenen Mitarbeitern, ist mangels Entfaltungsraum und Eigenverantwortung (zuviel Kontrolle durch die Gruppenleiter in der Einrichtung) frustriert und leistet mäßige pädagogische Arbeit. Entsprechend der falschen "Logik der formalen Organisation" (nach Ch. Agris) wird als Gegenmaßnahme der Heimleitung die Kontrolle durch die Gruppenleiter intensiviert. Der "Überwachungsaufwand" steigt, und die pädagogische Leistung sinkt weiter! Alle geraten dabei in einen Teufelskreis, weil keine Rücksicht auf die Systemkultur genommen wurde.

Die nun folgende Übung zur Betrachtung der Arbeitsplatzkultur geht folgendermaßen: Jeder Teilnehmer erhält einen großen Zeichenblock mit Ölkreiden und malt ein Bild zur Kultur seines Arbeitsplatzes.

Hilfreiche Fragestellungen zur persönlichen Einstimmung in dieses Thema können sein:

- Zu wem gehe ich in meiner Arbeitsstelle, wenn mich etwas Wichiges beschäftigt?
- Wie ist der Weg dorthin?
- Wen vermeide ich am liebsten?
- Wenn ich etwas durchsetzen möchte, welchen Weg schlage ich dazu ein?
- Wen beteilige ich an der Planung meiner Arbeitsprojekte?

Für das Malen stehen 30 Minuten zur Verfügung. Anschließend trifft sich die Gruppe im Plenum zum Vorstellen der Bilder und zur Auswertung der Übung. Dabei soll folgende Frage in den Vordergrund gestellt werden: "Welchen Zusammenhang erkenne ich aus meinem Bild zwischen der Kultur an meinem Arbeitsplatz und dem offiziellen organisatorischen Gesamtgefüge?"

2. Tag:

3. Sitzung: Meine Hintermänner (etwa 120 Minuten)

Diese Sitzung bewegt sich inhaltlich auf der Grenzlinie zwischen Arbeitsplatzstruktur und Arbeitsplatzkultur. Ihr Augenmerk dient der gedanklichen Konfrontation mit den "Hintermännern": (Hinter Dir steht einer, hinter Dir geht einer, dreh' Dich ruhig einmal um!). Vielleicht merkst Du dabei, daß auch Du ein "Hintermann" Deiner Kollegen bist.

Zur Verdeutlichung gibt es folgende Übung:

- Zeichne eine Skizze Deiner eigenen Hintermänner, der sichtbaren wie der unsichtbaren (Kollegen, Vorgesetzte Untergebene).

- Welche Botschaft hörst Du von den sichtbaren Hintermännern, und wie reagierst Du darauf?

- Wie reagieren die unsichtbaren Hintermänner Deiner Einschätzung nach darauf?

- Welches sind wiederum deren sichtbare Hintermänner?

- Wie werden sich Deine Hintermänner in fünf/zehn Jahren ändern?

Dieser Teil der Übung nimmt etwa 45 Minuten in Anspruch. Es folgt eine Besprechung der Übung in Dreiergruppen, möglicherweise mit folgenden Fragen:

- Wie sehen Deine Hintermänner aus?

- Was hat diese Übung für Dich gebracht?

Für die Dreiergruppen stehen ebenfalls 45 Minuten zur Verfügung. Das anschließende Plenum gilt folgender Fragestellung: "Inwieweit eignet sich diese Übung als Instrument für meine eigene Standortbestimmung in der Institution?"

- Ja-Nein Energieentladung (etwa 30 Minuten)

Übung zum Abbauen von Aggressionen, situationsbezogen zwischen den thematischen Sitzungen anzubieten.

Diese Übung dient zur Auflockerung bei überwiegend sprachlich gestalteter Trainingsarbeit. Sie geht folgendermaßen:

Je zwei Teilnehmer stellen sich gegenüber und schauen sich an. Der eine von ihnen "spielt" mit dem Wort "Ja" in allen nur möglichen Variationen, ganz leise bis ganz laut mit der Begleitung einer entsprechenden Mimik/Gestik, der andere reagiert mit dem Wort "Nein", ebenfalls in allen möglichen Variationen.

Nach 5 Minuten ist für alle Beteiligten eine Ruhepause von 5 Minuten verabredet, dann werden die Wörter gewechselt. Der zweite Durchgang des Spiels dauert ebenfalls 5 Minuten. Das Auswertungsgespräch zu dieser Übung findet im Plenum statt.

- Das Bataka-Duell (jeweils 2 Minuten in Dyaden)

Diese kleine Kampfübung kann bei längeren verbalen Seminarphasen zur Entladung überschüssiger Körperenergie eingesetzt werden. Wir brauchen dazu ein Paar Batakas *, alternativ

---

* Batakas sind Schlaggeräte aus Schaumstoffmaterial mit innenliegendem Handgriff. Sie werden innerhalb der Encounter-Arbeit als "Kampfmittel eingesetzt. Sie kommen gewöhnlich aus den USA.

zwei feste, längliche Leinenkissen oder eine in Schlagstockform zusammengerollte Tageszeitung.

Die Übung geht folgendermaßen: Je zwei Teilnehmer nehmen die Batakas oder alternativ eingesetzte Materialien und schlagen damit 1 Minute lang aufeinander ein. Seitens der Gruppenleitung ist darauf hinzuweisen bzw. darauf zu achten, daß Kopf- sowie Nierenpartie des Bataka-Duell-Partners beim Schlagen gemieden werden. Die Schläge sind auf die Breitseite des Körpers bzw. den Po zu lenken. Die anderen Teilnehmer bilden um die beiden Kämpfer einen Sicherheitskreis und feuern abwechselnd den einen, dann den anderen Kämpfer durch lautes Zurufen an.

Der Gruppenleiter achtet auf das Einhalten der Zeit: genau 1 Minute. Diese relativ kurze Zeit ist an der Erfahrung gemessen, daß ein heftiges Aufeinanderschlagen die beiden Kämpfer bereits nach 1 Minute ziemlich erschöpft "in die Kissen" sinken läßt. Anschließend ist das nächste Kampfpaar zum Bataka-Duell eingeladen.

Dieses Aggressionsspiel erfreut sich großer Beliebtheit, da es völlig ungefährlich ist, direkte körperliche Konfrontation beinhaltet, und die beiden Kämpfenden sich durch diese Aktion in der Tat näher kommen, als wenn sie miteinander Wortgefechte führen.

2. Tag:

4. Sitzung: Konfliktlösung intern nach James/Jongeward (etwa 60 Minuten)

Mit der nun folgenden Übung bieten wir dem fortgeschrittenen Kursteilnehmer ein Hilfsinstrumentarium zur personinternen

Konfliktlösung nach den Arbeitsprinzipien der Transaktionsanalyse an. Wir benötigen dazu allein die Bereitschaft, sich im Rahmen einer stillen Einzelarbeit den Gedanken und Gefühlen zu überlassen.

Jeder Teilnehmer nimmt ein Blatt Papier, Schreibzeug und die vervielfältigten Arbeitsanleitungen zur Hand und zieht sich zur stillen Einzelarbeit zurück. Die Arbeitsanleitung lautet so:

Wenn Du einen Konflikt mit Dir herumträgst, der gelöst werden muß, damit es Dir besser geht, so kannst Du durch die folgenden stufenweise vorangehenden Schritte Dein eigenes Erwachsenen-Ich zur Konfliktlösung aktivieren. Zum Beispiel, wenn Du einen Job suchst, ein Verhaltensmuster ändern willst oder die Arbeitsbeziehungen verbessern willst. Manche Schritte mögen nicht bei allen Konflikten brauchbar sein, aber erlaube Dir, auch diese im Laufe des Reflexionsprozesses wenigstens zu bedenken.

1. Schritt:
Definiere den Konflikt und schreib' ihn auf. Vielleicht stellst du dabei fest, daß das, was Du für den Konflikt gehalten hast, gar nicht der eigentliche Konflikt war.

2. Schritt:
Welche Meinungen, Informationen und Verhaltensweisen hat Dein Eltern-Ich zu diesem Konflikt?
- Hör' auf die Stimmen Deines Eltern-Ichs in Deinem Kopf.
- Schreib' auf, was Deine Elternfiguren dazu sagen, was sie tun würden
- Schreib' deren Gebote und Verbote auf.
- Notiere dann auch, was die Stimmen zu sagen vermieden haben.
- Notiere auch die nichtverbalen Mitteilungen Deiner Elternfiguren.

3. Schritt:
Berücksichtige jetzt die Gefühle, Einstellungen und Informationen Deines Kind-Ichs zu diesem Konflikt.
- Schreib' Deine eigenen Gefühle auf, die bei Dir im Zusammenhang mit diesem Konflikt auftreten.
- Kommt es im Zusammenhang mit diesem Konflikt zu irgendwelchen psychologischen "Spielchen", die Du oder andere miteinander treiben?
- Paßt der Konflikt in Dein konstruktives, destruktives oder unproduktives Lebenskonzept? Werden irgendwelche manipulativen Rollen gespielt?

4. Schritt:
Beurteile die obigen Daten aus Eltern-Ich und Kind-Ich mit Deinem Erwachsenen-Ich.
- Welche Einstellungen des Eltern-Ichs hindern Dich daran, den Konflikt zu lösen?
- Welche Einstellungen des Eltern-Ichs helfen Dir dabei, den Konflikt zu lösen?
- Welche Gefühle und Anpassungen des Kind-Ichs hindern Dich daran, den Konflikt zu lösen, welche helfen Dir dabei?
- Welche Lösungen würden Deinem Eltern-Ich gefallen? Wäre diese Lösung für Dich angemessen oder destruktiv?
- Welche Lösung würde Deinem Kind-Ich gefallen? Wäre sie angemessen oder destruktiv?

5. Schritt:
Stell' Dir alternative Möglichkeiten zur Lösung des Konfliktes vor. Zensiere diese Ideen nicht. Setz' statt dessen Deinen 'Kleinen Professor' ein und unternimm ein Brainstorming. Sammle so viele Möglichkeiten wie Dir einfallen, selbst wenn manche lächerlich erscheinen.

6. Schritt:
Bedenke dann die inneren und äußeren Hilfsmittel, die für jede Lösung erforderlich sind. Stehen Dir diese Hilfsmittel zur Verfügung? Sind sie angemessen?

7. Schritt:
Schätze die Erfolgschancen jeder Alternativlösung ein. Scheide die unmöglichen aus.

8. Schritt:
Wähle zwei oder drei Möglichkeiten, die den meisten Erfolg versprechen. Entscheide dann aufgrund der Tatsachen und Deiner kreativen Phantasie.

9. Schritt:
Mach' Dir die Auswirkungen Deiner Entscheidung bewußt. Entscheidungen, bei denen Du "ein gutes Gefühl" hast, befriedigen wahrscheinlich alle Deine Ich-Formen. Eine Entscheidung, bei der Dir unbehaglich zumute ist, wird wahrscheinlich von Deinem Eltern-Ich und/oder Kind-Ich bekämpft, könnte Dir oder anderen vielleicht wirklich schaden oder ist vielleicht einfach die falsche Entscheidung.

10. Schritt:
Schließ' einen Vertrag (mit Dir selbst oder unter der Beteiligung eines Kollegen/Freundes etc.). Dieser Vertrag ist nötig, um die Entscheidung durchzuführen. Stell' die zum Vertrag passenden Fragen Deines Erwachsenen-Ichs.

11. Schritt:
Handle jetzt nach Deiner Entscheidung. Teste sie nach Möglichkeit erst im kleinen Rahmen. Mach' sie dann mit größerem Einsatz weiter.

12. Schritt:
Beurteile während des Prozesses Stärken und Schwächen Deines Planes. Triff' die nötigen Änderungen.

13. Schritt:
Genieße Deine Erfolge! Laß' Dich durch Mißerfolge nicht niederdrücken. Lerne daraus und fang' von neuem an! Denk' an John Dewey's Spruch: "Wer wirklich denkt, lernt aus seinen Fehlern ebensoviel wie aus einen Erfolgen." Wenn Verlierer Entscheidungen treffen, die dann schiefgehen, machen sie gewöhnlich jemand anderes dafür verantwortlich. Wenn Gewinner Entscheidungen treffen, übernehmen sie gewöhnlich die Verantwortung dafür, ob die Entscheidungen nun richtig oder falsch waren.

3. Tag:

1. und
2. Sitzung: Die Kristallkugel-Phantasie (etwa drei Stunden)

In dieser Sitzung greife ich zu einem Medium, das auf den ersten Blick nicht in den Bereich der Personal- und Persönlichkeitsentwicklung zu gehören scheint: Das Märchen. Ich setze dieses Medium gezielt ein, wenn ich den Eindruck gewonnen habe, daß zur Lernbalance ein Angebot aus dem Reich der Phantasien angezeigt ist. An dieser Stelle komme ich auf die "Kristallkugel" zurück, die ich in der Kinder- und Hausmärchensammlung der Brüder Grimm veröffentlicht fand.

Ich lade die Teilnehmer dazu ein, sich einen festen und bequemen Platz zu suchen, wo Entspannung leicht möglich ist und der Bauch zum tiefen Atmen nicht eingezwängt ist. Die Kristallkugel-Phantasie leite ich dann folgendermaßen ein:

Stell' Dir vor, daß Du jetzt von Deinem Platz aufstehst und Dich irgendwo hier im Haus ganz allein zurückziehst. Du findest dort einen bequemen Schaukelstuhl vor, der Dich zum Sitzen einlädt, und das Zimmer ist gut temperiert. Du nimmst Platz und überläßt Dich ganz Deinem Atem, der ruhig und tief bis in den Bauchraum fließen kann... Wenn

Du eine Weile dort gesessen hast, geht leise die Türe auf, und herein kommt eine alte Großmutter, die sich neben Dich setzt und Dir ein Märchen vorliest, nämlich das Märchen von der Kristallkugel:

"Es war einmal eine Zauberin, die hatte drei Söhne, die sich brüderlich liebten. Aber die Alte traute ihnen nicht und dachte, sie wollten ihr ihre Macht rauben.
Da verwandelte sie den ältesten in einen Adler, der mußte auf einem Felsengebirge hausen, und man sah ihn manchmal am Himmel in großen Kreisen auf und nieder schweben.
Den zweiten verwandelte sie in einen Walfisch, der lebte im tiefen Meer, und man sah nur, wie er zuweilen einen mächtigen Wasserstrahl in die Höhe warf. Beide hatten nur zwei Stunden jeden Tag ihre menschliche Gestalt.
Der dritte Sohn aber fürchtete, sie möchte ihn auch in ein reißendes Tier verwandeln, in einen Bären oder einen Wolf, so ging er heimlich fort. Nun hatte er gehört, daß auf dem Schloß der Goldenen Sonne eine verwünschte Königstochter säße, die auf Erlösung harrte. Es müßte aber ein jeder sein Leben daran wagen. Schon dreiundzwanzig Jünglinge wären eines jämmerlichen Todes gestorben und nur noch einer übrig, dann dürfte keiner mehr kommen. Und da sein Herz ohne Furcht war, so faßte er den Entschluß, das Schloß der Goldenen Sonne aufzusuchen. Er war schon lange Zeit herumgezogen und hatte es nicht finden können, da geriet er in einen großen Wald und wußte nicht, wo der Ausgang war.

Auf einmal erblickte er in der Ferne zwei Riesen, die winkten ihm mit der Hand, und als er zu ihnen kam, sprachen sie: "Wir streiten um einen Hut, wem er zugehören soll, und da wir beide gleich stark sind, so kann keiner den anderen überwältigen. Die kleinen Menschen sind klüger als wir, daher wollen wir dir die Entscheidung überlassen."
"Wie könnt ihr euch um einen alten Hut streiten?" sagte der Jüngling. "Du weißt nicht, was er für Eigenschaften hat, es ist ein Wünschhut, wer ihn aufsetzt, der kann sich hinwünschen, wohin er will, und im Augenblick ist er dort."
"Gebt mir den Hut", sagte der Jüngling, "ich will ein Stück Wegs gehen, und wenn ich euch rufe, so lauft um die Wette, und wer am ersten bei mir ist, dem soll er gehören."

Er setzte den Hut auf und ging fort, dachte aber an die Königstochter, vergaß die Riesen und ging immer weiter. Einmal seufte er aus Herzensgrund und rief: "Ach wäre ich doch auf dem Schloß der goldenen Sonne," und kaum waren die Worte über seine Lippen, so stand er auf einem hohen Berg vor dem Tor des Schlosses. Er trat hinein und ging durch alle Zimmer, bis er in dem letzten die Königstochter fand. Aber wie erschrak er, als er sie anblickte. Sie hatte ein aschgraues Gesicht voll Runzeln, trübe Augen und rote Haare. "Seid ihr die Königstochter, deren Schönheit alle Welt rühmt?" rief er aus. "Ach", erwiderte sie,

"das ist meine Gestalt nicht, die Augen der Menschen können mich nur in dieser Häßlichkeit erblicken, aber damit du weißt, wie ich aussehe, so schau in den Spiegel. Der läßt sich nicht irremachen, der zeigt dir mein Bild, wie es in Wahrheit ist." Sie gab ihm den Spiel in die Hand, und er sah darin das Abbild der schönsten Jungfrau, die auf der Welt war, und sah, wie ihr vor Traurigkeit die Tränen über die Wangen rollten. Da sprach er: "Wie kannst du erlöst werden? Ich scheue keine Gefahr." Sie sprach: "Wer die kristallene Kugel erlangt und sie dem Zauberer vorhält, der bricht damit seine Macht, und ich kehre in meine wahre Gestalt zurück. "Ach", setzte sie hinzu, "schon so mancher ist darum in den Tod gegangen, und du, junges Blut, du jammerst mich, wenn du dich in die großen Gefährlichkeiten begibst."
"Mich kann nichts abhalten", sprach er, "aber sage mir, was ich tun muß." "Du sollst alles wissen", sprach die Königstochter, "wenn du den Berg, auf dem das Schloß steht, hinabgehst, so wird unten an der Quelle ein wilder Auerochs stehen, mit dem mußt du kämpfen. Und wenn es dir glückt, ihn zu töten, so wird sich aus ihm ein feuriger Vogel erheben, der trägt in seinem Leib ein glühendes Ei, und in dem Ei steckt als Dotter die Kristallkugel. Er läßt aber das Ei nicht fallen, bis er dazu gedrängt wird, fällt es aber auf die Erde, so zündet es und verbrennt alles in seiner Nähe, und das Ei selbst zerschmilzt und mit ihm die kristallene Kugel, und all deine Mühe ist vergeblich gewesen."

Der Jüngling stieg hinab zu der Quelle, wo der Auerochse schnaubte und ihn anbrüllte. Nach langem Kampf stieß er ihm sein Schwert in den Leib, und er sank nieder. Augenblicklich erhob sich aus ihm der Feuervogel und wollte fortfliegen, aber der Adler, der Bruder des Jünglings, der zwischen den Wolken daherzog, stürzte auf ihn herab, jagte ihn nach dem Meer hin und stieß ihn mit seinem Schnabel an, so daß er in der Bedrängnis das Ei fallen ließ. Es fiel aber nicht in das Meer, sondern auf eine Fischerhütte, die am Ufer stand, und die fing gleich an zu rauchen und wollte in Flammen aufgehen. Da erhoben sich im Meer haushohe Wellen, strömten über die Hütte und bezwangen das Feuer. Der andere Bruder, der Walfisch, war herangeschwommen und hatte das Wasser in die Höhe getrieben.

Als der Brand gelöscht war, suchte der Jüngling nach dem Ei und fand es glücklicherweise: es war noch nicht geschmolzen, aber die Schale war von der plötzlichen Abkühlung durch das kalte Wasser zerbröckelt, und er konnte die Kristallkugel unversehrt herausnehmen.

Als der Jüngling zu dem Zauberer ging und sie ihm vorhielt, so sagte dieser: "Meine Macht ist zerstört, und du bist von nun an der König vom Schloß der Goldenen Sonne. Auch deinen

Brüdern kannst du die menschliche Gestalt damit zurückgeben."

Da eilte der Jüngling zu der Königstochter, und als er in ihr Zimmer trat, so stand sie da in vollem Glanze ihrer Schönheit, und beide wechselten vor Freude ihre Ringe miteinander."

Nachdem das Märchen erzählt ist, steht die alte Großmutter neben Dir auf und verläßt genauso wortlos das Zimmer, wie sie hereingekommen ist. Du bist jetzt wieder allein und läßt Dir die Bilder aus dem Märchen nochmal in Gedanken vorbeziehen. Dann stehst Du auf und kommst wieder hierher in den Gruppenraum zurück, setzt Dich auf Deinen Platz und hälst Dich noch eine Weile ruhig. Ich werde Dich gleich dazu einladen, eine von Dir gewählte Szene aus dem Märchen von der Kristallkugel mit Ölkreiden zu Papier zu bringen. Bitte öffne jetzt die Augen, falls Du sie geschlossen hattest, mach' beim Einatmen Fäuste, so daß die Daumen außen aufliegen, streck' Dich beim Ausatmen ganz stark aus und finde allmählich in die Realität dieser Gruppe zurück.

Zeichenblöcke und Ölkreiden liegen bereit. Nach dem Malen lade ich die Teilnehmer zu einer weiteren Einzelarbeit ein, die zum Thema hat, dem gemalten Bild eine berufliche Situation zuzuordnen und die in der gemalten Szene beteiligten Personen und Gegenstände mit Namen aus der Realwelt des Teilnehmers zu versehen, die Märchenszene also in die Wirklichkeit zu projizieren. Bilder und Gedanken werden dann anschließend im Plenum vorgestellt.

Sinn und Funktion dieses Märchens liegen einerseits darin, etwas Abwechslung zu der intensiven Trainingsarbeit mit aktuellen, vom Teilnehmer selbst eingebrachten Fragestellungen zu bringen. Andererseits bietet gerade dieses Märchen mit seinem hohen Symbolgehalt eine ausgezeichnete Möglichkeit, die Phantasie des Lernenden anzuregen, einmal über das rein sozialpsychologisch Methodische hinauszugehen und auch literarische Anregungen für den Umgang mit Konflikten auszuprobieren.

Meiner Erfahrung nach läßt sich dieses Märchen besonders gut im Bereich der Teamentwicklung einsetzen.

Die Form der Metapher (3 Brüder) verdeutlicht, daß manche Konflikte nicht individuell anzugehen sind, sondern viel leichter im "Zusammenspiel" mehrerer Personen zu lösen sind.

In der Psychotherapie ist der Gebrauch der Metapher seit langem schon erprobt, und auch in der systemisch-strategisch orientierten Trainingsarbeit gewinnt die Metapher mehr und mehr an Bedeutung (siehe dazu Nossrat Peseschkian: Positive Psychotherapie; und Maurizio Andolfi: "Aufgaben mit Metaphern" in: Familientherapie, Das systemische Modell und seine Anwendung).

3. Tag:

3. und
4. Sitzung: Situationsbezogene Verhaltensmuster (etwa drei Stunden)

In dieser Sitzung praktizieren wir eine Verbindung aus Mini-Lektion, Einzelreflexion und Situativer Konliktgesprächsführung. In der Mini-Lektion wird die anschließende tabellarische Übersicht "Situationsbezogene Verhaltensmuster" besprochen. Ich gehe davon aus, daß dieses Verhaltenskreuz hier nicht weiter erläutert werden muß, sondern die Sinnzusammenhänge deutlich genug erkennbar sind.

S I T U A T I O N S B E Z O G E N E   V E R H A L T E N S M U S T E R

	Ich bin unzufrieden mit mir (Ich-)	Ich bin zufrieden mit mir (Ich+)	
Ich bin zufrieden mit Dir, mit den anderen (Du+)	Ich-/Du+ Erziehungsstil: antiautoritär - ohne Vorbild lassend - bindungshemmend Verhaltensstil: sich raushaltend Konflikt-verhalten: dem anderen die Lösung überlassen und dann Schuld geben Grundhaltung: "Da halt' ich mich lieber raus." Botschaft: "Mach' was Du willst, ich hab' Dir nichts zu sagen." Beispiel-aussage: "Ich nehm' Dir alles ab, was Du sagst." Handlungs-regel Pflichterfüllung	Ich+/Du+ Erziehungsstil: partnerschaftlich - kooperativ Verhaltensstil: informativ - erkundend - entscheidungs-freudig - Entwicklung fördernd Konflikt-verhalten: Reingehen und als Chance nehmen Grundhaltung: "Das wird schon werden." Botschaft: "Wir wägen ab und entscheiden darüber, was o.k. für uns ist." Beispiel-aussage: "Mir geht's jetzt 'so und so'; wie geht's Dir, und was können wir tun?" Handlungs-regel: Verabredungen einhalten	Ich bin zufrieden mit Dir, mit den anderen (Du+)
Ich bin unzufrieden mit Dir, mit den anderen (Du-)	Ich-/Du- Erziehungsstil: überbeschützend, ergeben nachgebend Verhaltensstil: sich rechtfertigend, angreifend - dann fliehend Konflikt-halten: alles unter den Teppich kehren, ignorieren Grundhaltung: "Das nutzt doch alles nichts." Botschaft: "Wir brauchen alle jemanden, der auf uns aufpaßt." Beispiel-aussage: "Geh' zu jemand anderem; ich bin nicht kompetent." Handlungs-regel: absoluter Gehorsam	Ich+/Du- Erziehungsstil: autoritär Verhaltensstil: kontrollierend - überredend Konflikt-verhalten: Lösungen anordnen Grundhaltung: "Der Starke ist am mächtigsten allein." Botschaft: "Mach's so wie ich, dann machst Du's gut." Beispiel-aussage: "Wer sofort handelt, gewinnt. Wer's nicht tut, muß eben verlieren." Handlungs-regel: Machen - Antreiben	Ich bin unzufrieden mit Dir, mit den anderen (Du-)
	Ich bin unzufrieden mit mir (Ich-)	Ich bin zufrieden mit mir (Ich+)	

Im Anschluß an das Vorstellen der situationsbezogenen Verhaltensmuster sind alle Teilnehmer dazu eingeladen, stille Reflexion im Hinblick auf eine beruflich schwierige Situation zu halten. Oder sie können mit Hilfe der tabellarischen Übersicht alternative Verhaltensmöglichkeiten entwickeln und nach Lösungen suchen.

Danach bilden die Teilnehmer Paare, in denen diese alternativen Verhaltensmöglichkeiten bzw. die Lösungsmöglichkeiten nach dem Modell der Situativen Konfliktgesprächsführung gemeinsam erarbeitet werden. Möglicherweise sind einige Teilnehmer im Abschlußplenum bereit, in Spontanrollenspielen die besprochenen Verhaltensweisen einmal auszuprobieren.

4. Tag:

1. Sitzung: Meine Aufgaben, Kompetenzen und Fähigkeiten (etwa 90 Minuten)

Für diese Reflexionssitzung im Hinblick auf die beruflichen Aufgaben, Kompetenzen und Fähigkeiten der Teilnehmer ist eine kleine Arbeitsvorlage notwendig, die sich an dem Muster eines Kompetenzrasters orientieren könnte, wie es bereits in ähnlicher Form von Dieter Wilms und mir im Zusammenhang mit der Fortbildung von Kinderheim-Erziehern veröffentlicht wurde (Organisationsentwicklung als Folge kommunikationsfördernder Weiterbildung; in B.: Treude, Organisationsentwicklung).

1. Arbeitsschritt:
Die Aufgabe des einzelnen Teilnehmers besteht zunächst darin, alle konkreten Arbeitsfelder aufzulisten, in denen Leitung und Mitarbeiter auf Kooperation angewiesen sind. Es ist dabei wichtig zu vermerken, in welcher Rolle sich der einzelne Teilnehmer in der realen Arbeitssituation befindet, in der Leiter- oder der Mitarbeiterrolle.

2. Arbeitsschritt:
Bei der erneuten Durchsicht der aufgelisteten Arbeitsfelder vermerkt der Teilnehmer nun auf der Werteskala 1 bis 5, welchen Kompetenzgrad er in dem betreffenden Arbeitsfeld erreichen möchte. Er orientiert sich dabei an der vorgegebenen Legende.

3. Arbeitsschritt:
Die Einladung dieses Teils der Übung gilt einer Reflexion des Teilnehmers im Hinblick auf seine am Arbeitsplatz "zu kurz kommenden" beruflichen Fähigkeiten. Er notiert sie unter der Arbeitsfeldauflistung.

4. Arbeitsschritt:
Alle Teilnehmer verweilen ein paar Minuten in Ruhe im Plenum und teilen dann einander mit, welche Erkenntnisse sie bei dieser Übung über ihre berufliche Kompetenz bekommen haben.

Hier ist der Teilnehmer eingeladen, seine am Arbeitsplatz "zu kurz kommenden" beruflichen Fähigkeiten zusammenzustellen. Er notiert sie unter der Arbeitsfeldauflistung.

Kompetenzraster

Einordnen von Kompetenzbereichen bezüglich notwendiger Kooperation von Leitung und Mitarbeitern:

Konkrete Arbeitsfelder:	Leiter	1	2	3	4	5	Mitarbeiter

Meine beruflichen Fähigkeiten, die am Arbeitsplatz "zu kurz kommen":

Legende zum Kompetenzraster:

1 = Die volle Entscheidung und Verantwortung liegt beim Leiter.
2 = Entscheidung und Verantwortung liegt beim Leiter; der Mitarbeiter wird gehört.
3 = Leiter und Mitarbeiter sind gleich verantwortlich; Entscheidungen werden gleichberechtigt getroffen.
4 = Entscheidung und Verantwortung liegt beim Mitarbeiter; der Leiter wird gehört.
5 = Verantwortung und Entscheidung liegt beim Mitarbeiter.

4. Tag:

2. Sitzung: Die Kompetenzverhandlung (Dauer der Übung ist vom Spielinteresse abhängig)

Es geht bei dieser Übung darum, in Form von Spontanrollenspielen etwas Geschmack daran zu finden, die Erkenntnisse aus der Übung zur Kompetenzverteilung auch in die Tat umzusetzen.

Es finden sich dazu je zwei Teilnehmer zusammen, die vor den anderen in der Rollenverteilung von Leiter und Mitarbeiter eine "Kompetenzverhandlung" führen. Dabei kann einer von beiden sein ausgefülltes Raster zur Hand nehmen. Er kann zwei bis drei Daten aus seiner Kompetenzwertung zur Sprache bringen. Der andere geht in eine "Ja aber - Position" bis ihm deutlich ist, daß die vorgestellte Wertung des Gesprächspartners ihn wirklich überzeugt.

Nach einer Weile führen die beiden einen Rollentausch durch, wobei durchaus dasselbe Kompetenzraster Grundlage des Gespräches sein kann. Im Anschluß an jedes Rollenspiel stehen 5 Minuten für Feedback aus dem "Auditorium" zur Verfügung.

Die Dauer der einzelnen Spontanrollenspiele ist völlig von dem Spielinteresse der Gruppe abhängig. Es ist mir deshalb nicht möglich, eine Spielzeit anzugeben. Damit jedoch alle Teilnehmer zu Wort kommen können, ist für diese Übung auf jeden Fall ein Abschluß-Blitzlicht vorgesehen.

4. Tag:

3. Sitzung: TA-Verträge mit sich und anderen nach James/Jongeward (etwa 60 Minuten)

Mit dieser Minilektion, die sich auf transaktionsanalytische Erläuterungen von Muriel James und Dorothy Jongeward (in: Spontan leben, Übungen zur Selbstverwirklichung, 1986) beruft, möchte ich die Teilnehmer motivieren, für die Durchführung neuer Erkenntnisse auch wirklich etwas zu tun und diese Erkenntnisse nicht in irgendeiner "Schublade" verschwinden zu lassen, ohne daß sie in Handlung umgesetzt werden. Erfahrungsgemäß können Berufskollegen bei der Umsetzung solcher Erkenntnisse in der Form behilflich sein, daß sie eine kleine Kontrollfunktion übernehmen.

Ein TA-Vertrag ist eine Übereinkunft darüber, daß etwas in der eigenen Persönlichkeit oder in der Beziehung zwischen zwei oder mehreren Personen geändert wird. In der transaktionsanalytischen Weiterbildung dienen die TA-Verträge der Stärkung des Erwachsenen-Ich. TA-Verträge kann man über verschiedene Dinge machen, z. B. über Verhaltensänderung, Einstellungsänderung oder die Veränderung psychosomatischer Erscheinungen etc.

TA-Verträge kann man mit sich selbst oder mit anderen im Hinblick auf die Lösung von Konflikten machen.

Im Sinne der TA gibt es zwei Voraussetzungen, die zum befriedigenden Vertragsabschluß erfüllt sein müssen:

1. Wir müssen uns darüber klar werden, daß alles, was uns innerlich beschäftigt, ein Konflikt ist, der gelöst werden muß.

2. Wenn uns ein Konflikt klar ist, müssen wir uns entscheiden, etwas für die Lösung des Konfliktes zu tun.

Aus der Erfahrung wissen wir, daß manche Leute folgende vier Techniken anwenden, um Konflikten aus dem Weg zu gehen:

- Sie leugnen, in einem Konflikt zu stecken, auch wenn es noch so offensichtlich ist.
- Sie unterschätzen die Auswirkungen des Konfliktes.
- Sie streiten ab, daß eine Konfliktlösung überhaupt möglich ist.
- Sie unterschätzen ihre Fähigkeit, den Konflikt selbst zu lösen.

Es ist zum Beispiel nicht genug zu sagen: "Ich werde damit aufhören, meine Kinder zu schlagen!" Wenn wir mit einer Sache aufhören, wird es an dieser Stelle des Verhaltens so lange ein Vakuum geben, bis wir etwas statt dessen tun. Wir können im Rahmen des gegebenen Beispiels einen Vertrag mit uns selbst machen und sagen: "Ich mache in Zukunft etwas anderes anstelle des Schlagens. Ich werde statt dessen die Kinder in den Arm nehmen, mit ihnen etwas schmusen und dann sagen, warum ich ärgerlich war und was ich in Zukunft erwarte."

Obwohl die Transaktionsanalyse ursprünglich als eine Therapie auf Vertragsbasis konzipiert war, kann also jemand durchaus auch einen therapeutisch wirksamen pädagogischen TA-Vertrag mit sich selbst, seinem Ehepartner, seinem Chef, seinem Kollegen oder seinem Freund schließen, um z. B.

- nicht länger in Selbstmitleid zu schwelgen,
- sich nicht länger zu demütigen,
- sich nicht länger wie ein Märtyrer zu verhalten,
- nicht länger andere herabzusetzen,
- nicht länger seine Gesundheit zu ruinieren;

und um von jetzt an

- Leuten zuzuhören,
- freundlich zu sein,
- sich zu entspannen,
- zu lachen,
- seinen Verstand zu gebrauchen.

TA-Verträge schließen zu lernen, sie einzuhalten, bei Bedarf zu ändern und sich dann dem nächsten Konflikt und dem nächsten Vertrag zuzuwenden, sind Zeichen der Autonomie, Kennzeichen des Gewinners.

Im Anschluß an die Mini-Lektion steht bei dieser Sitzung die restliche Zeit der Diskussion zur Verfügung.

4. Tag:

4. Sitzung: Das Punkte-Spiel nach Valerie Pauling (etwa 60 Minuten)

Das in der Sitzung vorgestellte Punkte-Spiel beruft sich auf den sogenannten "Punkte-Kalender" von Valerie Pauling, der bislang überwiegend im Rahmen familientherapeutischer Arbeit zum Einsatz kam: Der Punkte-Kalender.

Das Punkte-Spiel eignet sich ganz hervorragend für Leute, die konfliktgeladenes Verhalten zueinander auf partnerschaftliche Weise "wegpunkten" wollen. Die Spielteilnehmer "punkten" um selbstaufgestellte Regeln und Ziele. Was es zu gewinnen gibt, sind goldene und schwarze Punkte, die in das eigens dafür vorgesehene Wochenblatt geklebt werden. Streitereien geraten dabei ins Hintertreffen, weil jeder Teilnehmer selbst bestimmt, was er an sich ändern will und was nicht. Alle Beteiligten lernen auf einfache

Weise, Verabredungen miteinander einzuhalten. Die Beteiligten können zum Beispiel lernen:

- weniger zu rauchen
- Familienregeln einzuhalten
- Hausarbeiten gerecht aufzuteilen
- Übergewicht abzubauen
- Streitereien aufzugeben
- Mürrisches Verhalten abzubauen
- miteinander zu reden
- neue Kontakte zu machen etc.

Mit dieser kleinen Übersicht wird deutlich, daß sich dieses Spiel sowohl im privaten wie im beruflichen Feld einsetzen läßt. Ziel ist, sich selbst und die anderen Teilnehmer ernster zu nehmen, mehr "beim Wort zu nehmen", also gegebenenfalls mehr miteinander als gegeneinander zu tun, mehr miteinander zu lachen als übereinander zu schimpfen. Es können 2 bis 14 Interessenten mitspielen.

Die selbstgewählten Regeln, Ziele und Vorsätze werden in einer gemeinsamen Konferenz schriftlich festgehalten. Zum Beispiel kann auch eine Verabredung aus einem TA-Vertrag oder ein Lösungsvorschlag aus der 7-Schritte-Strategie mit in das Spiel einbezogen werden, und es gilt nun, die getroffene Vereinbarung über den Zeitraum einer Woche bis zur nächsten Konferenz einzuhalten.

Erfahrungsgemäß ist es günstig, für die Konferenz einen festen Termin zu vereinbaren, dies insbesondere dann, wenn Kinder daran beteiligt sind. Für die Befolgung der aufgestellten Regeln und Vorsätze gibt es täglich einen goldenen Punkt. Besondere Ereignisse werden mit einem zusätzlichen goldenen Punkt belohnt. Ein Verstoß gegen die gemeinsam getroffenen Regeln, Nachlässigkeit gegenüber einem eigenen Vorsatz und sonstige "Verhaltens-Ausrutscher" werden durch einen schwarzen Punkt vermerkt. "Sieger" ist, wer nach einer Woche die meisten goldenen Punkte aufweisen kann. Für ihn kann auch eine Prämie verabredet werden.

das punkte-spiel

Name	Sonntag	Montag	Dienstag	Mittwoch	Donnerstag	Freitag	Samstag	Ergebnis	

Wochengewinner: ____________________

Zum Verlauf des Punkte-Spiels:

Die Beteiligten versammeln sich an einem Tisch und schreiben auf ein Blatt Papier, was ihnen am Partner, Kollegen, den anderen Gruppenmitgliedern, den übrigen Familienmitgliedern gefällt und was sie als störend und veränderungswürdig empfinden. Hier kann der gesamte Tagesablauf mit einbezogen werden, z. B.: Mithilfe im Haushalt, Ordnung halten (auf der Werkbank, am Schreibtisch etc.), Körperpflege, Freizeit und Dienstplan, Hausaufgaben oder Arbeitsaufträge, nach Hause mitgebrachte Büroarbeit usw. (die Kleinen, die noch nicht schreiben können, sind zum Diktieren eingeladen).

Jeder liest dann vor, und alle anderen hören zu. Verabredet werden in der Konferenz dann zwei Bereiche, denen jeder in der kommenden Woche besondere Beachtung zukommen läßt:

1. Aufgabenverteilung:
Zu diesem Bereich gehören gemeinsame Verabredungen über sich wiederholende tägliche Notwendigkeiten, z. B.: Mülleimer leeren, Post holen, Straße kehren etc. Die notwendigen Aufgaben werden untereinander ausgehandelt und dann gepunktet (1. Kästchen).

2. Persönliche Änderungswünsche:
Jeder Mitspieler sucht sich dazu aus den Rückmeldungen der anderen eine Verhaltensweise, die er zu ändern bereit ist. Das Punkten gilt dann diesem ausgesprochenen persönlichen Änderungswunsch (2. Kästchen).

Besonderheiten:
Für besondere Gefälligkeiten, fröhlich-machende Höflichkeiten etc., die natürlich nicht verabredet zu werden brauchen, kann es täglich einen zusätzlichen goldenen Punkt geben (3. Kästchen).

Sonstige Bemerkungen zu diesem Spiel:

- es gibt auch die Möglichkeit, Punkte zu halbieren, also eine goldene und eine schwarze Punkthälfte zusammenzukleben.

- es ist nicht empfehlenswert, die vereinbarten Aspekte ohne Zustimmung der anderen Beteiligten zu ändern.
- es ist günstig, nach Besonderheiten auch ganz besonders Ausschau zu halten.
- es ist verboten, dieses Spiel tierisch ernst zu nehmen, weil es Spaß und gute Laune bringen soll.

5. Tag:

1. Sitzung: Südamerikanisches Verabschiedungsritual (etwa 60 Minuten)

Dieses Ritual wurde von Frauke Hager erstmals zum Abschluß einer gestaltorientierten Weiterbildungsgruppe vorgestellt. Es beruft sich auf die Tradition eines südamerikanischen Indianerdorfes in der Nähe von Rio de Janeiro. Diese Tradition lädt jeden Dorfbewohner dazu ein, sich einmal täglich für eine kleine Weile zurückzuziehen, um innerlich von Personen, Gegenständen oder Ereignissen Abschied zu nehmen.

Für den Einsatz im Rahmen der Trainingsgruppen gilt folgende Vereinbarung: Alle Gruppenteilnehmer suchen sich innerhalb des Arbeitsraumes einen Platz zum Abschiednehmen. Sie sitzen voneinander abgewandt. Jeder ist für sich allein und läßt in seiner Erinnerung Personen, Gegenstände oder Ereignisse aufkommen, von denen er sich verabschieden möchte. Die stille Redewendung dafür lautet: Jetzt verabschiede ich mich von...

Nach einer Stunde kommen alle wieder zur letzten Sitzung des Trainingsprogrammes zusammen. Es ist in diesem Ritual nicht vorgesehen, über die in der Stunde gemachten Erfahrungen zu sprechen.

Diese Übung praktiziere ich bei allen längerfristigen Weiterbildungsgruppen zum Abschluß des Kurses und habe die Erfahrung gemacht, daß danach ein reales Abschiednehmen von der Lerngruppe leichter fällt.

5. Tag:

2. Sitzung: Abschiedsgeschenke (etwa 120 Minuten)

Diese Sitzung hat das Abschiednehmen von der Gruppe, von einzelnen Gruppenteilnehmern und der Gruppenleitung zum Thema.

Die Gruppe stellt sich dazu in einen Kreis zusammen, wobei alle Mitglieder einander die Arme über die Schultern legen, dadurch den Kreis schließen und so etwa 15 Minuten miteinander verweilen. Es kann sein, daß dieser Kreis dann wie von selbst anfängt zu schwingen, und es ist besonders schön, wenn die Gruppe beim Ausatmen ein wohlklingendes "Ohhhhhhhhhhmmmmmmmmmmm" verlauten läßt.

Dann löst sich einer nach dem anderen aus dem Kreis heraus und der Gruppenleiter eröffnet die Verteilung der "Abschiedsgeschenke". Dazu bedarf es allein der Phantasie und nicht realer Gegenstände. Schön ist es allerdings, wenn seitens der Gruppenleitung für diese Gelegenheit etwas Sekt und etwas Saft zur Verfügung gestellt wird.

Die Teilnehmer gehen im Raum umher, die Gesamtgruppe ist aufgelöst und jeder hat Gelegenheit, sich von den anderen einzeln und mit einem persönlichen Geschenk zu verabschieden. So schenkte mir neulich ein Teilnehmer beim Abschied ein großes Paket Zusatzzeit, damit ich endlich mein Buch fertigstellen könne. Ich habe dieses Geschenk gut brauchen können und bin dafür sehr dankbar.

2.6. Peergruppenarbeit

Ziel der Peergruppenarbeit ist es, parallel zum Kurssystem Kooperations- und Konfliktlösungsverhalten im Bezug zur täglichen Berufspraxis über einen längeren Zeitraum in einer gleichbleibenden Gruppe zu trainieren. Unsere Peergruppe trifft sich deshalb in der Regel monatlich für 3 Stunden oder alle zwei Monate für einen ganzen Tag.

Die kontinuierliche Peergruppe schafft ein Klima, in dem die Gruppenmitglieder weniger Angst voreinander haben und bietet die Gelegenheit zu einer beständigen Auseinandersetzung mit den Fragen, Einstellungen und Lebenskonzepten der anderen Teilnehmer und des Gruppenleiters. Der einzelne kann durch einen solchen Bildungsprozeß leichter seinen eigenen Standort überprüfen, verändern und so zu einem persönlichen Handlungskonzept finden. Die Peergruppe bietet die Gelegenheit, die im Wochentraining gemachten Lernerfahrungen nach Überprüfung im Alltag erneut zur Diskussion zu stellen.

Der Begriff der Peergruppe soll die grundsätzliche Gleichheit der Lerninteressen und die Übereinstimmung des Lernstandes zum Ausdruck bringen.

2.6.1. Die Peergruppe als Übungsfeld

Methodisch gesehen verläuft die Arbeit auf der Basis der Themenzentrierten Interaktion (TZI). Dabei wird - je nach Erfordernis der Lage und der Problemstellung - in Paar- und Kleingruppen oder im Plenum gearbeitet.

Die Themen der Gruppenarbeit werden von jeweils aktuellen Konfliktsituationen aus dem Berufsfeld vorgegeben und mit den verschiedenen Lernstrategien bearbeitet.

Durch das schrittweise Vermitteln der einzelnen Konfliktlösestrategien in den fünftägigen Intensivkursen ist erreicht, daß in den Peergruppen auch schrittweise und mit mehr Bezug zur täglichen Berufspraxis weitertrainiert wird, und zwar in der Form, daß ein Teilnehmer nach dem anderen die Gelegenheit erhält, die Anwendung des Gelernten in der Peergruppe zu üben, bevor er damit in das tägliche Berufsgeschehen überwechselt.

Die Grundstruktur der Peergruppe ist deshalb so angelegt, daß ein Teil des Gruppentages von den Teilnehmern selbst geleitet wird, etwa die Vorstellung strukturierter Übungen zur weiteren Selbstexploration, die zusätzliche Schulung Aktiver Wahrnehmung oder das systematische Einüben der 7-Schritte-Strategie.

Ziel des Lernprozesses ist es, dem Teilnehmer die positiven Möglichkeiten von Konflikten im Hinblick auf seine beruflich-persönliche Qualifizierung noch bewußter zu machen, ihn zu befähigen, im Kontext seiner Lebensarbeit die ihm begegnenden Konflikte als sinnvoll zu erkennen.

Der Vorteil der Peergruppe gegenüber einer Beratung der Berufspraxis durch Einzelgespräche besteht wie bei der Arbeit mit dem strukturierten Konfliktlösespiel darin, daß die Gruppe als solche über ein größeres Potential und im Hier und Jetzt abrufbares Methoden-Repertoire verfügt als die beratende Einzelperson. Außerdem bietet die angeleitete Peergruppe die Möglichkeit, allmählich eine kollegiale Peer-Supervision vorzubereiten, wie sie von Herbert Gudjons, z. B. in seinem Beitrag "Fallbesprechungen in Lehrergruppen" (Westermanns Pädagogische Beiträge, Heft 9, 1977, S. 373 ff.) propagiert ist.

Die Grundprinzipien gruppenbezogener Beratung sind von Gudjons wie folgt zusammengefaßt:

1. Ausgehen von der subjektiven Wahrnehmung der Beteiligten.
2. Ausgehen von dem am meisten verunsichernden und belastenden Problem in der Gruppe.
3. Gruppen haben prinzipiell die Fähigkeit zur "Selbstheilung". Bedingung dafür ist eine akzeptierbare Atmosphäre als Grundlage der emotionalen Sicherheit.
4. Eine allmähliche Erweiterung des Wahrnehmungshorizontes für Probleme schließt mehr und mehr auch gesellschaftliche Aspekte ein.

5. Wahrnehmungsveränderungen wirken sich auf den Gesamtzusammenhang des subjektiven Wahrnehmungssystems (z. B. auf die "implizite Persönlichkeitstheorie") aus. So werden auch frühere Erfahrungen anders wahrgenommen und neu beurteilt.

Im Anschluß daran lassen sich folgende Fragen aufstellen, die helfen können, individuelle und gruppenspezifische Fertigkeiten zur Umgestaltung und Lösung von Konflikten schrittweise zu lernen.

- Wie erlebe ich mich selbst, was nehme ich bei mir wahr? (Phantasien, Körperempfindungen, Gedanken, Gefühle, Bewegungen; Was sage ich Dir? - Was will ich Dir eigentlich mitteilen?)

- Wie erlebe ich mich in meinem Handlungsfeld, wie nehme ich meine Umwelt wahr? (Dich, unsere Beziehung; Was höre ich Dich sagen? - Was willst Du mir eigentlich mitteilen? - Wie erlebe ich mich in meiner beruflichen Rolle?)

- Wie organisiere ich meine Wahrnehmung? (Was lasse ich zu? - Was vermeide ich? - Welches Weltbild gestalte ich aus meiner Wahrnehmung?)

- Wie erlebe ich mich in der Institution? (Was sind die Spielregeln? - Was tue ich besser allein? - Was tue ich lieber mit Kollegen? - Was können wir tun, wenn die Zusammenarbeit nicht funktioniert? - Wie können wir so zusammenleben, daß die Arbeit Spaß macht und effektiv ist?)

Außerdem bietet sich die Peergruppe als Übungsfeld für die Entwicklung neuer strukturierter Übungen mit Spielcharakter an.

Ein Beispiel: Für den Umgang mit dem Thema "Wie fühle ich mich, wenn andere einen Konflikt miteinander haben?" wurde während einer Peergruppenarbeit das "Helferspiel" entwickelt:

2.6.2. Das Helferspiel

Die Gruppe teilt sich in Dreiergruppen auf, bleibt aber im Gruppenraum. Sind mehr Teilnehmer in den Teilgruppen nötig, so erhalten mehrere die Rollen B oder C. Es wird dann abgesprochen, wer Teilnehmer A, B und C ist. Partner A hat die Aufgabe, sich ein Gesprächsthema zu überlegen, das ihn interessiert. Dazu sind ein oder zwei Minuten Zeit zum Überlegen angesetzt. Dann sind alle A-Teilnehmer dazu eingeladen, das Gespräch mit dem Partner B zu eröffnen. Das Thema ist zu nennen und eine eindeutige Position zu beziehen.

Die Aufgabe von Partner B wird sein, dieser Position zu widersprechen, auch wenn er damit gegen seine Einstellung handelt. Wichtig ist, daß A und B das Gespräch kontrovers führen. Es macht nichts, wenn es nur mechanisch erscheint.

Die wichtigste Rolle in diesem Spiel übernimmt Partner C: seine Aufgabe besteht darin, sein gewohntes "Helferverhalten" bewußt und mit viel Energie zu übertreiben. Das bedeutet, daß Partner C in den Streit der beiden anderen eingreift und ihn schlichten soll, wobei Partner A und B nicht von ihren Standpunkten abweichen dürfen.

Ein Beispiel:

Partner A: Die eintägigen Treffen sind ja völlig überflüssig!
Partner B: Wenn du mit dieser Einstellung hierher kommst, wundert mich das allerdings nicht! Für mich sind diese Treffen das Wichtigste im Monat!
Partner C: Müßt ihr denn immer miteinander streiten? Ihr seid doch erwachsen!

Nach jeweils 5 Minuten Streitgespräch werden die Rollen getauscht, so daß jeder einmal die Rollen A, B und C eingenommen hat!

Auswertungsgesichtspunkte können sein:

- Wie habe ich mich als Partner A/B gefühlt?
- Wie ging es mir als Helfer?

- Wie fühle ich mich jetzt?
- Was ist mir über mein gewohntes Verhalten klargeworden?

Dieses Experiment macht deutlich, wie schwer es fällt, eingespieltes ("ein gespieltes") Verhalten bewußt zu erleben. Es wird gerne in Gruppen verwandt, in denen viele professionelle Helfer sind, als Vorstufe zu konfliktlösendem (neuen) Verhalten.

2.7. Kollegiale Supervision in Qualitätszirkeln

"Supervision ist eine Form praktischer Beratung von einzelnen Gruppen, die sich auf Konflikte und Probleme beruflicher Interaktion bezieht. Supervisor und Supervisand bzw. die Supervisandengruppe thematisieren schwierige, oft als unlösbar erfahrene Konstellationen des Berufsalltags. Durch die Beratungen sollen Lernprozesse eingeleitet werden, in denen das professionelle Handeln und die Bedingungen, unter denen es stattfindet, der systematischen Reflexion zugänglich gemacht werden" (Adrian Gaertner im Jahrbuch der Sozialarbeit 1978).

Auch die kollegiale Supervision in Qualitätszirkeln dient in diesem Sinne der Überprüfung von Wahrnehmung beruflicher Interaktionen sowie der Optimierung von Kommunikations- und Strukturierungsfähigkeiten im Berufsfeld, angeleitet und begleitet primär von Berufskollegen, nur in der Anfangsphase und bei speziellem Bedarf durch einen von außen eingeladenen Supervisor. Ich setze voraus, daß der kollegialen Supervision ein Lernprozeß vorangegangen ist, in dem bestimmte berufliche Fertigkeiten erlangt worden sind, deren Einsatz in der täglichen Praxis nun zur Diskussion stehen, wobei ich als Lernquelle der Supervision den Teilnehmer selbst mit seinen offenbaren und verdeckten Qualifikationen und Schwierigkeiten erkenne. Ich gehe also davon aus, daß Supervision erst sinnvoll ist, wenn sie eine gut fundierte Weiterbildung der Supervisanden zur Voraussetzung hat.

Von der Psychoanalyse wissen wir um die zentrale Bedeutung des Unbewußten gerade für das Verhalten des Berufserziehers. Bernfeld hat dies in der Formulierung zugespitzt, daß der Pädagoge gleichsam vor zwei Kindern stehe; dem zu erziehenden vor ihm und dem verdrängten in ihm, darum könne er nicht anders, als jenes zu behandeln, wie er dieses erlebte (siehe Westermann's pädagogische Beiträge 1977 Heft 9).

Aus dieser Erfahrung heraus läßt es sich bei der kollegialen Supervision in Qualitätszirkeln neben der Besprechung des direkten "Fallmaterials" aus Konfliktsituationen des Berufsalltages nicht vermeiden, auch die

"Person" des Supervisanden bzw. des Supervisors und auch das Beziehungsgeflecht im Kollegenkreis zum Thema zu machen. Dazu bedarf es über das bisher Gelernte hinaus eines zusätzlichen Lehrtrainings, um "Fähigkeiten zur kognitiven Analyse, zur emotional-affektiven Bewältigung und zum strategischen, auf Veränderung von Bedingungen zielenden Verhalten gleichermaßen anzustreben und damit die berufliche Isolation abzubauen".

Lernhilfe, also Medium der kollegialen Supervision, sollte im Anfangsstadium das in der Fortbildung gelernte "Handwerkszeug" sein, in unserem Fall also die grundlegenden Fähigkeiten der drei Lernstrategien.

Lernstrategie 1: Ich-Botschaften "senden" können.
Lernstrategie 2: Aktive Wahrnehmung und Situative Konfliktgesprächsführung praktizieren können.
Lernstrategie 3: Die 7-Schritte-Strategie handhaben und Wir-Struktur entwickeln können.

Die Befähigung zur Anwendung dieser Strategien der Konfliktlösung wird verstärkt, wenn der Teilnehmer nach Abschluß eines Trainingskomplexes die Gelegenheit wahrnimmt, sich selbst in der Rolle eines Gruppenleiters der kollegialen Supervision unter Anleitung erfahrener Gruppenleiter zu erleben.

Die unter Punkt 2.7.4. vorgestellte Vorbereitungsmatrix für Gruppenarbeit wurde in Verbindung mit den methodischen Hinweisen zur gestaltorientierten Krisenintervention eigens zu diesem Zweck entwickelt.

Darüber hinaus können im fortgeschrittenen Stadium einer kollegialen Supervisionsgruppe auch andere Vorgehensweisen mit einbezogen werden, die auf berufsspezifische Erfordernisse der jeweiligen Gruppierung zugeschnitten sind und auch den Wissensdurst der Teilnehmer stillen.

Ein thematischer Schwerpunkt kollegialer Supervision in Qualitätszirkeln ist in jedem Falle die Bearbeitung von beruflichen Praxisproblemen. Auch wenn sie sich dadurch grundlegend von einer Therapiegruppe unterscheidet, so kann sie dennoch mit der integrativen

Verknüpfung kognitiver und emotional-affektiver Erfahrung auf eine differenzierte Wahrnehmung des eigenen Persönlichkeitsanteils in Problemsituationen hinzielen und darüber hinaus mit Beobachtungskriterien aus systemisch-kybernetischem Kontext einen Einblick in die Zirkularität sozialer Systeme wie Teams, Familien und größere Organisationen vermitteln. Zur Einübung in die kollegiale Supervision können kleinere Arbeitshilfen mit klar strukturiertem Aufbau dienen, der wiederum Ausdruck einer methodisch-didaktisch reflektierten Linienführung sein muß.

Ein Lehrtraining zur kollegialen Supervision sollte so aufgebaut sein, daß es jedem Teilnehmer Gelegenheit bietet, sich mit Rolle und Aufgabenstellung des Moderators als "Anwalt" der speziell gewählten Vorgehensweise vertraut zu machen, d. h. konkret:ein Instrumentarium zur kollegialen Supervision kennenzulernen, möglichst bei einem erfahrenen Gruppenleiter, der selbst Teilnehmer einer kollegialen Supervisionsgruppe ist;und: im Lehrtraining Feedback auf das dort praktizierte Moderatorenverhalten zu bekommen.

Ein Lehrtraining ist in diesem Sinne simulierte kollegiale Supervision, wobei der Lehrtrainer Praxishilfestellungen zur Anwendung gibt, Modell-Supervision für das Verhalten des Teilnehmers in der Gruppenleiterfunktion gibt und situationsbezogen gestalttherapeutische Krisenintervention anbietet.

2.7.1. Balint-Arbeit in der kollegialen Supervision

Aus der eigenen Erfahrung mit Anne Thurn und John Brinley habe ich die drei folgenden Arbeitsschritte zur kollegialen Praxisberatung professioneller Schwierigkeiten nach dem Balint-Prinzip formuliert:

- Der Fall wird dargestellt von demjenigen, der sich zur Praxisberatung gemeldet hat - so wirklichkeitsnah und lebendig wie möglich. Dabei ist es hilfreich, wenn der Ratsuchende, der Supervisand, das geschilderte Verhalten in seiner Berichterstattung psychodramatisch darstellt.

- Die anderen Gruppenmitglieder teilen ihre Reaktionen mit, inhaltlicher Art auf den beschriebenen Sachzusammenhang, gefühlsmäßiger Art auf das Verhalten des Ratsuchenden bei der Darstellung. Es können dann auch konkrete Handlungsalternativen benannt werden. Der Supervisand verhält sich in dieser Phase zuhörend.

- Der Supervisand reflektiert und teilt der Gruppe dann mit, welche Einsicht er für sich und seine zukünftige Arbeit im Zusammenhang mit dem vorgestellten Fall aus dem Gruppenfeedback gewonnen hat.

Diese Art der Supervision setzt eine überwiegend akzeptierende Grundstimmung der Kollegen untereinander voraus, damit sich eine "Solidarität in der Suchhaltung" entwickeln kann und das Berichten von beruflich schwierigen Situationen nicht als Zugeben von Schwächen interpretiert wird.

2.7.2.Gudjon´s Leitfaden für Fallbesprechungen

Aus der Begegnung mit Herbert Gudjons hat die kollegiale Supervision bei uns eine Bereicherung erfahren, die durch den systematischen Aufbau von Gudjons' Leitfaden das Lehrtraining zur kollegialen Supervision erheblich erleichtert.

In der Folge führe ich diesen Leitfaden überwiegend in der Originalfassung auf.

Rahmenbedingungen:

- Besteht Konsens über die methodische Grundkonzeption der Fallbesprechung?
- Besteht Einigkeit über Wünsche nach Vertraulichkeit, Schweigepflicht?
- Wer übernimmt die Moderatorfunktion?
- Wieviel Zeit steht zur Verfügung?
- Welche Hilfsmittel sollen eingesetzt werden (Protokoll, Tonband, Video?)

Erste Ebene: Der Fall im Spiegel des Berichtenden

1. Einigung auf einen Teilnehmer, der seinen Fall vorträgt

2. Freies Vortragen des Falles durch den Teilnehmer

3. Aufgabe der Gruppe: "Aktives Zuhören" unter Beachtung folgender Gesichtspunkte (schriftlich festhalten):

   - Welches Bild der Situation, des Verlaufes, der beteiligten Personen entsteht in der Schilderung?
   - Wie werden die verschiedenen Passagen sprachlich ausgedrückt? (z. B.: Reihenfolge, Auslassungen, "Vergessenes", Ausweichen, Themenwechsel, Hauptthemen/Nebenthemen, roter Faden, Schlüsselsätze/-wörter, breite Schilderungen/knappe Schilderungen, Details, präzise Passagen/schwammige Passagen, Stimmlage, Tonfall, Mimik und Gestik, Körperhaltung, Sprechtempo, Betonungen, Pausen).
   - Welche Gefühle werden vom Berichtenden ausgedrückt, entweder explizit genannt oder versteckt (unbewußt) angedeutet?
   - Welche Art von Beziehungen zwischen den beteiligten Personen wird deutlich/bleibt unklar?
   - Welche Erklärungen nennt der Berichtende selbst? - Gibt es Andeutungen, in welcher Richtung sich der Berichtende eine Lösung/Änderung vorstellt/wünscht?
   - Welche Gefühle entstehen in mir beim Zuhören?

   Klären und Nachfragen: Ermunterung zur offenen Schilderung von Ereignissen, Eindrücken, Vermutungen, vor allem von begleitenden Gefühlen in Situationen, Einholen ergänzender Informationen zum Fall, Konturieren unklarer Stellen.

   Nicht erlaubt sind in dieser Phase: Ratschläge, Interpretationen, Zitieren eigener Erfahrungen, Lösungsvorschläge; erwünscht ist "partnerzentriertes Gesprächsverhalten".

Zweite Ebene: Der Fall im Spiegel der Gruppe

1. Eventuell Verarbeitungspause: Überdenken und Ordnen von Notizen, Trennung von Wahrnehmungen und Vermutungen!

2. Äußerung von Rückmeldungen und Eindrücken durch die Gruppenteilnehmer (siehe erste Ebene, Punkt 3).

2.1 Rückmeldungen zur Art des Berichtens (Hilfsfragen: Was fiel mir auf? Wie reagierte ich darauf? Gefühle)

2.2 Eindrücke von der Beziehung zwischen Berichtendem und Fall

2.3 Eindrücke von der Art des Verhaltens des Berichtenden in der Fallsituation.

3. Zusammenfassende Konfrontation des Berichtenden mit dem Bild des Falles, das bei den Gruppenteilnehmern entstanden ist und mit deren Reaktion. Hilfsfragen:
   - Welche Art von Menschen sehen wir vor uns?
   - Wie erleben wir den Berichtenden in der Fallsituation?
   - Wie erleben wir ihn in der Gruppe, im Kollegium, in anderen Situationen?

4. Klärung der affektiven Hintergrundebene des Berichtenden ("Durcharbeiten"). Hilfsfragen:
   - Was hat Sie bewogen, diesen Fall auszuwählen? (Motivation, Art der Betroffenheit)
   - Was hätten Sie am liebsten gemacht ? (Hintergrundbedürfnisse)
   - Welche Gefühle hatten Sie vor, während und nach dem Geschehen? (Emotionale Befindlichkeit)
   - An welchen Stellen spürten Sie besonders starke Unterlegenheits-/Überlegenheitsgefühle, emotionale Distanz/Nähe, Ärger, Angst, Hoffnung? (Aktive Reaktionen)
   - Welche Erwartungen hatten Sie an die beteiligten Personen, an sich selbst? (Standards, Normen)
   - An wen erinnern Sie die Personen, wem ähneln sie? (Projektionen)
   - Welche Beziehung haben Sie zu den beteiligten Personen?
   Hilfstechniken: Phantasieren, Situationsvergegenwärtigung, Dialog auf zwei Stühlen, Alter ego, Rollenspiel und anderes.

5. Was sagen die eigenen Beobachtungen, Gefühle und Reaktionen jedem Teilnehmer über sich selbst?
   Hilfsfragen:
   - Worauf reagierte ich besonders intensiv? Was ließ mich gleichgültig?

- Was war mir angenehm/unangenehm beim Zuhören?
- Was habe ich als erste, was als wichtigste Rückmeldung gegeben?
- Welches eigene Verhaltensproblem könnte dabei angesprochen sein?
- Was sagt dies über meine Beziehung zum Berichtenden?

6. Wie hat die Gruppe auf den Fall reagiert? (Diese Frage kann auch am Ende der Sitzung besprochen werden)
   Hilfsfragen:
   - Gibt es Ähnlichkeiten zwischen der berichteten Fallsituation und dem Geschehen in der Gruppe?
   - Auf welchen Schwerpunkt ließ sich die Gruppe ein?
   - Was wurde in der bisherigen Besprechung über Beziehungen der Gruppe zum Berichterstatter deutlich?
   - Eventuell auch: Wie haben sich die Gruppenteilnehmer während der Sitzung gegenseitig wahrgenommen?

Dritte Ebene: Der Fall in seinen strukturellen und institutionellen Bedingungen

1. Welche Außenfaktoren bestimmen das Geschehen?
   Hilfsfragen:
   - Welche vergangenen Bedingungen wirken mit, welche gegenwärtigen halten den Konflikt aufrecht, welche zukünftigen werfen ihre Schatten voraus?
     Oder:
   - Welche konfliktauslösende, welche in der Situation liegende aktuelle, welche auf ein Ziel weisende zweckhafte Aspekte können ermittelt werden?
2. Hypothesen bilden zum personalen, organisatorisch-institutionellen, sozialpsychologischen, soziologischen und politischen Hintergrund des konkreten Falles.
   - Welche "Sachprobleme" traten auf? Erfahrungen, Theorien, eventuell Forschungsergebnisse dazu.
3. Verbindungen zu Praxissituationen der Gruppenteilnehmer
4. Erarbeiten von Lösungsmöglichkeiten
   - durch den Berichterstatter selbst (einschließlich seiner Befürchtungen, Hoffnungen, Wünsche)

- durch gemeinsam entwickelte Vorschläge der Gruppe und Unterstützung durch Gruppenteilnehmer
- durch Entwicklung und Training von alternativen Verhaltensmöglichkeiten, beginnend mit kleinen, konkreten Verhaltensschritten (z. B. durch Rollenspiele)
- durch Planung von Aktivitäten zur Veränderung von äußeren Bedingungsfaktoren
- durch Entwicklung längerfristiger politischer Strategien

2.7.3. Methodische Hinweise zur gestaltorientierten Krisenintervention

Die Theorie zur gestaltorientierten Krisenintervention beruht auf der Erkenntnis, daß wir die aus der Umwelt aufgenommenen Reize zu sinnvollen und in sich geschlossenen Ganzheiten organisieren.

Als Prämisse für jede gestaltorientierte Krisenintervention gilt die "Tendenz zur guten Gestalt". Sie mobilisiert aufbauende, konstruktive Kräfte beim Menschen und fördert seine Bereitschaft, Verantwortung zu übernehmen. Sie wird immer dann wirksam, wenn wir jemanden nicht behandeln, sondern ihn am gestaltorientierten Lernprozeß teilnehmen lassen.

Die Voraussetzungen für die nun folgenden methodischen Hinweise liegen einerseits in den Anregungen von Abraham Levitsky, Fritz Perls und zahlreichen Kursteilnehmern, die sich auf den Prozeß der gestaltorientierten Krisenintervention in zahlreichen Weiterbildungstrainings eingelassen haben, andererseits in einem zweijährig erprobten Arbeitspapier von Annegret Kern und mir zur Vorbereitung auf die Qualifizierung zum Gestalt-Gruppenleiter.

Im Anschluß an die methodischen Hinweise finden Sie den Aufbau eines Arbeitspapiers. Diese Arbeitsvorlage ist so strukturiert, daß der (lernende) Seminarleiter seine persönlichen Erlebnisse mit den geschilderten Interventionsstrategien eintragen kann und so eine Art Katalog erhält, worauf er bei seinen Interventionen achten will.

Lernraster zur gestaltorientierten Krisenintervention

- **Das Prinzip des "Hier und Jetzt"**
  Um "Hier und Jetzt"-Bewußtsein zu fördern, regen wir an, sprachliche Kommunikation in der Gegenwartsform zu führen: "Was fühlst Du jetzt in diesem Augenblick?", ist eine beliebte und brauchbare Frage. Die erfolgreichste Art des Umgangs mit Material aus der Vergangenheit ist, es so weit wie möglich in die Gegenwart zu bringen, gegebenenfalls den Konflikt in der Gegenwartsform auszuspielen.

- **Ich und Du**
  Manche Leute benehmen sich häufig so, als ob sie keine Person, sondern Wände vor sich hätten. Sie reden ohne persönlichen Bezug. Wenn wir sie fragen: "Wem willst Du das sagen, was Du da sagst?", müssen sie ihre Unverbindlichkeit aufgeben, und die Botschaft direkt an denjenigen richten, für den sie gedacht war.

- **"Es-Sprache" und "Ich-Sprache"**
  Wenn wir von unserem Körper, von Handlungen und Verhaltensweisen sprechen, tun wir es sehr häufig in der "dritten Person"; wir benutzen also die "Es-Sprache". Z. B. in der Frage: "Was macht Deine Hand?", antworten wir in der Regel: "Sie zittert." Um mehr Verantwortung für eine Verhaltensweise übernehmen zu können und um uns noch mehr mit dieser Verhaltensweise zu identifizieren, sollten wir die "Es-Sprache" versuchsweise in "Ich-Sprache" umwandeln.

  In unserem Beispiel sollten wir also nicht sagen: "Sie (die Hand) zittert", sondern: "Ich zittere." In diesen Rahmen fallen auch eine Reihe anderer sprachlicher Spiele.

Beispiel:
Teilnehmer: "Ich kann das nicht tun."
Gruppenleiter: "Kannst Du einmal experimentieren und sagen: "Ich werde das nicht tun" bzw. "ich will das nicht tun."

Das sprachliche Spiel besteht hier darin, das Verb "können" durch das Verb "wollen" zu ersetzen. Nachdem die betreffende Person mit dem neuen Wort experimentiert hat, können wir sie fragen: "Was hast Du bei diesem Wortspiel erfahren?"

- Der Gebrauch des kontinuierlichen Bewußtseins, die "Wie-Erfahrung"
Die Methode ist einfach:

Beispiel:
Gruppenleiter: "Wessen bist Du Dir jetzt bewußt?"
Teilnehmer: "Ich bin mir bewußt, daß ich mit Dir spreche. Ich sehe die anderen im Zimmer. Mir fällt auf, daß ich ängstlich werde, während ich das sage."

Dies ist eine effektive Art, den Gruppenteilnehmer von endlosen, oberflächlichen Verbalisierungen, Erklärungen, Rechtfertigungen und Interpretationen (Analysen) wegzuführen. Der Gebrauch des kontinuierlichen Bewußtseins ist ein guter Weg, von der Frage nach dem "Warum" (psychoanalytische Interpretation) zu der Frage nach dem "Was" und "Wie" des Verhaltens (experimentelles Lernen) zu führen.

Beispiel:
Teilnehmer: "Ich habe Angst."
Gruppenleiter: "Wie und wo spürst Du die Angst?"
Teilnehmer: "Ich weiß es nicht genau, aber meine Hände fangen an zu schwitzen.

- Nicht "klatschen"
"Klatschen" wird definiert als sprechen über jemand, obwohl der andere anwesend ist und man ihn ansprechen könnte. Wir fordern

den "Klatschenden" auf, das, was er über den anderen sagt, ihm direkt zu sagen. Diese Praxis fördert die Konfrontationsfähigkeit des Teilnehmers.

- Wie man mit Fragen umgeht
  Genaues Zuhören bei Fragen zeigt, daß der Fragensteller oft gar keine Information sucht, oder, daß er Fragen stellt, die eigentlich gar nicht notwendig sind. Der Gruppenleiter kann dann intervenieren, indem er sagt: "Verändere die Frage in eine persönliche Aussage."

- Der Rollenspiel-Dialog
  Im Rollenspiel-Dialog treten verschiedene Teilpersönlichkeiten miteinander in einen Dialog. Während das "Über-Ich" (psychoanalytischer Wortschatz) moralisiert, sich auf Gebote und Verbote spezialisiert, tendiert das "Ich" dazu, passiv zu sein, Rechtfertigungen zu finden und Probleme aufzuschieben. Wenn wir eine solche Aufspaltung feststellen, bitten wir den Teilnehmer darum, ein Zwiegespräch zwischen diesen beiden Komponenten seiner Persönlichkeit führen zu lassen.

  Beispiel:
  Aggressiver Teil mit passivem Teil
  Freundlicher Teil mit unfreundlichem Teil
  Männlicher Teil mit weiblichem Teil.

  Dialogspiele kann man auch mit verschiedenen Körperteilen durchführen, z. B. zwischen rechter und linker Hand, zwischen Ober- und Unterkörper.

  Natürlich kann der Dialog auch zwischen einer Person und irgendeiner anderen Person geführt werden, die zur Zeit nicht anwesend ist. Der Teilnehmer spricht so mit der Person, als ob sie tatsächlich zugegen wäre, stellt sich die Antworten vor, spricht sie laut aus und antwortet wieder darauf.

- Die Runde machen
  Beispiel:
  Teilnehmer: "Die Leute hier machen mich nervös."
  Gruppenleiter: "O.k., mach die Runde. Sag das jedem von uns persönlich und füg das hinzu, was Du außerdem noch sagen möchtest."
  Dieses Spiel kann auch non-verbal gemacht werden. Es kann z. B. Berühren, Streicheln, Bange-machen usw. einschließen.

- Unerledigte Konflikte
  Überall, wo wir im Prozeß der Persönlichkeitsentwicklung auf unerledigte Konflikte (blockierte Gefühle) treffen, fordern wir den Teilnehmer auf, sich mit dem Konflikt zu identifizieren und ihn auszutragen, nicht aufzuschieben.

- Das "Ich übernehme Verantwortung"-Spiel
  Dieses Spiel bauen wir auf Elementen des "kontinuierlichen Bewußtseins" auf, aber wir stellen uns jede Wahrnehmung als bewußten Akt vor. Jede Aussage wird mit dem Nachtrag versehen: "Und ich selbst bin dafür verantwortlich."

  Beispiel:
  Ich merke, daß ich meinen linken Fuß bewege... und ich selbst bin dafür verantwortlich.
  oder: Jetzt weiß ich nichts mehr zu sagen... und ich selbst bin dafür verantwortlich, daß ich nichts mehr zu sagen weiß.

- Das "Ich habe ein Geheimnis"-Spiel
  Dieses Spiel erlaubt, Gefühle der Schuld und Scham zu erforschen. Jeder sollte sich dazu ein wohlbehütetes Geheimnis in Erinnerung rufen. Der Teilnehmer wird angewiesen, das Geheimnis selbst nicht zu offenbaren, sich vorzustellen (projezieren), wie die anderen aber darauf reagieren würden. Eine weitere Stufe dieses Spiels könnte sein, daß jeder groß ausposaunt, daß er ein Geheimnis hütet.

- Projektionen ausspielen

  Viele Wahrnehmungen können auch Projektionen sein. Jemand sagt z. B.: "Ich kann Dir nicht trauen." Wir fragen ihn, ob er nicht die Rolle einer vertrauenswürdigen Person einmal probeweise übernehmen will, um seinen eigenen, persönlichen Konflikt in diesem Bereich herauszufinden.

- Das Paradox-Experiment

  Beispiel:

  Jemand klagt über extreme Feinfühligkeit (Sensibilität). Wir bitten ihn, die Rolle eines Grobians zu spielen.

  Oder: Jemand möchte etwas daran ändern, daß ihn Kritik an seinem Verhalten immer sehr hart trifft. Wir bitten ihn, eine Weile ganz konzentriert zuzuhören, was andere ihm sagen, besonders kritische Bemerkungen, ohne sich dabei zu rechtfertigen oder Gegenangriffe zu starten (Feedback-Übung).

- Der Rhythmus von Nähe und Ferne

  Wenn sich jemand aus der Gruppe entfernen möchte, bitten wir ihn, die Augen zu schließen und in der Phantasie sich an irgendeinen Platz oder in irgendeine Situation zu begeben, wo er sich sicher fühlt, die Szenerie zu beschreiben und wie er sich fühlt. Dann bitten wir ihn, die Augen wieder zu öffnen und sich in die Gruppe zurückzuführen.

- Das "Probe"-Spiel

  Ein Großteil unseres Denkens besteht aus geheimen Proben und Vorbereitungen unserer sozialen Rollen. Die Gruppe spielt mit und beteiligt sich, indem jeder seine eigenen Vorstellungen von der Rolle mit angibt.

- "Übertreibungs"-Spiel

  Es gibt Momente, wo eine unscheinbare Geste sich als bedeutungsvolle Kommunikation erweist, z. B. ein Wink mit der Hand oder ein kurzes Aufstampfen mit dem Fuß. Wir bitten den Teilnehmer, die

Bewegung zu übertreiben und zu wiederholen, wobei ihm häufig die innere Bedeutung dieser Bewegung sehr deutlich wird. Wir können ihn auch bitten, die Bewegung bis zu einem Tanz weiter zu entwickeln. Eine ähnliche Möglichkeit für verbale Äußerungen bietet das "Wiederholungsspiel". Wir bitten den Teilnehmer, eine bedeutungsvolle Äußerung in verschiedenen Lautstärken zu wiederholen. Es wird ihm dabei deutlich, ob er nur Worte macht oder ob ihm die Worte wirklich etwas bedeuten.

- Das "Soll ich Dir einen Satz eingeben?"-Spiel
  Indem wir jemandem genau zuhören, entdecken wir oft sehr deutlich, daß in den Aussagen signifikante Botschaften enthalten sind oder persönliche Einstellungen deutlich werden. Der Gruppenleiter sagt: "Soll ich Dir einen Satz eingeben? Sprich ihn bitte nach und probiere aus, ob er sich leicht sprechen läßt. Dann sage den Satz einzeln den Gruppenteilnehmern."
  Der Teilnehmer testet damit die Reaktion der einzelnen Gruppenteilnehmer auf diesen Satz. Der Vorteil dieses Spiels besteht für den Teilnehmer darin, daß er sprachlich experimentieren kann, für den Gruppenleiter, daß er nicht interpretieren braucht.

- Das "Bleib' dabei"-Spiel
  Wenn jemand in einen Gefühlszustand kommt, der ihm nicht so angenehm ist, aus dem er so schnell wie möglich wieder heraus möchte, bitten wir ihn darum, doch möglichst längere Zeit in diesem Gefühlszustand zu verharren. Das Spiel kann durch das kontinuierliche Bewußtsein fortgeführt werden. Wir fragen ihn nach dem "Wie" und "Was" seiner Erfahrung, nach seinen Empfindungen, Wahrnehmungen, Phantasien und Erwartungen.

- Sprache und Körperausdruck wörtlich nehmen
  Gemeint ist, daß bei Redewendungen wie "Ich werde an der Nase herumgeführt", nicht nur verbalisiert wird, sondern die Redewendung aktiv wie passiv "ausagiert" wird; d. h. der Teilnehmer erhält Gelegenheit, jemanden tatsächlich an der Nase herumzuführen und sich tatsächlich an der Nase herumführen zu lassen.

- **Fokussieren**
  Oft ist es wichtig im Prozeß der Persönlichkeitsentwicklung, das gegebene Thema einzugrenzen. Alle Randthemen werden dann zum gegebenen Thema in bezug gesetzt, etwa mit der Frage: "Gibt es eine Verbindung zwischen den verschiedenen angesprochenen Themen?"

- **Sackgasse**
  Entsteht beim Fokussieren der Gestaltarbeitsthematik eine Sackgasse, ist es sinnvoll "umzukehren", d. h. wieder von der Eingrenzung des Themas wegzuführen, gegebenenfalls auf den entgegengesetzten Pol des Themas überzuwechseln.

- **Gegebenheit der Lage**
  Situative Gegebenheiten lassen "Forderungen" entstehen, die auf eine geänderte Ordnung hindrängen und ggf. zur Lösung eines Problems führen. Oft kann es deshalb für die Lernsituation wichtig sein, sich von der Gegebenheit der Lage leiten zu lassen.

  Manchmal liegt in der Gegebenheit der Lage allerdings auch die Gefahr, sinnvolle Ordnung aufzugeben und durch situative "Scheinordnung" zu ersetzen.

- **Polaritäten**
  Zur Erarbeitung des Gesamtspektrums eines Themas ist es wichtig, die Themensetzung zu polarisieren, d. h. das Thema und auch seinen "Gegenpol" anzusprechen (z. B. Nähe - Distanz). Das Polarisieren dient als Angebot zur späteren Integration der im Lernprozeß erworbenen Balancierfähigkeit.

- **Themenabschluß**
  Der Abschluß einer Arbeitsphase sollte immer so gestaltet werden, daß die "Tendenz zur guten Gestalt" vom Teilnehmer oder vom Gruppenleiter verbalisiert wird, sozusagen als Bestärkung des im Lernprozeß Erarbeiteten.

- Huckepack
  Jedes gut formulierte Thema enthält Aspekte, die für verschiedene Teilnehmer von Bedeutung sind. Es ist deshalb für den Gestalt-Lernprozeß wichtig, mit der Frage nach dem "Huckepack" auch die Zurückhaltenden (Trittbrettfahrer) zu motivieren, ihre Gedanken und Gefühle anzusprechen oder auch ein Gruppenthema daraus zu formulieren.

- Umgang mit Verabredungen
  Für die gesunde Organisation eines Lernprozesses ist es erforderlich, getroffene Verabredungen auch einzuhalten, sozusagen mit dem Gedanken im Hinterkopf: "Ordnung muß sein, damit sich der Mensch überhaupt in seiner Umgebung orientierten kann."

- Unerledigtes
  Als Abschluß einer längeren Arbeitsphase empfiehlt sich eine Gruppenrunde mit dem Thema "Unerledigtes" (Tagesreste), damit die Teilnehmer Gelegenheit finden, in Vergangenheit Geratenes oder Nichtgesagtes zu verbalisieren.

  und schließlich:

- Handlungen

> Es gibt Handlungen - innere und äußere -, deren Ordnung gewährleistet wird durch feste leitende Vorrichtungen, die ein Abweichen von dem "richtigen Weg" in quasi-mechanischer Weise verhindern...
>
> Es gibt Handlungen - innere und äußere -, deren Ordnung in freier Auseinandersetzung des Menschen mit den jeweiligen Forderungen der Lage zustandekommt, ohne Sicherung durch Gewohnheiten, Regeln und Vorschriften.

Es erfordert

den Mut, sich ins Ungewisse zu begeben...

Geduld, die Bereitschaft, unerwartete Verzögerungen in Kauf zu nehmen...

die Bereitschaft, Beschwerden und Strapazen auf sich zu nehmen

die Fähigkeit, zeitweilig von sich selber abzusehen, damit die Forderungen der Lage rein und unvermengt mit nicht zugehörigen persönlichen Wünschen und Anliegen - vor allem solchen, die sich auf die eigene Geltung (das Prestige) beziehen - erfaßt und verfolgt werden können.

Eine Arbeitsvorlage für den Seminareinsatz könnte ich mir etwa so vorstellen:

Methodische Hinweise	Persönliche Beispiele	Worauf muß ich achten?
Prinzip des Hier und Jetzt		
Ich und Du		
"Es-Sprache" und "Ich-Sprache"		
Der Gebrauch des kontinuierlichen Bewußtseins		
usw.		

2.7.4. Vorbereitungsmatrix zur Gruppenleitung

Diese Vorbereitungsmatrix ist als kleine Stütze für den lernenden Gruppenleiter entwickelt worden. Die drei Fragen stammen aus dem Konzept des Lebendigen Lernens und wurden nach meiner Erinnerung erstmals von Norman Liberman formuliert.

Die erste Frage bezieht sich auf die Einschätzung des Ist-Zustandes, also die augenblickliche Gruppensituation. Die zweite Frage richtet die Aufmerksamkeit des Leiters auf die Sinn-Bedeutung der vorliegenden Situation, um dann die Frage nach weiteren Interventionen leichter beantworten zu können.

Thema: ____________________

Lernziel: ____________________

				Prinzipien
Was ist?				Hier und Jetzt berücksichtigen. Unerledigtes vermerken. Störungen? Erlebnisfähigkeit reflektieren.
Was bedeutet das?				Erfordernis der Lage. Nicht jedes Bedürfnis um jeden Preis befriedigen. Kontakt zur Ganzheit der Situation halten. Verantwortung
Was tun?				Ordnung, Klarheit und Flexibilität wahren. Kreativität zeigen Ganzheitlichkeit wahren. Bewußtsein fördern.
	Teilschritte	Struktur	Medien	Prinzipien

Literatur:

BALINT, M.:
Der Arzt, sein Patient und die Krankheit. Klett-Cotta, 1983

BOSZORMENYI-NAGY, I. und SPARK, G.M.:
Unsichtbare Bindungen. Die Dynamik familiärer Systeme. Klett-Cotta, 1981

PEICK, P.A. und KLAWE, W.:
Selbsthilfe für Helfer. Kontrolle des beruflichen Handelns: Grundlagen, Beispiele, Übungen. Kösel-Verlag, 1981

STEINER, C.M.:
Macht ohne Ausbeutung. Zur Ökologie zwischenmenschlicher Beziehungen. Junfermann, 1985

Statt eines Nachwortes

möchte ich am Ende des Buches weiteren Dank aussprechen, und zwar speziell denen, die auf der organisatorischen Seite an der Verwirklichung dieses Projektes mitgewirkt haben,
und zwar

Dagmar Lumma: für ihre Liebe zu mir und dafür, daß sie mir während der Endphase dieser Arbeit zahlreiche Gesprächstermine abgenommen hat.

Gerhard Kern: für seine freundschaftliche Kollegialität und die Hilfestellungen bei meiner Schreibarbeit am WANG Textsystem.

Rosemarie Imping: meiner Sekretärin im Rahmen des Instituts für Humanistische Psychologie, die vieles Handgeschriebene und Diktierte zu Papier gebracht hat.

Elke Zuckett: meiner Sekretärin aus den Anfängen des A.K.T.
Sie kam 1981 bei einem Verkehrsunfall um ihr junges Leben.

Hermann Weber: für seine fachlichen Anregungen und die Mithilfe bei der Überarbeitung der ersten Auflage.

Rita Bolte: vom Windmühle Verlag für ihre ganzheitliche Unterstützung des Projektes

Meinen Kindern: Thorsten Julius; Melanie Christiane;
Nils Friedemann; John Frederick und
Roman Ben
für ihre unzähligen energiegebenden Erlebnisse auf spielerischer Ebene

Lebenslauf

Ich wurde am 11. Juni 1944 in Gerolstein-Lissingen geboren und bin dort die grundprägende Zeit der ersten Jahre auf dem Bauernhof meiner Großeltern aufgewachsen. Aus dieser Zeit und den damit verbundenen positiven Erfahrungen stammt wohl meine heutige Neigung, Konflikte als Chance zum Wachstum der Persönlichkeit, zum erwachsen-werden zu verstehen.

Schule, Militärzeit und Studium habe ich mit Swingmusik versüßt. Studiert habe ich mit den elterlich hohen Ansprüchen ganz ordentlich viel - erlaubt und unerlaubt, im In- und Ausland, vor allem Philosophie, Psychologie, Pädagogik, Anglistik und Musikwissenschaft. Meinen Eltern Hedi und Robert verdanke ich Geduld, Widerstandskraft, Mut und Ausdauer. Meine wissenschaftlichen Studienabschlüsse sind:

* Associate of the College of Preceptors, London
* Magister Artium, Aachen
* Doktor der Erziehungswissenschaft, Aachen.

Daß die Wissenschaft und vor allem die angewandte Wissenschaft ganz viel mit Mensch-Sein zu tun haben kann, habe ich als Assistent des Wagnerforschers Helmut Kirchmeyer erfahren. Von ihm aus ging ich nach Abschluß des Studiums den Praxis-Weg, auf dem vor allem der Lehrer Alexander Sutherland Neill, der Umweltplaner Paul Ritter, die Erwachsenenbildnerin Ruth C. Cohn und der Gestalttherapeut John Brinley ihren Einfluß auf mich nahmen. Von John, meinem langjährigen Lehrmeister und Supervisor habe ich innerhalb der gestalttherapeutischen Zusatzausbildung die meisten konkreten Impulse zum Transfer des Therapiekonzeptes auf die pädagogische Form des in diesem Buch beschriebenen Trainingskonzeptes erhalten.

Seit 1970 bin ich kontinuierlich in verschiedenen sozialpsychologischen Methoden weitergebildet worden:
Individualpsychologie beim Alfred-Adler-Institut Aachen,
Gesprächspsychotherapie bei der Gesellschaft für wissenschaftliche Gesprächspsychotherapie,

Verhaltensmodifikation bei der Deutschen Gesellschaft für Verhaltenstherapie (Arbeitskreis Aachen),
Bioenergetik, Transaktionsanalyse, Encounter und Themenzentrierte Interaktion bei Quaesitor und Community in London und beim Workshop Institute for Living Learning (WILL-Europa),
Systemische Familientherapie beim Institut für Humanistische Psychologie.

Seit 1972 beschäftige ich mich mit der inhaltlich-organisatorischen Konsolidierung der Humanistischen Psychologie. Ich gründete das Institut für Humanistische Psychologie (IHP), die Deutsche Gesellschaft für Humanistische Psychologie (DGHP) und die Zeitschrift für Humanistische Psychologie in Abstimmung mit Fred Massarik, Vivian Milroy und Carmi Harari. Gemeinsam mit meinem Kollegen Gerhard Kern leite ich das IHP, und mit anderen Kollegen des Institutes bin ich an verschiedenen Projekten der Personal- und Persönlichkeitsentwicklung sowie des Management-Trainings beteiligt.

In meiner Freizeit bin ich Trompeter der "Sun Lane Ltd. New Orleans Jazzband" aus Aachen.

Ich bin seit 1969 mit Dagmar, meiner immer wieder neu entdeckten Liebe verheiratet. Aus unserer Ehe gehen die Kinder Thorsten Julius, Melanie Christiane, Nils Friedemann, John Frederick und Roman Ben hervor.

Literaturverzeichnis

ACKERKNECHT, L.:
Frühe Kindheitserinnerungen und ihre Bedeutung für die Lebensstilanalyse. Zeitschrift für Individualpsychologie, 1978, 3, 117-127.

ALEXANDER, G.:
Eutonie. Ein Weg der körperlichen Selbsterfahrung. Kösel, 1984

ANCELIN-SCHÜTZENBERGER, A.:
Psychodrama. Ein Abriß - Erläuterung der Methoden. Hippokrates-Verlag, 1979

ANDOLFI, M.:
Familientherapie. Das systemische Modell und seine Anwendung. Lambertus-Verlag, 1985

ANTONS, K.:
Praxis der Gruppendynamik. Übungen und Techniken. Hogrefe, 1988.

ASSAGIOLI, R.:
Handbuch der Psychosynthesis. Angewandte transpersonale Psychologie. Aurum-Verlag, 1978.

Die Schulung des Willens. Methoden der Psychotherapie und der Selbsttherapie. Junfermann, 1986.

BAKER, E.:
Der Mensch in der Falle. Das Dilemma unserer blockierten Energie: Ursachen und Therapie. Kösel, 1980.

BALINT, M.:
Der Arzt, sein Patient und die Krankheit. Klett-Cotta, 1983

BANDLER, R. und GRINDER, J.:
Reframing. Ein ökologischer Ansatz in der Psychotherapie (NLP). Junfermann, 1985.

BENNIS, W.G., BENNE, K.D., CHIN, R.:
Änderung des Sozialverhaltens. Klett-Cotta, 1975.

BERNE, E.:
Struktur und Dynamik von Organisationen und Gruppen. Kindler, 1979.

Spiele der Erwachsenen. Psychologie der menschlichen Beziehungen. Rowohlt, 1986.

BERNFELD, S.:
Sisyphos oder die Grenzen der Erziehung. Suhrkamp, 1973

BION, W.R.:
Erfahrungen in Gruppen und andere Schriften. Klett, 1974.

BLAKE, R.H. und MOUTON, J.S.:
Besser führen mit GRID. Führungsprobleme lösen mit dem GRID-Konzept. ECON-Verlag, 1973

Verhaltenspsychologie im Betrieb. Das Verhaltensgitter, eine Methode zur optimalen Führung in Wirtschaft und Verwaltung. ECON-Verlag, 1986

BOADELLA, D.:
Wilhelm Reich, Leben und Werk des Mannes, der in der Sexualität das Problem der modernen Gesellschaft erkannte und der Psychologie neue Wege wies. Fischer, 1985

BÖCKMANN, W.:
Sinn-orientierte Leistungsmotivation und Mitarbeiterführung. Ein Beitrag der Humanistischen Psychologie, insbesondere der Logotherapie nach Viktor E. Frankl zum Sinn-Problem der Arbeit. Enke, 1980

BOSS, M.:
Psychoanalyse und Daseinsanalytik. Kindler, 1980

BOSS, M. und HOLZHEY-KUNZ:
Das Phänomen des Widerstands in der Daseinsanalyse. In: Petzold, H.(Hrsg.): Widerstand - Ein strittiges Konzept in der Psychotherapie. Junfermann, 1981

BOSZORMENYI-NAGY, I. und SPARK, G.M.:
Unsichtbare Bindungen. Die Dynamik familiärer Systeme. Klett-Cotta, 1981

BRADFORD, L.P./GIBB, J./BENNE, K.D.:
Gruppen-Training, T-Gruppentheorie und Laboratoriumsmethode. Klett-Cotta, 1972

BRAND, G.:
Die Lebenswelt. Eine Philosophie des konkreten Apriori. Verlag Walter de Gruyter, 1971

BRINLEY, J.:
Menschenbild und Lebenssinn. In: Wege der Gestalttherapie; Jahrbuch der Zeitschrift für Humanistische Psychologie, 1984 (zu beziehen über Deutsche Gesellschaft für Humanistische Psychologie, Schubbendenweg 4, 5108 Eschweiler)

BROCHER, T.:
Gruppendynamik und Erwachsenenbildung. Westermann, 1967

BRUNNER, E.J.:
Akzeptieren und Verstehen. Ein Übungsbuch für Lehrer und Schüler. Kösel-Verlag, 1981.

BUBER, M.:
Ich und Du. Schneider-Verlag, 1979.

BÜHLER, CH. und ALLEN, M.:
Einführung in die Humanistische Psychologie. Klett, 1985.

BÜHLER, K. und MASSARIK, F.:
Lebenslauf und Lebensziele. Studien in humanistisch-psychologischer Sicht. Fischer, 1969.

BUROW, O.A. und SCHERPP, K.:
Lernziel: Menschlichkeit. Gestaltpädagogoik - eine Chance für Schule und Erziehung. Kösel, 1981.

COHN, R.C.:
Von der Psychoanalyse zur Themenzentrierten Interaktion. Von der Behandlung einzelner zu einer Pädagogik für alle. Klett-Cotta, 1976.

CONDRAU, G.:
Angst und Schuld als Grundprobleme der Psychotherapie. Suhrkamp, 1976.

DÄUMLING, A.M., FENGLER, J., NELLESSEN, L., SWENSSON, A.:
Angewandte Gruppendynamik. Selbsterfahrung, Forschungsergebnisse, Trainingsmodelle. Klett-Cotta, 1974.

DE BONO, E.:
The Dog Exercising Machine. A study of children as inventors. Penguin-Books, 1971.

Children Solve Problems. Penguin-Books, 1972.

DE MILLE, R.:
Setz Mutter auf den Tiger. Phantasieexperimente für Kinder und Erwachsene. ISKO-Press, 1978.

DELAKOVA, K.:
Beweglichkeit. Wie wir durch Arbeit mit Körper und Stimme zu kreativer Gestaltung finden. Kösel-Verlag, 1984.

DIERICHS, J., HELMES, B., SCHRADER, E., STRAUB, W.G.:
Workbook. Ein Methoden-Angebot als Anleitung zum aktiven Gestalten von Lern- und Arbeitsprozessen in Gruppen. Windmühle-Verlag, 1987.

DUERR, H.P.:
Traumzeit. Über die Grenze zwischen Wildnis und Zivilisation. Suhrkamp, 1978.

DÜRCKHEIM, K. Graf:
Übung des Leibes auf dem inneren Weg. Verlag Martin Lurz, 1981

ECCLES, J.C.:
Das Gehirn des Menschen. Sechs Vorlesungen für Hörer aller Fakultäten. Piper, 1979.

ENGLISCH, F.:
Transaktionsanalyse. Gefühle und Ersatzgefühle in Beziehungen. ISKO-Press, 1980

Es ging doch gut - was ging denn schief? Beziehungen in Partnerschaft, Familie und Beruf. Kaiser, 1982

FABRY, J.B.:
Das Ringen um Sinn. Eine Einführung in die Logotherapie. Herder, 1978

FARAU, A. und COHN, R.C.:
Gelebte Geschichte der Psychotherapie. Zwei Perspektiven. Klett-Cotta, 1984

FATZER, G., und JANSEN, H.H.:
Die Gruppe als Methode. Gruppendynamische und gruppentherapeutische Verfahren und ihre Wirksamkeit. Beltz, 1980

FELDENKRAIS, M.:
Der aufrechte Gang. Verhaltensphysiologie oder Erfahrungen an eigenen Leib mit zwölf exemplarischen Lektionen. Insel, 1968

Bewußtheit durch Bewegung. Suhrkamp, 1978

FISCH, R., WEAKLAND, J.H., SEGAL, L.:
Strategien der Veränderung. Systemische Kurzzeittherapie. Klett-Cotta, 1987

FITTKAU, B., MÜLLER-WOLF, H.M., SCHULZ VON THUN, F.:
Kommunizieren lernen (und umlernen). Trainingskonzeptionen und Erfahrungen. Westermann/Hahner Verlagsgesellschaft, 1987

FRANKL, V.E.:
Ärztliche Seelsorge. Grundlagen der Logotherapie und Existenzanalyse. Kindler, 1982

Theorie und Therapie der Neurosen. Einführung in Logotherapie und Existenzanalyse. UTB, 1983

FRENCH, W.L. und BELL JR., C.H.:
Organisationsentwicklung. Sozialwissenschaftliche Strategien zur Organisationsveränderung. Paul Haupt/UTB, 1982

GORDON, TH.:
Familienkonferenz. Die Lösung von Konflikten zwischen Eltern und Kind. Hoffmann & Campe, 1972

Familienkonferenz in der Praxis. Wie Konflikte mit Kindern gelöst werden. Hoffmann & Campe, 1978

Managerkonferenz. Effektives Führungstraining. Hoffmann & Campe 1979

GRIMM, J. und W.:
Kinder- und Hausmärchen. Insel, 1979

HALPERIN, H.:
Abschied von den Eltern. Eine Anleitung für Erwachsene, die Beziehung zu den Eltern zu normalisieren. ISKO-Press, 1978

HARRIS, A. und TH.:
Einmal o.k. - immer o.k. Transaktionsanalyse für den Alltag. Rowohlt, 1985

HARRIS, TH.:
Ich bin o.k. - Du bist o.k. Wie man über seinen Schatten springen lernt. Rowohlt, 1986

HEIDEGGER, M.:
Gelassenheit. Neske-Verlag, 1976

ILLICH, I.:
Schulen helfen nicht. Über das mythenbildende Ritual der Industriegesellschaft. Rowohlt, 1984

JAHRBUCH
der Zeitschrift für Humanistische Psychologie, 7, 1984 (zu beziehen über DGHP, Schubbendenweg 4, 5180 Eschweiler)

JAMES, M. und JONGEWARD, D.:
Spontan leben. Übungen zur Selbstverwirklichung. Rowohlt, 1986

JANOV, A.:
Das befreite Kind. Grundsätze einer primärtherapeutischen Erziehung. Fischer, 1986

JANSON-MICHL, C.:
Gestalten - Erleben - Handeln. Handbuch für kreative Gruppenarbeit. Pfeiffer, 1980

JASPERS, K.:
Von der Wahrheit. Philosophische Logik. Piper, 1983

JOHN, R. und FALLNER, H.:
Handlungsmodell Supervision. Beratung: Theoretische Grundlegung und praktische Anwendung. Schreder-Verlag, 1980

KELEMAN, ST.:
Lebe Dein Sterben. ISKO-Press, 1977

Dein Körper formt Dein Selbst. Der bioenergetische Weg zu emotionaler und sexueller Befriedigung. Kösel-Verlag, 1980

KERN, G. (Hrsg.):
Gliederspiele. Ein Anleitungsheft zum Selbstüben; aus der Körpersprache in Schriftsprache übersetzt von Pauline Paul, aus der Körperstruktur in Bildstruktur übertragen von Ursula Theiss. Zu beziehen über DGHP, Schubbendenweg 4, 5180 Eschweiler; 1986

KÜCHLER, J.:
Gruppendynamische Verfahren in der Aus- und Weiterbildung. Kösel-Verlag, 1979

KURTZ, R. und PRESTERA, H.:
Botschaften des Körpers. Bodyreading - ein illustrierter Leitfaden. Kösel-Verlag, 1985

LANGS, R.:
Die psychotherapeutische Verschwörung. Klett-Cotta, 1987

LEWIN, K.:
Feldtheorie. Werkausgabe Band 4. Huber/Klett-Cotta 1982

LEWIS und STREITFELD:
Spiele, die glücklich machen. Intensiver leben durch Psycho-Training. Lübbe, 1973

LOWEN, A.:
Angst vor dem Leben. Über den Ursprung seelischen Leidens und den Weg zu einem reicheren Dasein. Kösel-Verlag, 1981

Körperausdruck und Persönlichkeit. Grundlagen und Praxis der Bioenergetik. Kösel-Verlag, 1981

Bio-Energetik. Therapie der Seele durch Arbeit mit dem Körper. Scherz, 1986

LUFT, J.
Einführung in die Gruppendynamik. Klett, 1973

LUFT, J. und INGHAM, H.:
The Johari Windows. A Graphic Model For Interpersonal Relations. In: Human Relations Training News, ed. National Education Ass., No. 1, 1961

LUKAS, E.:
Auch Dein Leben hat Sinn. Logotherapeutische Wege zur Gesundung. Herder, 1980

LUMMA, K.:
Assagiolis Ei-Modell der Gesamtpsyche. Zeitschrift für Humanistische Psychologie, 1978, 1, 36-39

Paul Ritters Educreation als ein pädagogisches Konzept der Humanistischen Psychologie. Zeitschrift für Humanistische Psychologie, 1978, 1, 17-19

Problem Solving In a Counseling Group. An Educreational Experiment at Aachen College of Social Work. In: Ritter, P.: Educreation and Feedback. Pergamon Press, 1979

LUMMA, K. und D.:
Paul Ritter, Educreation und Folgendes. Aachen, 1974

LUMMA, K. und KNÜDELER, B. (Hrsg.):
Medien für kreative Gestalt-Arbeit in Beratung, Therapie und Weiterbildung. Humanistische Psychologie in Aktion, Band 2. Zu beziehen über Lumma & Kern, Goerdtstr. 7, 5180 Eschweiler

LUMMA, K. und WILMS:
Organisationsentwicklung als Folge kommunikationsfördernder Weiterbildung. In: Treude, B. (Hrsg.): Organisationsentwicklung. Praxismodelle aus der Bundesrepublik Deutschland. ISKO-Press, 1981

MAGER, R.F.:
Lernziele und programmierter Unterricht. Beltz, 1971

MARCUS, E.H.:
Gestalttherapie. In Verbindung mit geleitetem Bilderleben, neo-Reichianischer Körperarbeit und psychodramatischen Methoden. ISKO-Press, 1979

MASLOW, A.:
Motivation und Persönlichkeit. Walter-Verlag, 1978

MASSARIK, F.
Organisationsentwicklung - ein kleiner Wegweiser. In: Treude, B. (Hrsg.): Organisationsentwicklung. Praxismodelle aus der Bundesrepublik Deutschland. ISKO-Press, 1981

MEININGER, J.:
Transaktionsanalyse. Die neue Methode erfolgreicher Menschenführung. Moderne Industrie, 1987

MORENO, J.L.:
Psychodrama. Junfermann,1981 (erscheint neu im Herbst 1988).

MUCCHIELLI, R.:
Gruppendynamik. Theoretische Einführung und praktische Übungen. Otto-Müller-Verlag, o.J.

NARANJO, C.:
Techniken der Gestalttherapie. ISKO-Press, 1978

NEILL, A.S.:
Das Prinzip Summerhill. Fragen und Antworten, Argumente, Erfahrungen, Ratschläge. Rowohlt, 1971

OSTERTAG, S.:
Einswerden mit sich selbst. Ein Weg der Erfahrung durch meditative Übung. Kösel-Verlag, 1986

PAULA, M. (Hrsg.):
Transaktionsanalyse. Gefühle und Ersatzgefühle in Beziehungen. ISKO-Press, 1980

PAULING, V.:
Der Punkte-Kalender. Gilt-Verlag, Postfach 372, 8000 München 60, o.J.

PAVEL, F.G.:
Die klientenzentrierte Psychotherapie. Entwicklung - gegenwärtiger Stand - Fallbeispiele. Pfeiffer, 1978

PERLS, F.:
Grundlagen der Gestalt-Therapie. Einführung und Sitzungsprotokolle. Pfeiffer, 1976

Gestalt - Wachstum - Integration. Aufsätze, Vorträge, Therapiesitzungen. Junfermann, 1980

PERLS, F., HEFFERLINE, R.F., GOODMAN, P.:
Gestalttherapie. Lebensfreude und Persönlichkeitsentfaltung. Klett-Cotta, 1979

PESESCHKIAN, N.:
Psychotherapie des Alltagslebens. Training zur Partnerschaftserziehung und Selbsthilfe. Fischer, 1977

Positive Psychotherapie. Theorie und Praxis einer neuen Methode. Fischer, 1985

PETZOLD, H. (Hrsg.):
Psychotherapie und Körperdynamik. Verfahren psycho-physischer Bewegungs- und Körpertherapie. Junfermann, 1977

Widerstand. Ein strittiges Konzept in der Psychotherapie. Junfermann, 1981

PETZOLD, H. und SCHMIDT, CH. (Hrsg.):
Gestalttherapie. Wege und Horizonte. Junfermann, 1986

PORTELE, G.:
Moralisches Urteilen bei Wissenschaftlern verschiedener Disziplinen. In: Eckensberger, L.H. und Silbereisen, R.K. (Hrsg.): Entwicklung sozialer Kognition. Paradigmen, Theorien, Ergebnisse. Klett-Cotta, 1979

Der Weg ist das Ziel. In: Gudjons, H. (Hrsg.): Lehrer ohne Maske. Grundfragen zur Lehrerpersönlichkeit. Scriptor-Verlag, 1981

PROBST, G.J.:
Selbst-Organisation. Ordnungsprozesse in sozialen Systemen aus ganzheitlicher Sicht. Paul-Parey-Verlag, 1987

RAKNESS, O.:
Wilhelm Reich und die Orgonomie. Fischer, 1973

REICH, W.:
Charakteranalyse. Kiepenheuer & Witsch, 1971

Die Entdeckung des Orgons. Die Funktion des Orgasmus. Sexualökonomische Grundprobleme der biologischen Energie. Kiepenheuer & Witsch, 1969

RIEDL, R.:
Die Spaltung des Weltbilds. Biologische Grundlagen des Erklärens und Verstehens. Paul-Parey-Verlag, 1985

RITTER, P.:
Educreation an Feedback. Education for creation, growth and change. Pergamon-Press, 1966

Freie Kindererziehung in der Familie. Selbstbestimmung als Erziehungsprinzip. Ein ermutigendes Experiment. Rowohlt, 1978

ROGERS, C.R.:
Encounter-Gruppen. Das Erlebnis der menschlichen Begegnung. Fischer, 1984

Die nicht-direktive Beratung. Counseling and Psychotherapy, Kindler, 1976

Die klientzentrierte Gesprächspsychotherapie. Kindler, 1978

ROGERS, C.R.:
Der neue Mensch. Klett-Cotta, 1983

Freiheit und Engagement. Personenzentriertes Leben und Lernen. Kösel-Verlag, 1984

Die Kraft des Guten. Ein Appell zur Selbstverwirklichung. Fischer, 1985

ROGOLL, R.:
Nimm dich, wie du bist. Wie man mit sich einig werden kann. Eine Einführung in die Transaktionsanalyse. Herder, 1987

RONALL, R. und FEDER, B.:
Gestaltgruppen. Klett-Cotta, 1983

RUITTENBEEK, H.M.:
Die neuen Gruppentherapien. Klett-Cotta, 1974

SADER, M.:
Rollenspiel als Forschungsmethode. Westdeutscher Verlag, 1986

SCHULZ VON THUN, F.:
Miteinander reden - Störungen und Klärungen. Psychologie der zwischenmenschlichen Kommunikation. Rowohlt, 1987

SCHUTZ, W.
Freude. Gruppentherapie, Sensitivitytraining, Ich-Erweiterung. Rowohlt, 1973

SCHUTZ, W:
Encounter. ISKO-Press, 1977

SCHÜTZENBERGER, A.:
Einführung in das Rollenspiel. Anwendungen in Sozialarbeit, Wirtschaft, Erziehung und Psychotherapie. Klett-Cotta, 1976

SELVINI-PALAZZOLI, M. u.a.:
Hinter den Kulissen der Organisation. Klett, 1985

SEUBERT, R.:
Arbeitsprinzipien der Themenzentrierten Interaktion. Manuskript und Kursmaterial. Ansbach, 1981

STAEMMLER, F.M. und BOCK, W.:
Neuentwurf der Gestalttherapie. Ganzheitliche Veränderung im therapeutischen Prozeß. Pfeiffer, 1987

STEINER, C.:
Macht ohne Ausbeutung. Zur Ökologie zwischenmenschlicher Beziehungen. Junfermann, 1985

STEVENS, J.O.:
Die Kunst der Wahrnehmung. Übungen der Gestalt-Therapie. Kaiser-Verlag, 1975

STRÖMBACH, R.:
Supervision. Protokoll eines Lernprozesses. Burckhardthaus-Laetare-Verlag, 1975

TIMMINS, L.:
Konsens-Übung. In: Vopel, K.: Rote Karte. Lebendiges Lernen und Lehren. ISKO-Press, 1976

TITZE, M.:
Lebensziel und Lebensstil. Grundzüge der Teleoanalyse nach Alfred Adler. Pfeiffer, 1979

VÖLKER, U. (Hrsg.):
Humanistische Psychologie. Ansätze einer lebensnahen Wissenschaft vom Menschen. Beltz, 1980

VOPEL, K.:
Interaktionsspiele. 1. - 6. Teil. ISKO-Press, 1986

Handbuch für Gruppenleiter. ISKO-Press, 1978

WATZLAWICK, P., BEAVIN, J.H., JACKSON, D.D.:
Menschliche Kommunikation. Formen, Störungen, Paradoxien. Huber, 1985

WEBER, H.:
Arbeitskatalog der Übungen und Spiele. Ein Verzeichnis von über 800 Gruppenübungen und Rollenspielen. Windmühle-Verlag, 1986

WEBER, W.:
Wege zum helfenden Gespräch. Gesprächspsychotherapie in der Praxis. Reinhardt-Verlag, 1974

WEEKS, G.R. und L'ABATE, L.:
Paradoxe Psychotherapie. Theorie und Praxis in der Einzel-, Paar- und Familientherapie. Enke-Verlag, 1985

YABLONSKY, L.:
Psychodrama. Die Lösung emotionaler Probleme durch das Rollenspiel. Klett-Cotta, 1986